Adolf Friedrich von Schack

Orient und Occident

Adolf Friedrich von Schack

Orient und Occident

ISBN/EAN: 9783743308305

Hergestellt in Europa, USA, Kanada, Australien, Japan

Cover: Foto ©ninafisch / pixelio.de

Manufactured and distributed by brebook publishing software
(www.brebook.com)

Adolf Friedrich von Schack

Orient und Occident

Orient und Occident.

I.

Medschnun und Leila.

Morgenländischer Liebesroman

von

Dschami.

In deutscher Nachbildung

von

Adolf Friedrich Graf von Schack.

Stuttgart 1890.

Verlag der J. G. Cotta'schen Buchhandlung

Nachfolger.

Vorwort.

Da die rastlos vorrückende Zeit mich mahnt, solche meiner literarischen Arbeiten, welche ich der Aufbewahrung für würdig erachte, der Oeffentlichkeit zu übergeben, beginne ich die Reihenfolge derselben mit verschiedenen Uebertragungen fremdländischer Dichtungen, deren erste drei Bände hier vorliegen. Dieselben sind unabhängig von einander, indem jeder ein selbständiges Werk bringt.

Mit dem Aufblühen unserer Literatur im vorigen Jahrhundert begann zugleich der Eifer, mit dem sich dieselbe die Schätze des Auslandes aneignete. Fast alle unsere hervorragenden Schriftsteller und Dichter haben einen bedeutenden Theil ihrer Thätigkeit diesem Streben gewidmet, und damit ging Hand in Hand das Trachten durch Charakteristiken und Schilderungen großer Schriftwerke die Leser zu deren Studium anzufeuern. Wieland und Herder erwarben sich durch ihre Leistungen auf diesem Gebiet ein vielleicht größeres Verdienst als durch ihre eigenen Dichtungen; denn des ersteren Shakespeare-Uebersetzung (die später von Eschenburg nur in Einzelheiten verbessert wurde) führte den Britten zuerst auf würdige Weise in Deutsch= land ein und sein Lucian ist nicht übertroffen wor= den. Herder's Hauptwerke aber, sein Cid, seine Volks= lieder, der Geist der hebräischen Poesie u. s. w., ge= hören in dieses Fach. Lessing's Thätigkeit in dem= selben war unermüdlich, wie schon die Sammlung seiner Werke zeigt, wie dies aber noch mehr aus seinen nicht in dieselbe aufgenommenen Schriften er= hellt. Dahin gehört seine Uebersetzung des merk= würdigen spanischen Buches „Prüfung der Köpfe" von Huarte und eine Reihe von theils nur begon= nenen, theils aber schon weit vorgerückten Ueber= tragungen spanischer Dramen, worüber uns erst neuerdings nach den noch vorhandnen Manuskripten genauere Mittheilung gemacht worden ist.

Goethe, der, unbeschadet der hohen Originalität seines Genius, von Jugend auf den verschiedensten Vorbildern folgte (im Werther der neuen Heloise Rousseau's, im Göz Shakespeare, in seinen Liedern

und Balladen denen der deutschen und englischen
Volkssänger, in seiner Iphigenie den griechischen
Tragikern, in den Schwänken Hans Sachs u. s. w.),
übersetzte das Leben des Benvenuto Cellini, die nicht
eben bedeutende Schrift „Rameau's Neffe" und zwei
Trauerspiele Voltaire's, lieferte auch eine freie Be=
arbeitung des Reineke Fuchs. Während seines ganzen
Lebens ließ er es sich angelegen sein, die Geistes=
produkte ausländischer Autoren in Deutschland ein=
zuführen. Ich erinnere nur daran, daß er zuerst
Manzoni und Byron bei uns bekannt machte, und
selbst jetzt Vergessenen, wie Salvandy, weitläufige
Besprechungen widmete.

Schiller würde, auch wenn er nicht so große
Originalwerke hervorgebracht hätte, wegen seiner treff=
lichen Uebersetzungen eines dauernden Andenkens
würdig sein; seine verschiedenen Uebertragungen an=
tiker und moderner Dichtungen geben, wenn sie auch
nicht sklavisch treu sind, den Geist der Originale in
so genialer Weise wieder, daß sie in dieser Hinsicht
als Muster gelten können. Die eine Zeit lang über=
schätzten, jetzt dagegen wieder unverdient herabgesetzten
Romantiker, voran Schlegel und Tieck, sind nicht so=
wohl durch eigene Werke, wie als geistvolle Ver=

mittler zwischen den fremden Literaturen und der deutschen einer dauernden Schätzung werth. An sie schloß sich bis in die neueste Zeit eine Reihe Anderer an, die auf demselben Gebiete mit Erfolg thätig waren, und man kann kaum einen hervorragenden deutschen Dichter nennen, der nicht auch als Ueber=setzer Lorbeeren geerntet hätte.

In den meisten andern Ländern Europas begeg=nen wir der gleichen Erscheinung, die man fast als ein Charakteristikum der neueren Literatur ansehen kann. Walter Scott machte schon in seiner Jugend Goethe's Götz seinen Landsleuten bekannt. Byron legte auf seine Uebersetzung des ersten Gesanges von Pulci's Morgante hohen Werth und sagte, sie gehöre zu dem Besten, was er geleistet. Shelley, der nach der bittersten Verkennung von mehr als einem halben Jahrhundert jetzt in der Schätzung seiner Landsleute auf den höchsten Gipfel der Poesie erhoben wird, lieferte in seiner Uebersetzung einzelner Scenen des Faust, dann des Cyklopen von Euripides, des pla=tonischen Symposion, des Homerischen Hymnus an Hermes, und eines Theiles von Calderon's wunder=thätigem Magus vielbewunderte Meisterstücke.

In Italien haben viele der bedeutendsten Dichter,

wie Ugo Foscolo, Pindemonte, Leopardi und Maffei, sich auf diesem Gebiete hervorgethan, und auch Spanien, wo Don Juan Valera eine vorzügliche Faust-Uebersetzung geliefert hat, ist in den Wettstreit eingetreten. Bei den Franzosen befrembet es, daß trotz der hohen Sprachvirtuosität, welche ihre Romantiker, besonders Victor Hugo, entfaltet haben, sie dennoch die ausländischen Dichter meistens noch in Prosa übersetzen. Allein die Menge der Dichtungen, die sie sich auf diese Weise angeeignet, ist erstaunlich. Goethe bewunderte eine französische Faustübersetzung (ich glaube von Gérard) so hoch, daß er, wie er zu Eckermann sagte, sein eigenes größtes Werk am liebsten französisch las, und ich glaube, daß Freunde der Poesie die Tragödien der Griechen mit höherem Genuß in der Prosa von Leconte de Lisle lesen werden als in den steifen Versen, in welchen manche deutschen Philologen dieselben nachgekünstelt haben.

Hier darf ich denn auch die Schattenseite nicht verschweigen, welche dieser Zweig der Literatur wenigstens in Deutschland gehabt hat. Ich rede nicht von den Fabrikübersetzungen der Romane, die, fortwährend in Eile angefertigt, den Büchermarkt überschwemmen, sondern von den eben so oft fabrikmäßig angefertigten Versionen ausländischer Dichter. Die vorhin genannten, denen noch viele andere aus neuerer Zeit hinzugefügt werden könnten, gingen aus Begeisterung hervor und theilen daher auch wieder solche mit. Aber schon im ersten Viertel unseres Jahrhunderts verfielen gewinnsüchtige Verleger auf den unseligen Gedanken, Bibliotheken von Uebersetzungen zu veranstalten, indem sie an verschiedene Schriftsteller den Auftrag ertheilten, diese oder jene Dichtung metrisch zu übertragen. Daß nun die meisten dieser Arbeiten invita Minerva zu Stande kommen mußten, liegt auf der Hand. Wenn sich in diesen „Bibliotheken" der ausländischen Klassiker einzelnes Gute findet, so sind das nicht die bestellten Arbeiten, sondern solche, die aus Liebe zur Sache entstanden waren, und vielleicht schon Jahre lang im Pulte der Verfasser gelegen hatten. So finden sich in der schon bei Lebzeiten Byron's erschienenen Uebertragung seiner meisten Gedichte Der Corsar und Lara von Friedrich Diez, welche vortrefflich sind; auch eine Dame, Elise von Hohenhausen, hat schätzbare Beiträge zu derselben geliefert; vieles Andere aber ist unter der Kritik. Dasselbe gilt von dem nicht lange nachher unter der Redaktion eines gewissen Abrian erschienenen deutschen

Byron. Auch Victor Hugo wurde in ähnlicher oder
noch ärgerer Weise mißhandelt; in den zwei deutschen
Ausgaben seiner Werke sind die meisten Gedichte,
mit Ausnahme solcher, deren sich Freiligrath annahm,
so wiedergegeben, daß man den herrlichen Dichter,
wollte man ihn banach beurtheilen, für den elendesten
Poetaster halten müßte. Wer mit der deutschen
Bücherwelt bekannt ist, wird noch viele andere Be=
lege hiefür anführen können.

Ich muß weitergehen, und die bei uns herr=
schende Manie tadeln, durch welche Werke, die längst
befriedigend übersetzt sind, immer von neuem in
anderem deutschen Gewande erscheinen. Ist es doch
dahin gekommen, daß jeder bedeutende Verleger sich
seinen eigenen Cervantes, Shakespeare, Byron, Dante,
Ariost, Tasso bestellt, und jemand findet, der die
leichte Mühe übernimmt, aus den vielen bereits vor=
handenen Versionen eine neue zu machen. Die Bücher=
schränke der „Gebildeten" sollen doch mit den schön=
gebundenen Werken der Genannten, wenn sie auch
mit Ausnahme Shakespeare's und vielleicht Cer=
vantes' sicher sehr wenig gelesen werden, paradiren.
Ich gebe freudig zu, daß die jüngsten Arbeiten Herz=
berg's, Gildemeister's und einiger anderen vorzüglich

find, und dennoch glaube ich, daß dieselben ihre
Kräfte besser hätten verwenden können. Die divina
commedia von Streckfuß, dem König Johann von
Sachsen und Kopisch, Shakespeare von Schlegel und
Baudissin, Cervantes von Tieck und A. Keller, Ariost
und Tasso von Gries und Streckfuß, sind vielleicht
in dieser und jener Einzelheit später übertroffen
worden, in anderen stehen sie jedoch unerreicht da.
Jedenfalls sollte nun aber doch jetzt diese sich immer
im Kreise bewegende Thätigkeit ihr Ende erreicht
haben. Neue und lockendere Ziele harren der deut=
schen Uebersetzungskunst. Wie ungleich besser würde
sie ihre Kraft anwenden, wenn sie die interessanten
Dramen der Zeitgenossen Shakespeare's, von denen
Baudissin und Bodenstedt erst einige mitgetheilt, über=
tragen würden, oder auch ausgewählte unter den un=
zählbaren, wenig bekannten, köstlichen Comödien des
Tirso de Molina 2c. 2c. Aber nicht bloß die ältere
Literatur, auch die neuere wird gegenwärtig höchst
stiefmütterlich behandelt, und ich muß mich wundern,
daß, abgesehen von den kaum in das Gebiet der
Poesie gehörenden Romanen, die jedes Jahrzehnt
bringt und wieder begräbt, die dichterischen Erzeug=
nisse unseres Jahrhunderts mit wenigen Ausnahmen

nicht außerhalb der Grenzen des Landes, welches sie hervorbringt, bekannt werden. Ich habe mich bei meinen Aufenthalten in England, Frankreich, Italien und Spanien überzeugt, daß Heinrich von Kleist, Körner, Platen, Novalis, Immermann, Grabbe u. s. w. daselbst so gut wie völlig unbekannt sind. Und Deutsch= land verhält sich den Nachbarländern gegenüber eben= so. Völlig unbekannt z. B. ist bei uns der geniale John Keats, an welchem die Engländer die bittere Verkennung, durch die sie ihm das Herz brachen, jetzt durch überschwengliche Bewunderung zu vergüten suchen. Sodann der vielleicht hie und da genannte, doch gar nicht gelesene Wordsworth, der jenseits des Canals eine begeisterte Gemeinde hat, der jüngst ver= storbene Robert Browning, dem die Ehre des Be= gräbnisses in der Westminster Abtei neben Shake= speare zu theil wurde, über dessen zahlreiche dichterische Produktionen die deutschen Journale nichts irgend Belangreiches oder von einer wirklichen Lektüre Zeu= gendes beizubringen wußten, während zahlreiche Eng= länder und Amerikaner, in deren Mitte ich mich in Italien zur Zeit seines Todes befand, übereinstim= mend ihn zu den ersten Geistern, welche ihre Nation hervorgebracht, zählten und ihn auf gleiche Stufe

mit Shakespeare stellten! Daß unsere Unbekanntschaft
mit den neueren Dichtern der andern europäischen
Nationen, deren einige einen hohen Rang in der
Literatur ihrer Länder einnehmen, eine gleich große
sei, könnte ich an ähnlichen Beispielen zeigen, wenn
es mich hier nicht zu weit führen würde.

Sei es mir nur verstattet, ein Wort über die
Thätigkeit zu sagen, die ich selbst neben der dichteri=
schen Produktion und historischen Arbeiten auch der
Uebertragung und Nachbildung ausländischer Dichter=
werke gewidmet habe. Ich wurde auf dieses Gebiet
zuerst durch das Studium der orientalischen Sprachen
geführt, welchem ich mich schon in jungen Jahren
widmete, wie hievon mein Firdusi und meine „Poesie
und Kunst der Araber in Spanien und Sicilien"
Zeugniß ablegen. So wurde mir diese Arbeit zu
einer lieben Gewohnheit und füllte die Pausen zwi=
schen der eignen Produktion auf angenehme Weise
aus. Ich fühlte, wenn ich einer fremden Dichtung
deutsches Gewand lieh, einen Theil der Freude, welche
der Verfasser selbst gehabt haben mochte, und wie
die bloße Lesung ihn mir nie gewährt hätte. Selbst
auf meinen vielfachen Reisen zu Schiff und zu Pferde,
im Morgenland wie im Abendland, die ich nie machte,

ohne von einer kleinen Anzahl mir liebgewordener
Bücher begleitet zu sein, schrieb ich oft in deutschen
Versen mit Bleistift nieder, was in einer fremden
Sprache meinen Beifall erregt hatte. Daher hat sich
denn im Laufe der Zeit in meinen Schreibbüchern
Manches aufgehäuft, wovon ich glaube, daß ich es
nicht beständig unter Verschluß halten sollte. So ist
die vorliegende Sammlung entstanden.

Den Anfang dieses meines „Orient und Occident"
mache ich mit drei größeren Gedichten, denen sich
binnen Kurzem noch mehrere Bändchen mit kleineren
und größeren, mehrentheils erzählenden Dichtungen
zeitgenössischer Verfasser anschließen werden. Fast
alles, was ich bringe, wird für die deutschen Leser
den Vorzug der Neuheit haben, denn nie hat es mich
gelockt, schon früher Uebertragenes von neuem in
deutsche Verse zu bringen, und auch für den von
Geibel und mir herausgegebenen Romancero der
Spanier und Portugiesen steuerte ich nur solche Stücke
bei, die bis dahin noch nicht übersetzt worden waren.

Das hier zunächst erscheinende Gedicht behandelt
die tragische Liebesgeschichte von Medschnun und
Leila, welche im ganzen muhammedanischen Orient
eben so berühmt ist, wie die Tristan's und Isolden's

und Romeo's und Julia's im Abendlande. Ihre Heimat ist die unermeßliche Wüste Arabiens, wo sie schon seit alten Zeiten in den Lagerzelten der umherschweifenden Beduinen erzählt wurde. Der alte Geschichtsschreiber Masudi giebt dieselbe kurz in seinen „Goldenen Wiesen", dieser reichen Fundgrube für die Geschichte des alten Orients; aber ihre poetische Ausbildung erhielt sie durch die Perser, dieses vorzugsweise dichterisch begabte Volk des Morgenlandes.

Unter den verschiedenen Bearbeitungen, welche der Stoff gefunden, ist in Persien derjenigen von Dschami ziemlich allgemein der Preis zuerkannt worden. Dschami, im Jahre 1414 unserer Zeitrechnung in Chorasan geboren, starb 1495. Er war ein überaus fruchtbarer Autor und verschiedene seiner Produktionen auf dem Gebiete der Lyrik und Epik stehen noch heute im Orient in großem Ansehen. Die Zeit seines Lebens und Dichtens war eine solche, in welcher schon ein Geist der Künstelei Eingang in die Poesie der Perser gefunden hatte. Bombast, weithergeholte Bilder, Ueberladung mit Gleichnissen und Metaphern galten damals für nothwendige Requisiten des höheren Stils. Dieser Geist hat zeitweise wohl in fast allen Literaturen geherrscht; selbst die englischen und spani-

schen Dramatiker des 16. und 17. Jahrhunderts sind
nicht frei davon, aber den Stil der Orientalen hat
er noch viel mehr verunstaltet als den der Abend=
länder. Indessen ist Dschami nicht in demselben
Maße von dieser Krankheit angesteckt wie andere
Dichter seines Landes, z. B. Nisami; immerhin leidet
er an derselben hinlänglich, um eine genaue Ueber=
tragung seiner Werke für uns ungenießbar zu machen.
Eine solche könnte nur Sinn haben, wenn sie den
Zweck hätte, angehenden Orientalisten das Original
zu erschließen. Im Uebrigen erschien mir Dschamis
Medschnun und Leila zu verdienen, in einer metri=
schen Nachbildung, welche den Inhalt treu wiedergiebt,
und nur die Auswüchse des Stils, ohne den Charakter
des Ganzen zu verwischen, beseitigt, der deutschen
Leserwelt vorgelegt zu werden. Den Anfang des
Gedichtes, welcher in Anrufungen Gottes und des
Propheten besteht, habe ich weggelassen, um sogleich
mit der Erzählung zu beginnen. Es herrscht bei uns gegenwärtig die Sitte, zu=
nächst bei einem Werke nicht dessen Vorzüge ins Auge
zu fassen, sondern nach etwaigen Mängeln darin zu
spähen. Ich will daher, um solcher Kritik vorzu=
beugen, selbst hervorheben, daß mir in Medschnun

und Leila einiges aufgefallen ist, was dahin gezählt werden könnte, das sich jedoch bei näherer Betrachtung wohl in einem anderen Lichte zeigt. Dahin gehört es, wenn bei der Zusammenkunft Leila's mit Medschnun eine Anzahl von Jünglingen des dem letzteren feind= lichen Stammes zugegen ist. Wenn man sich hier die Feindschaft der einander bekämpfenden arabischen Stämme so vorstellt, als wäre sie wie die zwischen den sich täglich befehdenden italienischen Familien des Mittelalters, so erscheint dies unglaublich. Aber diese Unwahrscheinlichkeit verschwindet, wenn man bedenkt, daß die größeren arabischen Stämme oft tausende von Mitgliedern zählen und daß ihre Zelte ganze Thäler ausfüllen; hiernach erscheint es durchaus nicht als unmöglich, daß einzelne Mitglieder des einen Stammes in guten Beziehungen zu solchen des andern stehen, wenn auch die Stammhäupter einander feindlich gesinnt sind. Wenn es an einer andern Stelle heißt, Leila habe ihren Schleier vor Medschnun gelüftet und er von der Schönheit ihres Antlitzes entzückt ist, während doch sonst die arabischen Weiber außerhalb ihrer Wohnungen verschleiert sind, so kann man denken, der Wind habe hie und da ihren Schleier gelüftet, oder sie selbst habe dies absichtlich gethan. Jedenfalls

ist Dschami nichts so Arges passirt, wie zwei anderen
weit größeren Dichtern: dem Cervantes, bei welchem
dem Sancho Pansa in der Nacht sein Esel gestohlen
wird, auf dem er aber nichtsdestoweniger den näch=
sten Morgen weiter reitet, und Goethe in Hermann
und Dorothea, wo es in einem Gesange Frühling
ist, und bald darauf, ohne daß mehr als einige Tage
vergangen sein können, die ersten Trauben geerntet
werden.

1.

Reich war vor vielen Andern auf Erden
Der Fürst der Ameriten an Heerden;
Kaum ließen noch für die scheue Gazelle
Die grasenden eine Weidestelle.
In's Unermess'ne nach allen Seiten
Sah man die Zelte des Emirs sich breiten.
Seine Rosse, die zügellos
Das Feld durchstreiften, kaum konnte man zählen;
Auch an Dromedaren war groß
Sein Reichthum wie an hurt'gen Kameelen.
Feuer mußten nach seinem Gebot
Die Diener Nachts auf den Höhen entzünden,
Um durch der Flammen loberndes Rot
Den irrenden Wandrern zu verkünden:
Daß ein gastliches Zelt sie erwarte.
Der Fürst, der ihrer im Lager harrte,
Ließ, ohne zu speisen sie und zu tränken,

Die Fremblinge nicht von bannen zieh'n,
Unb überhäufte fie mit Geschenken.
So als freigebig pries Jeber ihn.

Die Größten unter ben Arabern fah'n
Als glücklich fich an, wenn er ihnen erlaubte,
Ehrfurchtsvoll, mit gefenktem Haupte
Dem Thore feines Zeltes zu nah'n.
Warb Zutritt ihnen bei ihm gewährt,
Hielten felbft Kön'ge fich für geehrt.
Faft voll fchon war feines Glückes Maß;
Doch zu Allem, was er befaß,
Kam noch, um feine Wünfche zu krönen,
Der Befitz von trefflichen Söhnen.
Dem jüngften von ihnen, dem holben Reis
Gab er vor ben anbern ben Preis,
Wie an ben kleinen Finger man gern
Den köftlichften ber Ringe fteckt.
Reis ftrahlte, ein fich erhebender Stern,
Der Hoffnungen in ber Seele erweckt.
Mit vierzehn Jahren verhüllte noch kaum
Die Wange des Knaben ein zarter Flaum,
Unb fchon burch Anmut, burch Ebelfinn
Riß er die Herzen Aller hin.
Früh hatten bie Dichter ben Geift ihm genährt,

Und selbst ihn die Kunst der Reime gelehrt.
Der stets von jungen Gespielen Umgeb'ne,
Die, schlank wie er, gleich dem Bergesreh,
Durchschweifte mit ihnen Gebirg' und Eb'ne,
Theilte mit ihnen so Lust wie Weh.
Bald jagt' er dem schnellen Rebhuhn nach,
Das vor ihm floh auf flücht'gen Schwingen,
Bald wieder ließ er am rauschenden Bach
Die Luft von Freudentönen erklingen.
Umringt vom Schwarme der muntern Begleiter,
Erschien ihm das Leben ewig heiter,
So daß ihm nie der Gedanke kam,
Dem Frohsinn folgen könne auch Gram.
Das zehrende Feuer der Liebe war
Ihm fremd geblieben; sein Augenpaar,
Das immer in fröhlichem Glanz geleuchtet,
Hatte noch keine Thräne gefeuchtet.
Jede Nacht auf dem Lager beschlich
Der süßeste Schlaf ihn wonniglich.
Und kaum war gewichen wieder die Nacht,
So klomm er, aus dem Schlummer erwacht,
Bald auf zu den Höhen im Morgenstrahl,
Bald strich er nach Laune umher im Thal.
Das Glück, ihm immer günstig, gewährte

Ihm Alles, was nur sein Herz begehrte.
Stolz ist der Vater auf alle die Gaben,
Mit denen den Sohn er sieht geschmückt,
Und stolz auch, ihn geboren zu haben,
Die Mutter, die zärtlich an's Herz ihn drückt.
Noch wußten sie nicht, welch Loos dem zarten
Knaben die Sterne des Schicksals bewahrten.

2.

Trägt in sich ein Herz der Liebe Keim,
Ihn auszurotten suchst du vergebens:
Verwachsen mit jedem Theile des Lebens,
Birgt er sich drinnen insgeheim.

Ein solcher Keim lag seit Anbeginn
Im Herzen des Reis; er wuchs allmälich,
Und heißer Drang zog unwiderstehlich
Den Knaben zu allen Schönen hin.

Hurtig auf einem Kameel durchflog
Er die Gegend, die Zügel verhängend,
Hin über Schlünde und Flüsse sprengend;
Kein Berg schien ihm zum Erklimmen zu hoch;
Das Thier war wie der Bergstrom geschwind
Und stürmte dahin wie der Wirbelwind.

Die Länder durcheilend auf seinem Rücken
Zog er dahin von Stamme zu Stamme,
Und fühlte beim Anblick der Mädchen die Flamme
Der Liebe glühend sein Herz durchzücken.

Einst, als er also das Land durchstreifte,
Und der Blick ihm nach allen Seiten schweifte,
Gewahrt' er ein prächtiges Zelt von ferne,
Wo holde Jungfrau'n wie Himmelssterne
Einen Vollmond von Schönheit umgaben;
Geschmückt schien die Liebe dies Zelt zu haben.
Keis grüßte die Jungfrau, die in der Mitte
Der anderen saß, und sprach: „Ich bitte
Dich, Holde, mir deinen Namen zu sagen." —
„Karime heiß' ich," ward auf sein Fragen
Ihm Antwort. Aus dem Sattel zu steigen
War er nicht säumig, und sich zu verneigen.
Die Blicke, die sie ihm zuwarf, ließen
Sich strömende Glut in sein Herz ergießen.
Wenn ihre Augen in's Antlitz ihm lachten,
Sah er sie an mit Sehnsuchtsschmachten.
Auf ihre Reden Antwort gab
Er liebeglühend mit zärtlichen Mienen;
Von seines Mundes feuchten Rubinen
Flossen die köstlichsten Perlen herab.
Und das Mädchen, geflügelte, leichte
Worte sprechend, bot hold ihm Dank:
Aus ihrer Lippen Becher reichte
Sie ihm einen berauschenden Trank.

Da sie also Reden getauscht,
Waren die Beiden wie berauscht.
Als hätten die ganze Welt sie vergessen,
Noch standen sie so entzückt; da sah'n
Sie einen Jüngling, schlank wie Cypressen,
Auf einem Kameele sich ihnen nah'n.
In Purpurgewande war er gehüllt,
Sein Blick von Liebesverlangen erfüllt.
Und die Mädchen eilten mit süßen
Willkommworten ihn zu begrüßen.
Da zu ihm hin sie schritten, erklangen,
Cymbeln gleich, die silbernen Spangen,
Welche die Füße der Schönen umschlangen.
Reis aber sah, von Zorn erblaßt,
Wie treulos sie sich dem neuen Gast
Zuwandte und kehrte sich ab in Hast.
Die betroffenen Mädchen versuchten
Umsonst, den Grollenden zu beschwicht'gen:
Auf seinem Laufkameele, dem flücht'gen,
Sprengt' er hinweg durch die Bergesschluchten,
Und murmelte leise so vor sich hin:
„Eh'r fliehen will ich alles Lebend'ge,
Als sie, die so wandelbar von Sinn
Sich zeigt, nur anschau'n, die Unbeständ'ge!"

3.

Zurück zu seinem Stamme kam
Keis, das Gemüt umdunkelt von Gram.
Ihm brannte die Seele von Verlangen,
Eine Geliebte zu umfangen,
Deren Licht das Dunkel erhellte,
Das ihn umgab im einsamen Zelte. —
Von allen Fremden sucht er beflissen
Erwünschte Kunden einzuzieh'n:
Ob sie von jungen Mädchen nicht wissen,
Die geschaffen seien für ihn.
Nicht Ruhe konnt' er finden noch Schlaf.
Da ward durch Reisende, die er traf,
Ihm Nachricht von einer lieblichen Maid,
Die den Huris an Schönheit gleiche:
Leila heiße die Anmutreiche.
Gepriesen sei sie weit und breit,
Und eifrig werde gestrebt von allen

Jünglingen rings, ihr zu gefallen.
„Von ben Reizen des herrlichen Kindes,"
Sprachen sie, „voll sind Männer und Frau'n;
Eile hin auf Schwingen des Windes,
Um die Wunderbare zu schau'n!"
Keis, da er die Worte vernommen, springt auf,
Wirft sich in seine schönsten Gewande,
Löst eilends seinem Kameel die Bande
Und sprengt auf ihm fort in hastigem Lauf.
Es war, als ob die erwachte Liebe
Noch schneller ihn von bannen triebe.
Bald warb er, zu Leila's Wohnung gekommen,
Freundlich von Dienern aufgenommen.
Auf den Ehrenplatz nach Gebühr
Führten sie ihn durch des Zeltes Thür.
Aber vergebens war sein Späh'n,
Zu gewahren die heiß Ersehnte;
Und schon, da er betrogen sich wähnte,
Wollt' er getäuscht von bannen geh'n.
Doch plötzlich schwanden die trüben Gedanken;
Denn einer Jungfrau, einer schlanken,
Warb er gewahr: hold, anmutreich
War sie, dem Rebhuhn der Berge gleich.
Schüchtern schien sie und fast voll Bangen;

Und wie sie eintrat, an ihren Wangen
Hing ihm der Blick, die wie Rosenblüten,
Erst eben der Knospe entstieg'ne, glühten.
Die Brauen, die ihre Augen umzogen,
Glichen aus Ambra gebildeten Bogen.
Durchwallt ward im Gezelte die Luft
Von ihrer Lippen würzigem Duft.
Schönlockig war sie und schöngeaugt,
Das Lächeln, das ihren Mund umgaukelt,
Glich der Biene, die, sanft geschaukelt,
Den Blüten ihren Honig entsaugt.
So weiß nicht wie ihre Zähne waren
Die Perlen des Meer's, die krystall'nen, klaren.
Der Rose glich ihr Angesicht,
D'rauf Thau noch zittert im Morgenlicht.
Keis, seitdem er Leila erblickt,
War ganz von ihren Reizen umstrickt.
Und die zwei Glücklichen entfachten,
Indeß sie Stunden beisammen verbrachten,
Die Glut des Feuers, die immer sich mehrte,
Bis es die Liebenden endlich verzehrte.
Sie ließ ihre Locken niederwallen
Und in Verlangen entbrannte Keis;
Den Schleier, ihn lüftend, ließ halb sie fallen,

Und Jener erglühte von Sehnsucht heiß.
Von nun an blieben in Wonne wie Leiden
So enge verbunden die Herzen der Beiden,
Wie es die Blätter der Rose sind,
Eh' sie sich öffnet dem Morgenwind.
Als sie mit gesättigten Blicken
Einander betrachteten voll Entzücken,
Bahnten zu trautem Liebesgespräch
Sich ihre zitternden Lippen den Weg.
Ihrer Liebe nur denkend, nicht mehr
Achteten sie der Welt umher.
Doch, obgleich sie so hochbeglückt,
Trübt' ihnen Eines den Vollgenuß:
Daß nah und näher die Nacht schon rückt,
Wo Eines vom Andern scheiden muß.
Wie konnten — sie dachten's mit bangem Beben —
Sie, von einander getrennt, nur leben?
„Sonne, du Tageskönigin,
Die du mit deinem Szepter von Feuer
Die Schatten der Nacht, die Ungeheuer,
Verscheuchst — o möchtest du fürderhin
Nimmer dein Angesicht verhüllen
Und ewig mit Glanz die Nacht uns erfüllen!"
So riefen sie aus. Indessen rollte,

Als es im Westen sinken wollte,
Das Tagesgestirn den Schleier zusammen,
Den es am Morgen am Himmelszelt
Ausgebreitet, so daß in Flammen
Zu leuchten schien und zu lodern die Welt.
In seelenzernagende Trauer versanken
Die Beiden bei dem Trennungsgedanken.
Heim ritt langsam auf seinem Kameele
Der Jüngling mit tiefbetrübter Seele;
Und seufzend um das verlorene Glück
Blieb Leila in ihrem Zelte zurück.

4.

Als die Sonne, von Abendnebeln umraucht,
In die Strudel des Westens getaucht,
Legte Dunkelheit, tief und schwer,
Sich über die Erde allumher.
Indessen zu seiner Wohnung kehrte
Keis zurück, der von Gram Verzehrte.
Sein glühendes Herz war bei der lieben
Leila im Zelt zurückgeblieben.
„Theure!" rief er, und Thränen quollen
Aus den Augen des Kummervollen.
Ruhelos bald warf er sich nieder,
Bald sprang er empor vom Boden wieder;
Der Schlaf floh seine Augenlider.
Von Dunkel, tiefer als Nacht, umflort,
War ihm der Blick, von Dornen durchbohrt
Seine Seele. „Nacht, grausamer Drache,"
Rief er, „der du mir tausendfache

Qualen bereiteſt, der bichtgeringelt
Die Himmelswölbung du hältſt umzingelt —
Wenn dein Grimm mich der Theuren entreißt,
Die mir gefangen Herz und Geiſt,
Die mir vor allen Lebenden theuer:
O, ſo ſchlinge ein Ungeheuer
Lieber hinab mich in ſeinen Rachen! —
Morgen! zög're nicht, neu zu erwachen!
Gieb von neuem der Welt den Frieden,
Der ihr am Tage war beſchieden,
Und laß mich von neuem an Seele und Sinnen
Die verlor'ne Ruhe gewinnen."
So, getrennt von der Freundin, klagte
Der trauernde Keis, bis es wieder tagte.
Leila auch, in der Trennung Kummer,
Fand auf ihrem Lager nicht Schlummer.
Ihr vor der Seele ſtand beſtändig
Das Bild des Geliebten allebendig.
„Frei wie ein Vogel," denkt ſie, „wohin
Er will, vermag er die Flügel zu ſchwingen,
Doch mir, die hier gebunden ich bin —
Wird mir es, ihn zu ſehen, gelingen?
Wie in meinem Harem die Kiſſen,
Keinen Schritt vermag ich zu thun;

Und doch wieder, da er mir entrissen,
Weder rasten kann ich, noch ruh'n!
Und diese Liebe, welche allmächtig
Sich unf'rer bemeistert, unbedächtig
Will man uns schelten, ja frevelhaft,
Wenn, ihr zu widerstehen, die Kraft
Wir nicht haben? O selig der Mann
Der liebend dem Herzen folgen kann!
Wenn verzehrende Flammengluten
Er in meiner Seele entfacht,
So weiß ich, daß in Sehnsucht bluten
Er tausend andere Herzen noch macht.
Werb' ich d'rum je ihn zu fesseln vermögen?
Nur schwache Hoffnungen bleiben mir noch;
Aber wenn diese mich betrögen,
Nicht länger ertrüg' ich des Leidens Joch!"

Indeß die Beiden noch klagten, sah'n
Sie die Frühe, die leuchtende, nah'n.

5.

Als bei der Morgenröte Steigen,
Belebend wie der Liebe Hauch,
Der Ostwind säuselte in den Zweigen,
Und aus den Kelchen der Blüten Rauch
Herantrug, als aus des Himmels Blau
Zur Erde strömte der Perlenthau,
Verschloß, von dem Unhold der Nacht befreit,
Keis in den tiefsten Busen sein Leid.
Aufathmend vom Weh, das bei Nacht er litt,
Sah er den Himmel vor sich offen,
Und sprengte, trunken von Liebe und Hoffen
Zu Leila's Wohnung in hastigem Ritt.
Doch fand er sie nicht. Mit brechendem Mute
Da zum Zelte, darunter sie ruhte,
Sprach er also: „Liebliche Stätte,
Wo noch auf ihrem Schlummerbette
Die schönste der himmlischen Huris liegt!

Leila ist meiner Augen Licht,
Und meinen Augen, die sie ersehnen,
Entziehst du, Arge, ihr Angesicht. .
Siehe! voll ist mein Auge von Thränen,
Wie dein Purpurbehang, wenn Regen
Sich in Gewitterströmen ergießt.
Will sich kein Mitleid in dir denn regen?
Oeffne den Vorhang, der sie umschließt!
Für mein Herz, das kummerversenkte,
Ist meine Leila die Lebensquelle:
O, daß von ihr nur die kleinste Welle
Das verschmachtende mild besprengte!"

Leise mit bangem Herzenspochen
Hatte Keis die Worte gesprochen.
Aber in ihrem Zelte hörte
Dennoch sie Leila, die gramverstörte.
Gerührt von des Liebenden Klagen bezwang
Sie nicht länger der Seele Drang.
Den Vorhang erhob sie, und ihre Wangen
Leuchteten in der Jugend Flor
Anemonen gleich, wenn hervor
Aus der Knospe sie brechen mit Prangen.
Frisch wie die Morgenröte lachte

Sie den Freund, den betrübten, an
Und sprach: „Wie tief es in dir auch nachte,
Wirf, Einziger, von dir ab den Bann!
Nicht bloß in deinem Busen, o glaube,
Nistet die klagende Turteltaube.
Schwerer als deine noch, nicht zu heilen,
Freund, sind die Schmerzen, welche ich trage:
Weh', und ich kann nicht zu dir eilen,
Daß ich dir meine Trübsal klage!
Dein Geheimniß zu offenbaren
Ist dir verstattet — aber ach!
Meines muß tief ich im Herzen bewahren.
Denn verrieth' ich's, träfe mich Schmach.“
Ganz gab Keis mit berauschtem Sinn
Bei Leila's Worten der Liebe sich hin,
Auf das Knie, seine Kleider zerreißend,
Sie den Stern seiner Augen heißend,
Sank er nieder, in glühenden Bildern
Die Qual der verflossenen Nacht ihr zu schildern.
Junge Freunde, die ihn erblickten,
Drängten sich grüßend um ihn herum,
Doch indeß sie die Hände ihm drückten,
Blieb er verwirrt bastehen und stumm.
So sprach er zu sich: „O Mißgeschick!

Wie nur als meine Freunde können
Sie gelten, die keinen Augenblick
Bei der Geliebten allein mir gönnen?
Die Thränen, die noch meine Augen feuchten,
Sollten bei Leila's Wiederseh'n
Wie Thau bei der Morgenröte leuchten,
In ihrer Schönheit Strahlen vergeh'n!"
Er sprach es. Aber daß seine Liebe
Verborgen vor den Jünglingen bliebe,
Fand er es geraten, die Theure zu meiden.

Nochmals verging ihm die Nacht in Leiden.
Und bei des nächsten Morgens Strahl
Flog er von neuem zu Leila's Thal,
Drückt die Lippen mit brünstigem Kuß
Auf den Vorhang von ihrem Gemach,
Und in ihres Zeltes Verschluß
Zog ihn die Holde, seit früh schon wach.
Sie zog ihn nieder zu sich in vollster
Entzückung auf kostbare Seidenpolster.
Liebe führte, lauter und rein,
Den Vorsitz bei diesem Stelldichein.
Beide entfalteten ohne Arg
Den Brief, der des Jünglings Geheimniß barg,

Und fest um ihre Seelen wand
Sich der Zärtlichkeit wonniges Band.
Nie war Leila schöner, als eben:
Keis schaute sie an mit Freudebeben;
Zu lächeln schien in der himmlischen Stunde
Die Liebe selbst auf ihrem Munde,
Und ihre Blicke ließen in frohen
Flammen das Herz des Trunkenen lohen.

6.

Träge sind, wie erstarrt zu Eis,
Alle Glieder dem armen Keis,
Wenn er, von Liebeskummer verzehrt,
Am Abend zu seinem Stamme kehrt.
Doch wenn entfliehend des Zeltes Dach
Zu Leila er aufbricht, dem Felsenbach
Gleicht er, der aus der Berge Spalt
Schäumend hervor in Strudeln wallt.
Die Jungfrau, als einst sie beim Morgenrot
Ihn schaute, dachte: „Eins ist noch not,
Daß er mir eine Probe giebt,
Wie er mich wirklich, wahrhaftig liebt.“
Da sie umringt nun war von vielen
Mädchen und Jünglingen, ihren Gespielen,
Wandte sie einzig sich zu ihnen.
Aber vor Keis, der mit zärtlichen Mienen
Sie zu grüßen beflissen war,

Barg unter dem flatternden Lockenhaar
Die Wangen sie, und dem Augenpaar
Hängte sie eines Schleiers Flor,
Der ihren Reiz ihm verhüllte, vor.
Allen schenkte, die sie umgaben,
Freundliche Worte ihr lächelnder Mund,
Einzig dem Reis gab nichts sie kund,
Sich das brennende Herz zu erlaben.
Wenn er wagte sie anzublicken,
Wandte das Auge von ihm sie hinweg;
Dacht' er zum Reden sich anzuschicken,
Lieh schnell das Ohr sie anderm Gespräch.
Der Jüngling, da er's gewahrte, fühlte,
Wie ihm Verzweiflung das Herz durchwühlte.
Vom zarten Zweig seiner Hoffnungen sanken
Alle Blüten, die Rose erblaßte
Auf seinen Wangen beim Gedanken,
Daß die Vielgeliebte ihn haßte.
„Wodurch denn verscherzt' ich ihre Huld?
Welches Verbrechen giebt sie mir schuld?
O Augenblicke des Glücks, daß auf's Neu
Zurück zu mir ich euch rufen könnte,
Als die Holde, mir einzig treu,
Nicht Worte noch Blicke Anderen gönnte!

Wie nur soll es mir jetzt gelingen,
Beweise ihr meiner Unschuld zu bringen?"
Als Leila die Worte, die der Verstörte,
An Mut Gebroch'ne, aussprach, hörte,
Vergaß sie die Andern um sich her,
An Keinen dacht', als an ihn, sie mehr.
„O Zärtlicher," rief sie, „Vielgetreuer,
Vor Allen, hör' es, bist du mir theuer!
Als ich vor dir mich so verstellt,
Lieb warst du, wie Keiner, mir auf der Welt!
Kein wahreres Bündniß wurde je,
Als zwischen uns Beiden noch geschlossen.
Aber nun scheuch' hinweg das Weh,
Das ich dir bereitet. Sei nicht verdrossen!
Deine Liebe bewahr' ich, o glaube,
Als köstlichen Schatz, den Niemand mir raube."

Keis stürzte, da sie also gesprochen,
Zu Boden, an Geist und an Sinnen gebrochen.
Die Mädchen und Jünglinge kamen voll Schrecken,
Um wieder ihn in das Leben zu wecken.
Da er nicht erwachte, floh'n sie voll Zagen,
Man möchte als Mörder sie verklagen.
Leila, die jammernd die Hände rang,

Blieb bei ihm, der zurückgesunken,
Und hatte nicht Ruhe, bis ihr's gelang,
Neu ihm zu wecken die Lebensfunken.
Erwachend aus todesähnlichem Schlaf
Rang er sich auf, und sein Auge traf
Leila, die durch den Schleier der Thränen
Noch lieblicher schien. Nach dem Gescheh'nen
Ihn fragend sprach sie: „Freund, bist du krank?
Welche grausame Hand hat den Trank,
Den mörderischen, für dich bereitet,
Der Todtenblässe auf's Antlitz dir breitet?"
Der Jüngling gab Antwort: „Von deiner Hand
Nur hab' ich den Todesbecher empfangen.
Da von meinem Liebesverlangen
Du voll Kälte dich abgewandt,
Als Unwürd'gen von deiner Neigung
Kunde du gabst durch Gunstbezeigung,
Und wieder vom Mund dann in wundervollen
Lauten die Worte der Liebe quollen.
Wohl mußte, wofern ich nicht felsenhart,
Mir in solcher Empfindungen Kampf
Zum Herzen bringen ein Todeskrampf.
Drum sahst du mich liegen, wie erstarrt."
Leila gab Antwort: „O du, mir vor Allen

Theuer, — wenn Schmerz dir die Brust zerreißt,
Sieh hier an meines Busens Wallen,
Auch mir ward von Kummer getrübt der Geist,
Als ich sah deines Herzens Wunden.
Doch raffe dich auf, Geliebter, nun;
Um von deinem Schmerz zu gesunden,
Komm, an meinem Busen zu ruh'n!"

Endlich ward so durch der Jungfrau Worte
Der Sturm in des Jünglings Seele gestillt,
Und Abends zu seines Zeltes Pforte
Kehrt' er zurück durch das Blachgefild.

7

Leila, die liebliche Gazelle,
Die durch des Auges leuchtende Helle
Vermochte, den wildesten Löwen zu zähmen,
Beschloß, wenn sie wieder zusammenkämen,
Sich durch Zeit und durch Ewigkeit
Mit Reis zu verbinden durch einen Eid.
Bald, sie zu grüßen, in's Zelt trat er;
Und sie begann: „O du, meiner Güter
Höchstes, mein Meister bist du und Herr.
Und du, erhabener Weltbehüter,
Auf dessen Gebot die himmlischen Heere
Droben kreisen, Sphäre an Sphäre,
Der du, Schöpfer der ganzen Natur,
Des Himmels Wölbung droben gerundet,
Und im schimmernden tiefen Azur
Die Fackel des Monds und die Sterne gezündet:
Dich und den Strom des Lichts, der in Klarheit

Bis in der Geheimnisse Abgrund rinnt,
Ruf' ich zum Zeugen an, daß Wahrheit
Die Eide, die ich hier schwöre, sind!
So lange meine Augen auf Erden
Am Lichte des Himmels sich laben werden,
Soll meine Seele, hör' es mich schwören,
Einzig dem theuren Keis gehören!"

Seit Leila diesen Eidschwur gethan,
Liebe war sie, ganz Liebe nur
Für ihren Holden, ihn einzig sah'n
Ihre Blicke in der Natur.
Solches glühende Herzensbekenntniß
Trank mit Entzücken des Jünglings Ohr;
Höher bei Leila's Liebesgeständniß
·Flammte die Glut in ihm empor.
Von der Wonne ward der Beglückte
Berauscht, daß Vernunft und Besinnung ihm schwand,
Und hinfort Medschnun, der Verrückte,
Ward er von Männern und Frauen genannt.
Wo er vorbeiging, immer nun
Hört' er den Ruf: „Medschnun! Medschnun!"
Und Freude, wie nichts Andres, schuf
Es dem Verliebten, zu hören den Ruf.

Und solches Namens Melodie
Ist nicht die schönste von allen sie?
Du selber, Dschami, sähest gern
Die Weisheit erlöschen in deinem Haupte,
Wenn ein Mädchen, ein Schönheitsstern,
Vor Liebe den Verstand dir raubte!

8.

Einsam zwischen den Bergen schweifend,
Empor zu den höchsten Gipfeln streifend,
Des wilden Esels und Hirsches Gefährte,
Nur den Peris und Dschinnen gesellt,
Mied Medschnun seinen Stamm; er begehrte
Nichts zu schau'n von der Menschenwelt.
Wollt' ihm Einer nahen zum Gruß,
Tiefer noch in die Wüste lenkte,
Ihm zu enteilen, er den Fuß.
„Was hat er, der ganz in Sinnen Versenkte?"
Spotteten seine Freunde, wenn so
Scheu er bei ihrem Anblick floh.
Den Sternen gleich, die den Mond umringen,
Gingen sie, ihn im Kreis zu umschlingen,
Und suchten zu scheuchen sein düsteres Sinnen.
Er aber war mit Antwort karg,
Und suchte den Forschenden zu entrinnen,
Indem er treu sein Geheimniß barg.

Ein Jüngling war, dem der liebeversenkte
Reis vor Anderen Zutrau'n schenkte.
Dieser trat zu ihm hin und sprach:
„Was hängst du nur solchen Schmerzen nach?
O mein Freund! bedenke, dein Kummer
Scheucht auch von mir den nächtlichen Schlummer.
Sage, warum du vor mir fliehst
Und so dich meinem Vertrauen entziehst?
Kürzlich noch waren wir stets vereint.
Weshalb denn gelt' ich dir jetzt als Feind?
Sprich! hab' ich denn an dir mich versündigt,
Daß du mir deine Freundschaft gekündigt?
Und hab' ich es nicht — wohlan, welch Weh
Dir die Seele zerrüttet, gesteh'!"
Reis fühlte sein Herz beklommen, beengt,
Fast ward ihm die Brust von der Liebe zersprengt,
Und also sprach er: „Nicht verhehle
Ich dir das Verborgenste meiner Seele:
Wisse, in meinem Innern wühlt,
Glühend, brennend, daß Nichts sie kühlt,
Eine Leidenschaft, allverzehrend,
Mir das Herz und die Sinne verheerend."
„Und wie heißt," fragt Jener, „die Schöne,
Die solcher Marter dahin dich giebt?"

Keis' Munde entrangen sich Klagetöne:
„Sie, welche meine Seele liebt,“
Sprach er, „heißt Leila; aber nimmer
Bleibt für mich von Hoffnung ein Schimmer,
Daß meiner Neigung heiße Flamme
Durch ihren Besitz je würde gestillt:
Denn zwischen der Ameriten Stamme
Und ihrem waltet Feindschaft wild.“
Mitleid mit dem Unseligen fühlte,
Des Kummers halb, der sein Herz zerwühlte,
Sein Freund, umschlang ihn voll Zärtlichkeit
Und weinte Thränen über sein Leid.

9.

Als Reis' Vater vernommen, sein Sohn
Sei in die Einsamkeit entfloh'n,
Sucht' er ihn auf, von Sorge getrieben,
Und sagte: „Von deinem heißen Lieben
Hab' ich gehört, und wie Leidenschaft
Uebermannend dahin dich rafft.
Nun, Verbrechen nicht will ich es nennen,
Wenn Jünglinge von Liebe entbrennen.
Doch nicht, wie schön sie auch immer sei,
Steht jeglichen Mädchens Wahl uns frei.
Vornehme Geburt muß die Jungfrau schmücken,
Die wir an's Herz als Gattin drücken.
Welche Neigung hat dich beschlichen!
Was ist Leila, mit dir verglichen,
Daß sie auf dich zu blicken wagt?
Nichts als eine niedere Magd!
Nie werd' ich als Weib sie dir gewähren;

Hör' auf, die thörichte Hoffnung zu nähren!
Neben dir, der hohen Cypresse,
Wer ist sie, daß sie mit dir sich messe?
Sie gleicht nur dem niedrigen Halme,
Während du stolz aufragst wie die Palme.
Wende den Blick von diesem Garten,
Wo nur geruchlose Pflanzen steh'n,
Da edl're Blumen deiner warten:
Ihrer eine dir magst du erseh'n.
Auch wisse, daß, feindlich den Ameriten,
Die Sippen der Leila Trotz uns bieten.
Mit welcher Miene nun würde von diesen
Wohl unser Antrag abgewiesen,
Wenn wir mit der Bitte zu ihnen kämen,
Als Leila's Gatten dich anzunehmen?
Da unsere Lanzen, unsere Klingen
Als sie im Kampf mit ihnen geblitzt,
Mit Blutstropfen noch sind bespritzt
Aus Wunden, die von uns sie empfingen?"
Zur Antwort gab ihm Keis: „O Vater,
Die Worte, die als ernster Rater
Du zu mir sprachst, behüt' ich treu:
An meine Seele sollen die Klänge
Geheftet sein wie golb'ne Gehänge;

Dir zu mißfallen trag' ich Scheu.
Doch siegreich vermag ich zu erwidern:
Die Blässe, die auf den Wangen mir liegt,
Die Mattigkeit in meinen Gliedern
Verkündet, wie ganz mich die Liebe besiegt.
Das Köstlichste, was wir besitzen im Leben,
Hat uns in ihr der Himmel gegeben.
Sie ist die Quelle, draus Alles fließt,
Was uns're Seele der Wonne erschließt.
Nur einem Mädchen vom gleichen Stande
Dürft' ich mich einen im Ehebande,
Sagst du? Doch fragt denn des Herzens Drang,
Ob niedrig, ob hoch ein Wesen an Rang?
Nein, Alle, glaub' mir, die ihre Flamme
Durchlodert, sind nur von Einem Stamme!
Und du begehrst: ich soll die Versprechen,
Die ich Leila geleistet, brechen?
Mich von ihr trennen, ja, sie vergessen? — —
Nein! ein Opfer, so unermessen,
Bring' ich nicht! Den Tod eher tragen
Will ich, als meiner Liebe entsagen.
Neben der Rose, die ich erwählt,
Was sind mir alle andern Frauen?
Ihrer keine begehr' ich zu schauen,

Da Liebe für Leila mich einzig beseelt.
Sie lebt nur für mich, wie ich nur für sie,
Und trennen werden wir Zwei uns nie.
Du sagst, daß Haß und Zwietracht die beiden
Stämme, die sich befehden, trennt;
Doch sollte nun uns auch Haß drum scheiden,
In deren Herzen die Liebe brennt?
Mögen mich hassen ihre Verwandten:
Ich denke an meine Leila nur;
Eh' sie mir rauben die Wutentbrannten,
Zum Schwerte greif' ich — hör' meinen Schwur!"
Sein Vater, da er erkannte die Kraft
Der in ihm tobenden Leidenschaft,
Flehte zu Gott mit bangem Gemüte:
„Herr, meines Sohnes Leben behüte!"

10.

Als, noch verwirrt wie ein Sinnbetäubter,
Vom Vater hinweggegangen Reis,
Versammelten sich des Stammes Häupter
Theilnehmend um den würdigen Greis,
Und sprachen zu ihm: „Dein Sohn, du weißt,
Ist uns wie das Licht der Augen theuer,
Um seine Tugend, sein Seelenfeuer
Schätzen wir ihn und seinen Geist.
Von der Liebe, die unerhört
Ihn an Gemüt und Sinnen bethört,
Kann man ihn heilen auf doppelte Weise.
Die eine wäre: auf eine Reise,
Weit von hier, ihn hinwegzusenden;
Die andere: einem anderen Ziel
Sein Herzenstrachten zuzuwenden.
Eine Reise lüde zu viel
Der Mühsal auf ihn, den zarten Knaben;

Darum wär' es am besten, man brächte
Mit einer Schönen von eblem Geschlechte,
Die reich zugleich an der Anmut Gaben,
Ihn in Verbindung. Nach unserm Ermessen
Würd' so er die frühere Liebe vergessen."
Der Greis, nachdem er den Vorschlag vernommen,
Ließ seinen Sohn zur Zwiesprach kommen,
Und sagte: „Mein Reis, der mein Glück bedingt!
Eine Stütze für mein Alter,
Hofft' ich, würde der Schicksalswalter
In dir mir schenken. Mit dir gemeinsam
Nur kann ich leben, drum laß mich nicht einsam!
Zu lange schon schweifst du in die Weite;
Bleibe forthin an meiner Seite,
Und sei wie der Vogel, der sein Nest,
Das trauliche, selten und kurz nur verläßt.
Doch kann die Liebe zu mir, dem Alten,
Dich hier auf die Dauer, mein Sohn, nicht halten,
Wohlan! so will ich ein Mädchen dir wählen,
Geschaffen, wie keine, sich dir zu vermählen.
Dein Oheim, der stets ‚der Glückliche' hieß,
Erzieht ein Töchterlein insgeheime,
Das als Kind schon die schönsten Keime
Der Anmut und aller Reize wies.

Rein wie die Perle im Meeresschooß
Ist sie, jungfräulich und makellos.
Noch Keiner hat ihren Schleier gelüftet;
Wie viele Reize in ihr sich vereinigen:
Ihr Lager, von Wohlgeruch durchdüftet,
Nur weiß es. — Drum mache sie zu der Deinigen!
Gleich ist sie dir an des Stammes Adel,
Und wähltest du sie, dich träfe kein Tadel.
So ist mein Wunsch denn, daß wie zwei Mandeln,
Die von derselben Schale umschlossen,
Ihr Beiden werdet Ehegenossen;
Keiner wird beinen Ruf dann mißhandeln.
Und treffen nicht kann dich der Neid, wenn solche
Verbindung du eingehst, mit seinem Dolche."

Keis stand stumm, noch von Kummer gebeugt.
Dann nahm er das Wort: „Du, der mich gezeugt,
Ehrwürd'ger, der Tugend in's Herz mir flößte,
Mein Weh, o glaube mir, ist das größte,
Das treffen mich könnte. Verlassen
Will ich die Welt, ich muß sie hassen.
Gleich der Sonne dort oben, die stumm,
Bis am Abend sie geht zur Rüste,
Den Himmel durchwandert, laß schweigend die Wüste

Durchstreifen mich, wo Nichts ringsum,
Kein Menschenantlitz mir begegnet:
Solche Einsamkeit sei mir gesegnet!
Nicht ziemt es sich, daß der Sinnberaubte
Mit seines Stammes Oberhaupte
Verbindung pflegt. Vor der Welt vergraben,
Mich selber zum Freund nur will ich haben."

Sein Vater gab Antwort, betrübt und erschreckt:
„Dein Glück, mein Sohn, nur hab' ich bezweckt.
Ich dachte, daß den Frieden du fändest,
Wenn du mit Jener dich verbändest.
Doch wohl! willst meinen Rat du verschmähen,
Magst deinem Schicksal entgegen du gehen."
„Grausamer!" rief Keis, „was verwundest du so
Den, dessen Herz schon der Friede floh?
Ich, meine Leila! läßt es sich fassen,
Sollte dich vergessen, verlassen?
Nein, die Erinn'rung an dich, du Holde,
Ruht in mir wie ein Namenszug,
Gegraben in einen Ring von Golde.
Vergess' ich dich je, so treffe mich Fluch!
Nur Leila ist's, die Leben mir giebt.
Was diese Erde bietet an Schätzen,

Alles läßt sich wieder erseßen;
Doch sie nicht, die meine Seele liebt!" —
Als er gesprochen dieses Wort,
Nichts Weit'res wollt' er vernehmen und lenkte
Von dem Vater die Schritte fort,
Der mehr und mehr sich in Kummer versenkte.

11.

Warb gegen der Verleumbung Pfeil
Je Einem ein sicherer Schutz zu theil?
Von eifersüchtiger Wut getrieben,
Gingen die Nebenbuhler des Keis
Zur Jungfrau hin und flüsterten leis
So ihr in's Ohr: „Dich, Schönste, zu lieben
Giebt Keis nur vor. Was er dir versprochen,
Dir geschworen, hat er gebrochen.
Glaub' mir, erblichen ist längst dein Bild,
In seinem Gedächtniß; für nichts mehr gilt
Ihm Leila. Sie wird von ihm verachtet,
Indeß er für eine Anb're schmachtet.
Sein Vater bot seiner Nichte Hand
Ihm an, und ohne Widerstand
Hat er so schimpflichem Band sich gefügt.
Wohlan denn, aus deinem Träumen erwache!
Vergiß den Schändlichen, der dich betrügt

Und üb' an dem Frevelnden Rache!"
Als die Verdächt'gung sie vernahm,
Versank die Jungfrau in tiefen Gram
Und dachte: „O Keis, treuloser, wie nur
Hast du mir so gebrochen den Schwur?
Wie hast du so plötzlich dich umgewandelt?
Ward je ein Herz wie das meine behandelt?
O Arger, wie bist du im Bösen verstockt!
In eine Schlinge mich hast du gelockt,
Und als ich dir voll Vertrauen gelauscht,
Mit einer Andern mich vertauscht!
In ihren Armen mich nun verhöhnst du
Und so dein Werk, das schändliche, krönst du." —
Noch war ihr das Auge von Thränen feucht;
Da, als soeben der Morgen erwachend
Den Schlaf von den Wimpern der Nacht verscheucht,
Wollte Keis, nicht Sorgen sich machend,
Ihn habe der Freunde Verleumbung getroffen —
Denn argwohnlos war sein Geist und offen —
In das Zelt zu dem Mädchen geh'n.
Sie aber hatte den Sklaven geboten:
„Laßt ihn nicht ein, ich will ihn nicht seh'n!"
Mit flammenden Blicken, die Schlimmes drohten,
Sprach sie weiter: „Mit Dolchen und Speeren

Müßt ihr den Zutritt zum Zelt ihm wehren.
Entfernt von meinem Harem den Frechen;
Nicht such' er, ein Wort mehr zu mir zu sprechen!
Einer Anderen wagt er zu huld'gen;
Was kann diesen Verrat entschuld'gen?"
So traten die Sklaven dem Keis entgegen,
Den Zutritt zum Zelt ihm zu verlegen.
Und er, zum Mitleid sie zu bewegen,
Ließ seinen Thränen freien Lauf.
Aber vergebens; sie hielten ihn auf,
Als in das Zelt er bringen wollte.
Indeß er dem Schicksal bitter grollte,
Fort schritt er, den Tod im Herzen tragend.
Und seine gepreßte Brust brach klagend
In diese Seufzer aus: „O ich Armer!
Hat denn nicht Mitleid mit mir der Erbarmer?
Zwischen Hoffen und Bangen beständig
Schwebend bin ich mehr todt als lebendig.
Wie sich doch Alles zum Unheil mir wandelt!
Stets als Verbrecher werd' ich behandelt;
Wiewohl ich mich nicht mit Frevel belade,
Immer doch muß ich flehen um Gnade.
Die Liebe, die Liebe — sonst nichts verschuldet
Hab' ich: und solche Strafe nun duldet

Ein armer Verliebter? Gott mag verhüten,
Daß, weil meine Feinde mit blindem Hasse
So gegen mich Unseligen wüten,
Ich meine Freunde feig verlasse!
Nein, meiner Liebe ganze Fülle
Wird, Leila, meine kalte Hülle
Ueberdauern. Wenn wir uns zum Leben
Neu aus dem Schlaf der Vernichtung erheben
Und die Erlösten von Zeit und Tod
Umleuchtet ein ewiges Morgenrot,
Wird meine Seele, von Liebe durchglüht,
Dir sich, Theure, entgegenschwingen,
Werden wir uns auf ewig umschlingen,
Dort, wo himmlisches Glück uns blüht."
So seinem Kummer, herzbeklommen,
Ueberließ sich völlig der Arme.
Was er geklagt in seinem Harme
Hatte sein Freund, sein theurer, vernommen.
Er eilte sogleich zu Leila hin,
Gab von dem schnöden Verrath ihr Kunde,
Und scheuchte den Argwohn aus ihrem Sinn.
Leila mit brennender Herzenswunde
Fühlte, daß sie an Jenem gefehlt,
Und schrieb also, von Reue gequält:

„Weh dem, der Zutritt zu seinen Ohren
Den Reden von Neidern vergönnt, verloren
Muß ich ihn nennen. Nur Unheilstifter
Sind sie, der Freundschaft, des Zutrau'ns Vergifter.
Daß doch diese Geißel der Liebe verschwände,
Daß Untergang der Treulose fände,
Der beines Anblicks mich beraubt!
Ohne ihn noch hatt' ich geglaubt,
Mit Fassung, wenn auch mit heißen Zähren
Der Trennung mörd'rischen Becher zu leeren.
Aber nun ich mich also vergangen,
Wie soll enden mein Leiden, mein Bangen?
Kehre zurück, zurück, mein Trauter!
Glaub', meine Liebe ist rein und lauter.
Sieh mich mit Thränen den Boden tränken
Und komm, mir beine Verzeihung zu schenken!"
Nachdem sie also ihrem bedrängten
Herzen, dem fast von Jammer zersprengten,
Lind'rung geschafft, doch die Seele noch tief
Erfüllt von Trauer, gab sie den Brief,
Den zährenfeuchten, dem Freunde des Keis.
Dieser eilte auf ihr Geheiß,
Damit er Trost für das hochgehäufte
Leid in die Brust des Armen träufte.

12

Den strahlenden Falken der Frühe trug
Hin durch die Eb'nen der Luft sein Flug
Zum Nest, wo die Krähen der Nacht er traf
Und diese entflohen, geweckt aus dem Schlaf.
Da rannte schnell wie des Blitzes Flamme,
Keis zu seiner Geliebten Stamme.
Wie er nicht lange gegangen war,
Ward eines stattlichen Baums er gewahr:
Der Palme glich er im Paradiese,
Unter der auf der Lotoswiese
Die Huris ruhn. Auf ihm, der im Hauch
Des Morgens auf und nieder bebt,
Sitzt ein Rabe, schwarz wie der Rauch,
Der sich aus erlöschender Lampe hebt.
Die Augen des Vogels leuchten und funkeln
Wie Sterne, wenn tief die Nächte dunkeln.
Beim Nahen des Keis stieß gelles Geschrei

Er aus: es waren der Rufe drei —
Was alle Araber schon seit der alten
Zeit für ein günstiges Omen halten.
In Reis ward wieder die Hoffnung rege,
Sein beklommenes Herz that höhere Schläge;
Er dachte, befreit von des Grames Bürde,
Daß Leila er wiedersehen würde.
„Wenn Alles sich mir zum Guten fügt,"
Sprach er, „wenn meine Hoffnung nicht trügt
Und Leila mich anschaut mit Wohlgefallen,
Gelob' ich, zu Fuße nach Mekka zu wallen."

Leila empfing den Wiedergekehrten
Mit zärtlichem Gruße; Beide erklärten
Einander in feurigen Worten ihr Lieben,
Und wie sie wandellos treu sich geblieben.
Kein Geheimniß blieb unenthüllt,
Keine Knospe, die reich gefüllt
Als Rosenkelch sich erschlossen nicht hätte.
Einander liebkosend um die Wette
Verlebten sie so glückselige Stunden.
Aber als Reis ihr kund nun gab,
Wozu er durch einen Schwur sich verbunden,
Ward finster Leila's Herz wie ein Grab,

Verworren vor Schmerz wie des Haares Flechten,
Die sie umwallten gleich dunklen Nächten.
Während ein Thränenstrom ihr entquoll,
Dachte sie, zitternd, schreckensvoll
Der Entfernung, der ungeheuren,
Die trennen sie sollte von dem Theuren.
Aber das schmerzliche Opfer zu bringen
War Keis gezwungen. Nach langem Ringen,
Gott anfleh'nd, seiner sich zu erbarmen,
Wand er sich aus der Geliebten Armen.
Als Wallfahrer, voll heiliger Scheu
Den Eidschwur zu brechen, und getreu
Dem Gesetze der Ehre, trat
Zur heil'gen Kaba er an den Pfad.
Aus der Theuren entzückendem Land
In der Wüste glühenden Brand
Mußt' er hinaus. Aufwirbelnder Sand,
Steine, die seine Füße zerschnitten,
Ließen ihn nur mit schwankenden Schritten
Schreiten bei sengender Sonnenglut.
Der dornenzerrissenen Füße Blut
Bezeichnete seines Weges Spur.
Halbverschmachtend im Staube der Wüste
Freudigen Auges plötzlich begrüßte

Er einen Bach auf grünender Flur.
Doch nicht Wasser, erquickendes, klares —
Ein See nur, ein erträumter, war es,
Aus Dünsten des Bodens zusammengeronnen.
Wo er mit einem labenden Bronnen
Den brennenden Durst zu stillen gemeint,
Stand nun er grausam enttäuscht, versteint.
Wie oft auf den glühenden Sand ward der lieben
Leila Name von ihm geschrieben,
Indeß aus dem Auge, dem sehnsuchtdurchleuchteten,
Rinnend, Thränen den Boden befeuchteten.
Von der anderen Pilger Munde
Floß stets Gebet, wenn sie in der Runde
Die Kaba umschritten. Doch ihm entfuhr
Immer der Name Leila's nur.
Indeß seine strömenden Zähren in vollem
Erguß auf den Teppich des Tempels rollen,
Schickt er zu Muhammed solch' Gebet:
„O du von Gott geliebter Prophet,
Erhab'ner, vor dem der Hochmutstolz
Der Araber und der Perser zerschmolz,
Du, dessen Odem sanft und mild
Noch diese heiligen Stätten umquillt,
Laß dir das unschuldsvolle Lallen

Eines reinen Herzens gefallen!
Lege mir auf der Opfer schwerstes,
Und mir als der Gebote erstes,
Glaub, soll gelten seine Vollbringung.
Keine Entsagung, keine Bezwingung
And'rer Triebe sei mir zu schwer:
Nur Leila entsag' ich nimmermehr,
Ihr, die dem in Nacht Erstarrten
Sanftes Licht in die Seele gießt,
Der einz'gen Blume, welche im Garten
Der Hoffnung mir entgegensprießt.
Wollte der ganze Stamm der Meinen
Sich zu dem Einen Ziel auch vereinen,
Mich von der Theuren abzuwenden:
Nie würd' ich mich so durch Treubruch schänden."

Als Medschnun auf die Wallfahrt gegangen,
War sein Vater, um ihn voll Bangen,
Ihm heimlich gefolgt. Als den Sohn er da
Den Kaba=Umgang halten sah
Und sein brünstiges Flehen hörte,
Ward ihm klar, daß der Liebebethörte
Die Neigung nie ließe, die ganz ihn beseelte.
So, statt daß er noch länger ihn quälte,

Sann nur der von Mitleid Gerührte,
Wie seinem Ziel er näher ihn führte.
Voll Liebe, die er zum Sohne hegte,
Tadelt' er nicht seine Herzensneigung
Und lud ihn zu einer Sänfte Besteigung,
Daß er zurück in die Heimat kehrte.

13

Noch von heißerer Liebe bewegt,
Als er vor seinem Aufbruch gehegt,
Ließ Medschnun keinen Tag verfließen,
Ohne seine Leila zu grüßen.
Kaum stieg noch am Horizont die Sonne,
Und schon betrat er den Pfad der Wonne,
Leerte den berauschenden Becher,
Den sie ihm bot — ein trunkener Zecher,
Bis die Nacht, die hin durch die Luft
Den finstern Schleier wallen ließ,
Zu kehren ihn zwang, wo eine Gruft
Sein Zelt ihm schien, ein düst'res Verließ.
Indessen bei seinen vielen Besuchen
Begannen die Nebenbuhler zu fluchen.
Wohl waren sie sich, daß aus Leila's Brust
Er nicht sich verdrängen ließe, bewußt:
Drum Sorge in deren Eltern Gemüt

Zu flößen waren die Argen bemüht.
Einst Nachts denn sprachen ganz insgeheime
Vater und Mutter zu ihrem Kind:
„Zu Tage kommen alle Keime,
Ob sie versteckt auch im Tiefsten sind.
Vergebens bedeckt sich sorglich die Nacht
Mit ihres Moschusschleiers Hülle:
Der Tag zerreißt ihn, wenn in der Fülle
Seiner Strahlen er Morgens erwacht.
Du weißt, daß zitternden Hauches der Ost
Den Schleier vom Busen der Blume lüftet,
Die auf der Flur im Verborgenen sproßt
Und freundlich die kühle Frühe durchdüftet.
Schimpfliche Gerüchte über Keis
Und dich verstreuen Neider mit Fleiß.
Als die Morgenröte erglommen,
Flüstert man, hat der Wind vernommen
Wie Bulbul die Reize der Rose besang,
Die eben aus ihrer Knospe sprang.
Einen Augenblick an dem Strauch
Mischte mit ihrem er seinen Hauch,
Zertheilte die Schleier, die sie verbargen —
Verraten ward dann sie von dem Argen.
Anwenden mußt du, o Tochter, jede

Sorgfalt, damit sich solches Gerede
Nicht weiter verbreite, und daß nicht schnöde
Verleumder, die immer Unheil stiften,
Deines Namens Reinheit vergiften.
Vom Thau, der zuerst ein Gemäuer nur leicht
Befeuchtet, wird es zuletzt erweicht,
Und muß einstürzen, wenn voll Acht
Man nicht auf Besserung nimmt Bedacht.
Sobald ein Feuer zuerst aufloht,
Ist es zu dämpfen ein Pflichtgebot;
Denn schlagen erst hoch empor die Flammen,
So bricht in den Gluten Alles zusammen.
Der Liebe zu Keis drum mußt du entsagen,
Und täuschende Hoffnung im Herzen nicht tragen.
Keine Flamme, o Leila, nähre,
Die deinen Ruf versehrt, deine Ehre;
Dem Keis die Thür deines Zeltes verwehre!
Wenn die Zweige des Strauchs sie hüten,
Sind nicht gefährdet die zarten Blüten,
Doch geben dem Kuß der Verführerin,
Der kosenden Nachtigall, sie sich hin,
Auf dem Markte bald zum Verkauf
Stellt man vor Aller Augen sie auf.
Da der Verleumdung du nicht entronnen,

Die wider dich stachliger Neid ersonnen,
So suche die Bosheit zu entkräften,
Die Flecken dir sucht anzuheften."

Den Mahnungen, welche die Eltern sprachen,
Erschloß sich einzig Leila's Ohr;
Aber in ihrer Seele brachen
Die Flammen der Liebe nur stärker hervor.
So sehr sich Vater und Mutter mühten,
Den Reis zu verdrängen aus ihrer Gunst,
So höher, mächtiger nur erglühten
Des Mädchens Sinne in Liebesbrunst,
Und, statt ihn, wie sie wollten, zu hassen,
Schwur sie, nimmer ihn zu verlassen.
Wie mit Medschnun das nächste Mal
Zusammen sie kam und die Seelenqual
Ihm die nagende, bitt're enthüllte,
Die seit jenem Gespräch sie erfüllte,
Sprach sie: „Wie schrecklich ist meine Lage!
Siehe, welche Leiden ich trage.
Mit scharfem Dorn mein Herz zerfleischt
Haben die Eltern und von mir geheischt,
Dir sollt' ich entsagen! Glaub', ich ertrage
Ja kaum die Entfernung von einem Tage —

Was soll erst werden, wenn Monde von hinnen
Gehen, ja wenn Jahre verrinnen,
Ohne daß mir vergönnt, an den Wonnen
Deines Anblicks, mein Keis, mich zu sonnen?
Und bennoch — mag mich der Kummer auch töbten:
Sprich selbst, ist nicht bies Opfer vonnöten?
Leisten wir Wiberstand, so erblicke
Ich Mißgeschicke auf Mißgeschicke.
Ergießen wird, vertausenbfältigt,
Unglück auf uns sich, das ganz uns bewältigt."

Bei bieser Trauerkunde vergaß
Mebschnun sich völlig und ermaß
Einzig, wie Leila so unglückselig
Durch ihn geworben, nachdem ihn schmählich
Verraten seine hämischen Neiber.
Indem er starrenb in's Leere blickte
Und Schluchzen ihm fast die Stimme erstickte,
Sprach er in schwerer Seelenspannung:
„Dulde schweigend, o Keis, die Verbannung,
Die das Wesen bir auferlegt,
Für welches das Herz hochklopfend bir schlägt.
Wendet von bir sie ihr Angesicht,
So ist, baß du willig bich fügst, bir Pflicht.

Gehorsam schuldest du ihr, wie zur Zeit,
Da sie die Brust dir zur Freistatt geweiht
Selbst wenn er verfolgt ist, der Hoffnung beraubt,
Ist dem Liebenden nicht erlaubt,
Sich den Geboten, die über ihn
Die Geliebte verhängt, zu entzieh'n."

14.

Nachdem eine Zeitlang Keis, dem Befehle
Leila's gehorchend, sie nicht geseh'n,
Konnte der Arme dem Drange der Seele,
Auf's Neu sie zu grüßen, nicht widersteh'n.
Hoffend, daß ihn dem späh'nden Verdacht
Seiner Feinde das Dunkel verhehle,
Schlich er zu ihr im Schutze der Nacht.
Abends, gehüllt in den schirmenden Schatten,
Zwang er die Füße, die schwankenden, matten,
An seines Glückes Ziel ihn zu tragen.
Da, wenn Alle in Schlummer lagen,
Stand er am Eingang des Zeltes stumm,
Forschte, ob Einer auch lauschte, ringsum,
Der ihn vermochte zu überraschen,
Und suchte den Augenblick zu erhaschen,
Wo ihm Leila die Gunst vergönnte,
Daß mit der Holden er reden könnte.

Die Unschuldreinen, welche unsterblich
Leben werden von Jahr zu Jahr,
Vergaßen in einer Nacht, wie verderblich
Ihnen der Neid gewesen war.
Als, von der Gespräche Zauber umfangen,
Sie also sich zärtlich liebend umschlangen,
Entdeckte ein früher von Leila verschmähter
Liebhaber sie, ein arger Verräter.
Als der ihr Seufzen vernahm, hoch glühte
Eifersucht ihm empor im Gemüte.
„Sie sollten glücklich werden? Mit nichten!"
Dacht' er, „ich will zu Grunde sie richten."
Verbrechen schien ihr unschuldiges Kosen
Dem Treuvergeff'nen; im schonungslosen
Grimme schwur er Verderben dem Paar.
Eine Thräne der Rührung war
Von Leila's Wimper herabgeflossen;
Doch ihrem Vater stellt' er es dar,
Als hätte sie Zährenströme vergossen;
Und suchte der Beiden Zusammenkunft
Zu schildern in den schwärzesten Farben:
Daß Medschnun beraubt sei der Vernunft.
Und wie in sonnegedörrten Garben
Das Feuer wütet, also verheerend

Und seine Lebensgeister verzehrend
Wirkt' in des Alten Brust das Wort.
Zornflammend stürmt er zu Leila fort,
Und „Leugne nicht," sprach er, „ich habe vernommen,
Wie ihr nächtlich zusammengekommen!"
Drauf schlug er sie grausam mit der Faust.
Und gleich der Lotosblume im See,
Wenn wild sie im Sturm die Woge umbraust,
Welkte das Mädchen dahin bei dem Weh,
Das der Zürnende auf sie häufte.
Sie seufzte; ein Strom von Thränen beträufte
Ihren Busen. Doch so betrübt
Nicht wegen der That, an ihr verübt,
Wie über Keis' Entfernung war sie —
Seinetwegen zerraufte ihr Haar sie.
„Ich schwör' es," mit halberstickter Stimme
Rief also der Vater in seinem Grimme,
„In deinem Namen, du Gott des Alls,
In Muhammeb's Namen und aller Propheten:
Zu ruh'n nicht, bis wegen dieses Falls
Gerechtigkeit ich vom Khalifen erbeten.
Und — wer ist dieser Medschnun? Welch Recht
Besitzt er, daß er sich also erfrecht,
Die Nacht hindurch bis zur Morgenhelle

Mein Zelt zu umschleichen und meiner Gazelle,
Der lieblichen, tausend Schlingen zu legen?
Recht wird der Khalif, ich weiß es, pflegen!
Wo nicht, die Spitze meiner Lanze
Werd' ich wider den Jüngling wenden;
Fern bleiben soll er von hier; für's ganze
Leben sonst stirbt er von meinen Händen."

Vor Nacht noch kam zu des Medschnun Ohren,
Was vorgefallen; er schien sich verloren.
Den Schmerz, der sich seiner in wilden und wildern
Gefühlen bemeisterte — wer kann ihn schildern?
Jetzt auf den letzten Versuch zu verzichten,
Den Rest der Hoffnung in sich zu vernichten,
War er gezwungen. Schon schwer genug
Schien ihm das Leiden, das selbst er trug:
Doch die vom Vater erduldete Schmach
Leila's wär's, was das Herz ihm brach.

15.

Vom Lager der Ameriten nicht weit
Lebte in tiefer Einsamkeit
Ein armes Weib aus entferntem Stamme.
Oft nagt' an ihrem Herzen die Flamme
Der Sehnsucht nach ihrer Heimat. Als jung
Dort hatte gelebt sie, und heiße Zähren
Entlockt' ihr oft die Erinn'rung.
Vom Gatten war sie zu herbem Entbehren
Zurückgelassen worden. Zu weinen
Und darben mit zwei unmündigen Kleinen
Ward ihr verhängt. Beim Anblick der Armen,
Die nicht Kleider hatten noch Brot,
Verzweifelte sie; doch ihrer erbarmen
Wollte sich Keiner bei solcher Noth.

In Medschnun wurde das Mitleid erweckt,
Da er die Wohnstatt des Unglücks entdeckt.

Wenn gleich dem Vogel der Finsterniß
Dorthin auf der Wand'rung zu Leila er kam,
Zu raften pflegt' er, und ihm zerriß
Das weiche Herz des Weibes Gram.
Es schuf ihm Freude, mit Geschenken
Die armen Kinder zu bedenken.
Als mit Leila zusammenzukommen
Kein Mittel ihm blieb, schien's ihm zu frommen,
Zu dieser Frau seine Zuflucht zu nehmen.
Er klammerte sich an einen Schemen
Von Hoffnung, müden Wand'rern vergleichbar,
Denen ein labender Trank unerreichbar,
Und die nun, um sich zu erquicken,
Brennenden Sand an die Lippen sich drücken.
So fragt er sie voll Ungebuld:
„Was macht sie? Entzog sie mir ihre Huld?
Schenkt ihre Gunst sie der Andern Einem?
Theilt anderen Herzen sie, als meinem
Ihre Geheimnisse mit? Ihr Mund,
Lächelt er einem Fremden zu?
Mir wird die Seele von Schmerzen wund,
Wenn ich dran denke — — O sage du,
Bezauberndes Mädchen, so hold und zart:
All' deine Reize seltener Art,

Waren für mich sie nicht aufgespart?
Doch zum mind'sten von diesem Ort
Das Zelt, das dich birgt, erblick' ich dort.
Die Wimpel, die flattern in Lüften ich sehe,
Verkündigt mir der Geliebten Nähe." —
Aus seinen glühenden Augen quoll
Ein Strom von Thränen; lang ließ er ihn rinnen,
Nachdem er also inbrunstvoll
Sein Herz entladen. An Geist und Sinnen
Dann ward er irr, und in Wahnbethörung
Lag er am Boden in Geistesstörung,
Bis unter seiner Wirthin Pflege
Er zu sich kam, und die früheren Wege
Zu seinem Stamme von neuem betrat.
Aber immer wieder den Pfad
Schlug er ein zu der guten Alten,
Zwiesprach mit ihr über Leila zu halten.
Da er sie selbst nicht zu sehen vermochte,
Bot sie ihm Tröstung, und freudig pochte
Ihm stets das Herz. Doch das Schicksal wollte,
Daß neue Enttäuschung ihm werden sollte.
Seine Nebenbuhler verklagten
Bei Leila's Vater das Weib und sagten:
„Den Medschnun sieht sie bei sich als Gast,

Oft hält er zum Plaudern bei ihr Raſt."
Da ſtürmt der Alte, von Zorn entflammt,
Zum Weibe und donnert: „Sei du verdammt!
Ruchloſe! wie, vor mir nicht zagſt du —
Offen mir ſo zu trotzen wagſt du —
Und meinem Feinde, dem Ameriten,
Freiſtatt in deiner Behauſung zu bieten?
Leiſteſt du ferner Beiſtand dem Thoren,
So ſollſt du es büßen. Du biſt verloren.
Die Bruſt ſoll dieſer Dolch dir durchbohren,
Und trennen dir vom Rumpfe das Haupt!"
Wie alſo der Wüt'rich Rache ſchnaubt,
Nirgends erblickt das Weib mehr Hilfe,
Sie bebt gleich dem ſturmgeſchüttelten Schilfe.
Und da ſie Keis von fern erblickte,
Rief ihre Stimme, die halbſterſtickte,
Ihm zu: „Nicht weiter! nicht weiter, Verweg'ner!
Auf mich bis zum Tod ergrimmt iſt dein Gegner;
Und iſt dir dein Leben lieb, ſo getrau'
Dich nie mehr her zu mir alten Frau!
Wenn Leila dich liebt, mit tödtlichem Haß
Verfolgt dich ihr Vater ohn' Unterlaß.
Wie ſoll ich mich ſchützen vor ihm, der ſo wild,
Und als Erſter in ſeinem Stamme gilt? —

Daß hier du verkehrt, hat er ausgewittert,
So daß mein Herz für dich auch erzittert!"

Zerrissen von Weh bei diesem Befehle,
Sich zu entfernen, ward Medschnun's Seele.
„O du, bisher mir doch zugethan,"
Sprach er mit schluchzenerstickter Stimme,
„Was verbietest du jetzt, mir zu nah'n?
Verfolgt werb' ich von des Schicksals Grimme,
Wie du vertrieben vom Heimatherbe,
Ein Irrender bin ich auf der Erde.
Mein Unglück ist verwandt mit dem deinen;
Und also sollt' es uns Beide vereinen.
Ein heiliges Recht steht zu dem Gast:
D'rum weig're mir nicht bei dir die Rast!
So oft ich dich sah, geringer alsbald
Uebte der Schmerz auf mich Gewalt;
Denn der Geliebten Aufenthalt
Sah ich aus deiner Wohnung, und minder
Ward bei dem Anblick mein Schmerz — gelinder.
Merkst du nicht, daß wenn du Zuflucht mir weigerst,
Du meinen Schmerz zur Verzweiflung steigerst?
Also hinweg mit umnachtetem Geiste
Muß zieh'n ich von hier. Wohlan! so leiste

Mir noch den einzigen Freundschaftsdienst.
Wenn hold du mir bist, so wie du es schienst;
Führt dich der Zufall mit Leila zusammen,
Dann sprich zu ihr von den Liebesflammen,
Den brennenden, die für sie mich verzehren,
Und sag' ihr, daß sie ewig währen.
Sende mir auch von der Einzigen Kunden,
Sonst verblut' ich an meinen Wunden."

In Worten, vom Weh des Herzens gebrochen,
Kaum hatte also der Jüngling gesprochen,
Und indem er die Alte grüßte,
Floh er sturmgeschwind in die Wüste.

16

Nach diesem letzten Versuch des Keis
Entbrannte in Leila's Vater so heiß
Die Wut, wie nie sie geflammt zuvor.
Den Eid zu erfüllen, den früher er schwor,
Begab er sich vor des Khalifen Thron.
„Beherrscher der Gläub'gen! einen Sohn
Vom Stamme der Ameriten verklag' ich.
Wisse Alles, offen Alles dir sag' ich.
Mein ist eine Perle, unschätzbar von Wert,
Gleich des Paradieses unsterblichen
Huris wurde sie von den verderblichen
Pfeilen des Schicksals noch nie versehrt.
Sicher in der Freistatt der Tugend,
Gehüllt in den Schleier schuldloser Jugend,
Keinen, als den Spiegel allein
Ließ Zeugen sie ihrer Anmut sein.
Die Binden, die ihr Antlitz umschlangen,

Nur kannten die Reize ihrer Wangen.
Aber seit Keis, der Liebeverrückte,
In ihrer Verborgenheit sie erblickte,
Und von der Liebe, die heiß ihn durchdringt,
In seinen glühenden Liedern singt,
Wird meiner Leila Name leider
Entweiht von tausend Lippen der Neider,
Und über die Meinen, die hoch in Ehren
Sonst standen, erzählt man schimpfliche Mären.
Abgenutzt hat der arge Geselle
Durch seine Tritte der Wohnung Schwelle,
In welche zu Leila er heimlich schlich.
Wenn ich ihm Morgens den Eintritt versagt,
Listig, sobald der Abend erblich,
Hat er einzubringen gewagt.
Und auch hiermit noch nicht zufrieden:
Mit Hilfe einer Nachbarin
Sucht' er neue Pläne zu schmieden:
Weh mir, daß so verraten ich bin!
Wer beisteh'n mir könnte, nicht kann ich's ahnen,
Als du nur, Herrscher der Muselmanen!
Zwei Worte, von deiner mächtigen Hand
An den Emir des Landes gerichtet,
Können mich retten — sonst bin ich vernichtet."

Als der Khalif die Lage erkannt,
Gab er den Firman, den Jener erbeten.
Kaum war zum Emir der Bote getreten,
Der ihm brachte des Herrschers Geheiß,
So sprengt' er auf schnaubendem Renner zu Keis
Und gebot, daß dessen Vater, der Greis,
Mit dem ganzen Stamm sich versammeln sollte.
Sobald der Emir die Fahne entrollte
Und Jeder gefolgt dem Rufe war,
Legt' also des Herrschers Gebot er dar:

„Dem Keis — der auch der Verrückte heißt,
Weil er verwirrt ist an Seele und Geist —
Wollen wir hiermit untersagen,
Mit seiner Liebe zu Leila zu prahlen,
Auch von seinen Herzensqualen
In Liedern, die er dichtet, zu klagen,
Zu Leila's Zelt sein Kameel zu lenken
Und ihre Verwandten dadurch zu kränken.
Weiter soll's als Gesetz für ihn gelten,
Daß nie er von seines Stammes Zelten
Entfernen sich darf. Geahndet zuletzt
Wird es werden als ein Verbrechen,
Wenn Leila's Namen nur auszusprechen

Er wagt. Und falls er sich widersetzt,
Steht Jedem, der ihm, wo es auch sei,
Begegnet, ihn umzubringen frei."

Nachdem sie diesen Firman gehört,
Wendeten Alle betroffen, verstört
Sich gegen Medschnun: „Den Beschluß,
Dem der Vernünft'ge sich beugen muß,
Hast du vernommen. Was bleibt dir zu hoffen?
Diesem Bannstrahl, der dich betroffen,
Willst du ihm trotzen? Alles Schlimme
Bedroht dich von Leila's Vater! Der Grimme,
Wenn ihm, wenn Einem aus seinem Geschlecht
Macht über dich würde, verströmte dein Blut,
Und von Keinem würd' es gerächt.
Entrissen würde dir Hab' und Gut.
Entsage — hör' auf uns're Beschwörung —
Entsage dieser Liebesbethörung!" —

„Mit meiner Liebe, was hat er zu thun,
Dieser Khalif?" rief da Medschnun,
Und wälzte, gleich einer verwundeten Schlange,
Umher sich in seinem Schmerzensdrange.
„Mag immer er Herrscher der Gläubigen heißen,

So kann doch sein Arm mir sie nicht entreißen!
Nein! gleich ist sie den unsterblichen Tauben,
Die in den Zweigen des Sibrahbaums nisten:
Nie kann sie der grimmige Sperber mir rauben,
Und Keinem gelingt's, sie mir abzulisten!"

17.

In Verzweiflung allein geblieben,
Konnte Medschnun nicht Ruhe finden,
Wie von der Wüste Wirbelwinden
Ward er in's Irre umhergetrieben.
Vergebens, verfolgt von Leila's Bilde,
Suchte nach einem Hafen der Wilde.
Durch die brennenden Sandgefilde
Schweift er, rastlos umhergejagt.
Auf einem Gipfel, der einsam ragt,
Sieht man ihn oft, gleich dem Wolkenschatten,
Der auf den kahlen Fahlen sich legt;
Dann wieder rafft er sich auf, und es trägt
Weiter sein Fuß den Erschöpften, Matten.
Doch belebend mit einem Mal
Erquickt' ihn von neuem ein Hoffnungsstrahl.
Er rannte zu seinem Stamme und bat
Einen Häuptling, der immer mit Rat

Ihm beigestanden: „Wenn du mich liebst,
So hoff' ich, zu meinem Vater begiebst
Du eilends dich, und verkündest ihm
Was Medschnun erfleht mit Ungestüm.
Sprich also: ‚O du, der sorgsam gehegt
Du meine Kindheit und sie gepflegt,
Wie einen Palmbaum, wenn ihm bekränzt
Von roten Datteln die Stirne glänzt;
Der meines Daseins Pfad du bis heut
Liebend mit duftigen Blumen bestreut:
Wenn irgend eine Tugend mich ziert —
Du bist's, dem einzig der Dank gebührt.
Bei Allem, was ich besitze, gedenk
Bleib' ich: es ist deiner Liebe Geschenk.
Wohlthaten dank' ich dir jeden Tag,
Daß ich sie nicht zu zählen vermag —
Durch Eine nun, Vater, werde zuletzt
Den andern die Krone aufgesetzt.
Getrennt von meinem einzigen Schatz,
Von Leila, ist auf der Erde kein Platz
Für mich, um Athem darauf zu holen:
Ich werde versengt wie von glühenden Kohlen.
Nur da, wo von der Geliebten Zelt
Der Schatten auf meine Stirne fällt,

Vermag ich zu athmen: wenn ihn man mir weigert,
Wird tausendfältig mein Elend gesteigert.
Da meine Leiden dir sind bekannt,
O rette mich von des Abgrunds Rand.
Die Eltern schulden es ihren Kindern,
Ihre Leiden zu stillen, zu mindern.
Dem Vater der Jungfrau melde: ich hange
An ihr mit Liebe, aber verlange
Nicht, daß er zu seiner Kinder Range
Mich erhebe; nur ferner mich haſſen
Nicht soll er, von seiner Verfolgung laſſen.
Für mich begehr' ich nicht andere Rechte,
Als daß er zum niedrigsten seiner Knechte
Mich mache. Nichts wünſch' ich, als daß zu Zeiten
Auf Leila hin meine Blicke gleiten.'"

Dieser Freund, der treffliche, ging
Mit dem Auftrag, den er von Keis empfing,
Und gab, was gehört er aus deſſen Mund,
Den andern Häuptern des Stammes kund.
Alle, mit ihm vereinigt, schritten
Zu Medschnun's Vater, um ihn zu bitten,
Den Wünschen des Sohnes, deſſen Leben
Bedroht sie erblickten, nachzugeben.

Nach dem, was er vernommen von Jenen,
Konnte der würdige Greis die Thränen
Nicht bergen, die seinen Augen entquollen,
Und er beschloß, dem trübsalvollen
Zustand des Sohnes ein Ende zu schaffen.
So eilten Alle, sich aufzuraffen,
Und wanderten, bis in das Thal sie gelangten,
Wo die Zelte der Leila prangten.
Der Vater des Mädchens begrüßte die Gäste
Und breitete zu Trank und zu Schmaus,
Sie zu bewirten auf das beste
Der Gastlichkeit Teppich vor ihnen aus.
Sklaven mit unterwürfigen Mienen
Waren beflissen, ihnen zu dienen.
Der Mahlzeit folgte die Unterhaltung,
Und Geschichten in reicher Entfaltung,
Märchen und Erzählungen flossen
Von den Lippen der Zeltgenossen.
Drauf ward, als ein günst'ger Moment gekommen,
Vom Vater des Keis das Wort genommen:

„Ein Zauber, so ist der Weisung Meinung,
Knüpft sich an der Wesen Vereinung.
Beklagenswert ist des Menschen Loos,

Der verlassen dasteht und einsam;
Auch sein Leiden ist minder groß,
Trägt er mit Freunden es gemeinsam.
Lebloses selbst kann sich nicht entwinden,
Sich mit Anderem zu verbinden.
Die Rose, die holde, betrachte nur:
Schön ist sie, wenn einsam, auf der Flur,
Doch strahlt sie erst dann im höchsten Glanz,
Wenn man mit Laub sie vermählt zum Kranz."
Seine Freunde, die Ameriten,
Da sie seine Absicht errieten,
Trugen dem Wirt ihr Flehen so vor:
„Erhab'ner Fürst, leih' uns dein Ohr!
Der du die Wurzel der Ungerechtigkeit
In deinem Stamme ausgereutet,
Und, während du immer gezüchtigt die Schlechtigkeit,
Mehr noch des Ruhms, als der Schätze erbeutet!
Der Väter glücklichster, dem als Habe
Die Natur die köstlichste Gabe
Verliehen, eine Tochter, so schön,
Wie keine auf Erden noch ward geseh'n:
Einen Mond, der prächt'ger die Welt,
Als jener, der droben strahlt, erhellt!
Mit einem Verirrten hab' Erbarmen,

Der, in tiefe Schwermut versenkt,
Die Wüste mit seinen Thränen tränkt,
Und gönn' ihm, dem Verzweifelnden, Armen,
Daß wieder aus jenem Monde sein Auge
Sich Trost als himmlisches Labsal sauge.
Diese Schönheit, o Herr, vereine
Mit dem, der ihr gleich ist an Tugend und Reine,
Dem Reis, der seinem Leben entsagt,
Wenn dir er als Eidam nicht behagt.
Nimm, edler Fürst, zurück den Beschluß,
Durch den in Verbannung er irren muß.
Sieht man Leila, an Reizen so reich,
Einer unsterblichen Huri gleich,
Und Medschnun, den schönsten Jüngling der Erde,
So glaubt man, aus ihren edelsten Stoffen
Habe Natur sie am Schöpfungsheerde
Gebildet, und selbst sich übertroffen.
Sie hat die Zwei für einander bestimmt;
Wer mehr im Glanze der Schönheit glimmt,
Kann Keiner sagen — sie oder er.
So möge denn fügen der Himmelsherr,
Daß sie als Sterne, die nie erbleichen,
Stets leuchten in der Hoffnung Zeichen.
Der Wunsch, von neuem die Lebensflamme

Des unglücklichen Reis zu entzünden,
Und fest und dauernd mit deinem Stamme
Der Ameriten Geschlecht zu verbinden,
Und ewigen Frieden mit euch zu gründen,
Zwingt uns, dir dies an das Herz zu legen:
Magst du es in deiner Weisheit erwägen!"

18

Nicht kannte der Liebe süße Empfindung
Der Vater Leila's; zu Felsen erstarrt
War ihm das Herz, so daß die Verbindung
Der Beiden von ihm verabscheut ward.
Kaum hatte vernommen der finst're Tyrann,
Worauf der Stamm, dem er feind war, sann,
So that das Runzeln seiner Brauen
Den Grimm kund, der ihm im Herzen gohr.
Er rief: „Darf ich den Ohren trauen?
Auf Solches sinnen kann nur ein Thor.
Ein Luftgespinnst wie das Netz von Spinnen
Dünkt mich die Hoffnung, die ihr hegt,
Verwirrt muß sein an Geist und an Sinnen,
Wer sich mit solchen Gedanken trägt.
Ihr hättet im Beginne vielleicht
Das, was ihr von mir begehrt, erreicht.
Heut aber, wo rings, um mich zu verhöhnen,

Die Lüfte von dieser Liebe ertönen,
Wo aus dem Munde von Jung und Alt
Die Mär davon, die kränkende, schallt,
Wo in der Jünglinge Liederweisen,
Wenn beim Mahle die Becher kreisen,
Sie weithin in die Runde hallt,
Soll mich nichts auf Erden bewegen,
Leila's Hand in dessen zu legen,
Der durch seine Lieder, die frechen,
Mich also beschimpft. Kein ferneres Sprechen
Kann fruchten. Geschrieben so ist's in den Sternen;
Ihr solltet euch besser drum entfernen.
Begreifen wohl könnt ihr meinen Zorn;
Nie werd' ich mein Auge dem vertrauen,
Der es zerritzt mit einem Dorn,
So daß ihm die Kraft erlosch, zu schauen;
Nie wieder zu dem wird mein Herz sich wenden,
Der wagte, so meine Ehre zu schänden."

Medschnun's versammelte Stammesgenossen,
Nachdem sie's vernommen, brachen sodann
Das Schweigen, das ihre Lippen geschlossen,
Und ihr erster Sprecher begann:
„Welches, Ehrwürd'ger, ist denn der Schimpf,

Deſſen du uns verklagſt ohne Glimpf?
Mehr galt dem Reis, als Schätze und Güter,
Von je die Ehre. Ihr treu'ſter Hüter,
Hat er nie ihre Gebote vergeſſen,
Sie zu verletzen ſich nie vermeſſen.
Wagſt du, die Liebe ſelbſt zu tabeln,
So wiſſe: Keinen wird ſie entadeln.
Durch ſie kann Schande an Keinem haften;
Die edelſte iſt ſie der Leidenſchaften.
Ja! wenn ſie frei iſt von nieb'rer Begierde,
Frei von Sinnenluſt und Gemeinheit,
Im Herzen ſtrahlt in lauterer Reinheit:
Iſt ſie des Menſchen ſchönſte Zierde.
Schimpf habe Leila betroffen, ſagſt du?
Und Reis, daß ſchuld er dran ſei, verklagſt du?
Aber ſeh'n doch, wenn ganz nicht verblendet,
Mußt du: nicht beſchimpft, nicht geſchändet
Iſt die Jungfrau: nein, in Wahrheit
Strahlt ihr Name in herrlicher Klarheit.
In feurigen Liedern zu ihrem Ruhme
Ward ſie geprieſen ‚Der Frauen Blume‘.
Ihre Reize und Tugenden nur
Haben der Seele des Reis ſich bemeiſtert,
Daß entzückt er, wahnſinnbegeiſtert

Einzig sie ewig zu lieben schwur. —
Und deshalb willst du des Frevels ihn zeihen?
Ruchlos muß man sein und verderbt,
Wenn man, statt ihr Verehrung zu weihen,
Die Tugend mit trügender Tünche färbt."

In seiner Bosheit und Eigensucht
Zerschmettert von der Wahrheit Wucht,
Vermochte Jener sich lang nicht zu sammeln.
Und kein Entschuldigungswörtchen zu stammeln.
Endlich, in noch erhöhtem Grimme,
Rief er mit zornwutzitternder Stimme:
„Wenn ihr auch nur ein einziges Haar
Meiner Leila begehrtet — wenn gar
Ihr allen Reichthum, allen Besitz
Mir dafür bötet: nichts wär' es nütz.
Ich schwör' es, ihr würdet es nie erreichen!
Meine Leila ist sonder gleichen:
Was neben ihr sind tausend Medschnun?
Wahrlich! sollte sie nur geruh'n,
Sein Leben als Opfer zu empfangen —
Nach höherm Glück nicht dürft' er verlangen."

Jede Hoffnung, ihn zu gewinnen,
Schwand so für die Ameriten von hinnen.

Indem sie in ihrem Schmerz sich kaum faßten,
Entfernten sie sich von dem Verhaßten.
Medschnun, wie sie zurückgekehrt,
Von des Versuchs Mißlingen belehrt,
Schleuderte jammernd, sinnberaubt,
Verwünschungen auf des Verfolgers Haupt.
„Träf' ihn in jedem Augenblick,"
So rief er, „doch alles Mißgeschick,
Was nur auf Erden! Selbst empfinden
Mag dieser Tiger meine Qual,
Und ruh'los irren nach allen Winden
Von Wüste zu Wüste, von Thal zu Thal:
Daß zur unerträglichen Bürde
Dem Wüt'rich doch das Leben würde!"

19

Nachdem der letzte der Hoffnungsstrahlen
Geschwunden vor seinem erlöschenden Blick,
Ward Medschnun in seiner Seele Qualen
Gleichgültig für sein ganzes Geschick.
Daß keinem er seines Stamms begegne
Trieb sein Kameel er in weitentleg'ne
Gegend hinweg. Den Abschiedsgruß
Noch bietend seinem Heimatland,
Schüttelt er, in die Wüste gewandt,
Ab von den Kleidern den Staub und vom Fuß.
Fern von der verhaßten Menschen Bereich,
Der Gazelle, dem Rebhuhn gleich,
Lebt er im sand'gen, öden Reviere
Nur in Gesellschaft der reißenden Thiere.
Mit eines wilden Hirsches Haut
Das Gestein und struppige Kraut,
Damit er Nachts d'rauf ruhe, bedeckt er,

Und unter dem Himmel zur Ruhe sich streckt er.
Im Schlaf oft ward er erschreckt von wilden
Graungestalten und Traumgebilden.
Die schwarzen Schleier der Nacht umwallten
Sein Zelt allein statt der Vorhangfalten.
Wenn bei des Morgenrots Erscheinen
Er sein Auge dem Licht erschloß,
War es nur, um sein Weh zu beweinen.
Neue, stets neue Thränen vergoß
Der Unglückfel'ge. Elende Beeren
Waren das Einzige, was er genoß,
Und außer des eig'nen Auges Zähren
Wurde nichts, als der nächtliche Thau,
Der herab aus dem himmlischen Blau
In den Kelch der Blumen geflossen,
Als Labetrunk von ihm genossen.

Einst, als er, für alle Tröstung taub,
Mit der Hand in den Wüstenstaub
Den Namen, der ihm vor allen lieb,
Den seiner einzigen Leila, schrieb,
Ward er, daß ihn eine stattliche Schaar
Von Jägern umringte, plötzlich gewahr.
Ein Fürst, der sich unter ihnen befand —

Der Jüngling wurde Naufél genannt —
War, weil von Großmut und eblen Sitten
In ganz Arabien wohlgelitten.
Gleich der Sonne nach allen Seiten
Ließ er blitzendes Gold hingleiten.
Wie bei der Morgenröte die feuchten
Tropfen auf allen Gräsern leuchten,
Freigebig so streuten seine Hände
Köstliche Perlen ohne Ende.
Fröhlich in der Fröhlichen Kreise
War er, und dennoch zu hohem Preise
Dient es ihm: mitleibig und weich
Den Armen stets gab er von seinen Schätzen.
Nur dazu, schien es, war er so reich,
Um And're mit Trank und Speise zu letzen.
Herab vom Pferde stürzt' er sich nun,
Als er erblickte den armen Medschnun.
Kaum da ward er des Namens gewahr,
Den dieser in den Sand gegraben,
Und wen er erblicke, ward ihm klar:
Keis, den Verliebten, vor sich zu haben,
Zweifelt' er nicht, und, tief erregt
Von seinem Leiden, sprach er bewegt:
„Düst'rer Bewohner der Wüste, o sage,

Warum du hier dich also verzehrst,
Der sand'gen Oede vertraust deine Klage,
Und mit glüh'nden Thränen die Augen verheerst.
Wie lang noch willst du auf diesem dürren
Blachfeld verwirrten Geistes irren?
Vergebens lässest du deine Zähren
Herab auf den heißen Boden rinnen,
Du wirst, dir seine Gunst zu gewähren,
Dadurch dem Schicksal nicht abgewinnen.
Wohl, eine Zeitlang ruhe aus
Unter der Freundschaft tröstendem Dache!
Gastlich dich lab' ich: zu beinem mache,
Beglücken wirst du mich, mein Haus.
Du, den seit lange der Schlummer gefloh'n,
Der lang' entbehrte der Nahrung schon,
Von neuem die müden Augen schließ,
Von neuem der Speise Wohlthat genieß!
Wenn dich der Balsam des Schlafes erquickt,
Wird dies dein gewelktes Ausseh'n schwinden,
Und sobald dich die Schöne erblickt,
Mit der ich dich denke zu verbinden,
Ihrer würdig wird sie dich finden.
Welchen Dank mir kann ich erwerben,
Wenn ich dich bleich und nahe dem Sterben

Einen Diw gleich schreckbar entstellt,
Vor die schönste der Peris führe?
Wenn ich streben — der Gebieter der Welt
Möge hören meine Schwüre —
Mit allen Kräften will und ringen,
Um dein heißes Verlangen zu krönen,
Daß mit Leila, der einzig Schönen,
Dich der Ehe Bande umschlingen.
Sei ein Ziel auch schwer zu erreichen:
Vor der Gewalt und vor dem Golde
Muß selbst die Unmöglichkeit weichen.
So zu gewinnen dir denk' ich die Holde.
Wird Gold erfordert — mit vollen Händen
Kann ich's nach allen Seiten verschwenden.
Und will mir so das Werk nicht gelingen:
Wohl! mit Gewalt werb' ich's vollbringen!
Zerstören, glaub mir, werd' ich das ganze
Tyrannenwerk mit meiner Lanze,
Und wenn's nicht gelingt, d'rauf magst du vertrau'n,
Den Knoten mit diesem Schwert zerhau'n."

Bei solchen tröstenden Worten ermannte
Sich Medschnun, so daß er die Thorheit verbannte,
Und gesellig der dichten Schaar

Der anderen Jäger sich vermengte.
An der Seite Naufél's betrat
Er zu seinem Stamme den Pfad.

Als er dorthin in das Zelt gelangte,
Erquickte den Müden ein frisches Bad,
Bald in glänzenden Kleidern prangte
Und prächtigem Turban der Jüngling nun.
Bemüht aufs eifrigste war Naufél,
Gastfreundschaft zu zeigen seinem Medschnun.
Auch gab er allen Sklaven Befehl,
Für ihn zu sparen nicht Sorge noch Mühe.
Ein neues Vergnügen in jeder Frühe
Bot er ihm an. Bald zärtliche Lieder
Sang er zur Laute ihm vor, bald wieder,
Daß er durch blumige Thäler ihn führte,
Und von der theuren Leila ihm sprach.
Keis sann dann, der im Herzen Gerührte,
Den Worten des Freundes mit Wehmut nach.
Doch dieser sagte: „Laß ab von dem Bangen,
Bald sollst du an's Ziel der Wünsche gelangen.“
Allmälig in Medschnuns Seele kehrte
Die Ruhe zurück, die lang er entbehrte.
Es überstrahlte sein Angesicht

Die Frühlingsrose an Glanz und Licht.
Nauſél, der ſo ihn durch Schönheit verklärt
Erblickte, hielt nun ihn Leila's wert;
Er glaubte, er könne ſonder Zagen
Die Reiſe zum Vater der Jungfrau wagen.
Ihm ward bei dem Alten günſt'ger Empfang.
Nachdem von Dieſem und Jenem lang
Die Beiden geſprochen, alſo nahm
Nauſél das Wort: „Wozu ich kam,
Vernimm: für Reis dich zu gewinnen,
Das iſt mein Herzenstrachten und Sinnen.
Mit allen Tugenden reichgeſchmückt
Iſt Reis; als wär' ich ſein Vater, ihn lieb' ich,
Und dir verpflichtet auf ewig blieb' ich,
Ja, ich hielte mich hoch beglückt,
Wenn freundlich die Hand der Tochter du
Gewähren ihm wollteſt. Sagſt du nicht zu?
Wohlan, ſo künde mir, Hochverehrter,
Was du verlangſt? Nichts iſt begehrter
Auf Erden, als Gold. Steht danach dein Sinn?
Und zeigſt du dich meinem Wunſch geneigt:
In Fülle, die Alles überſteigt,
Vor deine Füße ſchütt' ich es hin.“

Wenn starr und ohne Gefühl von je
Der Vater des Mädchens gewesen — wenn zäh
Er stets an seinem Willen gehalten,
So kündete mehr noch die Antwort des Alten,
Wie roh er sei und von Sinnesart schlimm.
Naufél, der es hörte, fuhr auf im Grimm:
„Unversöhnlicher," rief der Erbitterte,
Indem vor Zorn ihm die Stimme zitterte,
„Willst du das Unglück nicht aller der Deinen,
So bleibe nicht hart gleich Kieselsteinen!
Denn über dich wälzen werd' ich ein Heer,
Furchtbarer als das brausende Meer.
Die Lanzen und Dolche, die unzählbaren,
Meiner tapfern Kriegerschaaren
Sollen verheerend zu allen Seiten
Gleich hochaufschäumenden Wogen sich breiten,
In Strömen voll Blut wirst du voll Grauen
Erstickt deines Volkes Blüte schauen."

Der Alte schrie laut: „Es sei! Glück auf!
Beginne der Krieg nur seinen Lauf!
Wenn die tönende Pauke verkündet,
Daß die Flamme des Kampfs entzündet,
Mit meinem Heere dein werd' ich lachen

Und den Sieg, Verweg'ner, dir streitig machen.
Ist er mir günstig, und sinkst du als Leiche,
Gefällt von meines Schwertes Streiche,
Als meines Lebens schönsten Tag
Den preis' ich, an welchem Naufél mir erlag.
Aber seh' ich, anstatt zu siegen,
Vor dir im Triumphe dein Banner fliegen:
In meinen Harem stürz' ich, d'rauf baue,
Daß Leila's Haupt ich vom Rumpfe haue.
Aus ihrem Blute den Hochzeitsschleier
Werd' ich weben der neuen Braut,
Und finden soll das Lager ihr Freier
Mit rotem Naß zu dem Feste bethaut.
So den Verfolgungen, die ihr mir droht,
Und der Verbindung werd' ich entfliehen,
Die mir verhaßter ist, als der Tod. —
Geh du, das Schwert des Krieges zu ziehen!"

Wie niedergeschmettert stand da Naufél;
Er machte nach solchem Empfang sich kein Hehl,
Unmöglich nun sei es, daß, wie er's versprochen,
Den Dienst er dem jungen Freunde leiste.
So kehrt' er denn mit gebeugtem Geiste
Zu Reis zurück; sein Mut war gebrochen.

„Grausamer," sprach Mebschnun, „mir klang so
                                        verheißend,
Was du gesagt. Doch eitel und gleißend
Nur war es, gleich jenen Strahlengespinnsten,
Die man gewahrt auf der Wüste Dünsten.
Wenn früher ich düster war, und stumm
Nur meinem Schmerz mich weihte, warum,
Bloß mir zu knicken die letzten Blüten
Der Hoffnung, entrissest du mich dem Brüten?
Doch nein! nicht du bist an all dem schuldig,
Nur durch das Schicksal solch Leiden erduld' ich.
Unaufhörlich mir zu schaden
Ist das unbarmherz'ge bemüht,
Den Boden zerstampft es auf meinen Pfaden,
Wo flüchtig ein Blümchen der Hoffnung noch blüht.
An allen Orten unwiderstehlich
Verfolgt von einem furchtbaren Feind —
Wie würd' ich dem Glücke, das mich so schmählich
Verlassen hat, je wieder vereint?
Wie vermöcht' ich mich je noch im Leben
Der Liebe Täuschungen hinzugeben? —
Trübe Wüste, du Bild meiner Seele,
Spiegel von mir, der ich rastlos mich quäle,
Empfange von neuem mich, den so schnöde

Verrat'nen, in deiner unendlichen Oede!" —
Bei diesen Worten, gleich einer Gazelle,
Die mit Gewalt die Bande sprengte,
Entrann auf einmal der Schmerzbedrängte,
Und verschwand in der Wüste in Schnelle.

20

Als so, mit dem Gifte der Schwermut getränkt,
Reis fern von Naufél die Schritte gelenkt,
Trieb lang in die Irre umher ihn sein Gram,
Bis auf ein hohes Berghaupt er kam.
Welche Gefühle durchströmten sein Herz,
Da er die Blicke morgenwärts
Sandte, und ihm sich das Zelt enthüllte,
Das Leila mit ihren Reizen erfüllte!
Nieder sich ließ er in dieser Gegend
Und spähte, immer Verlangen hegend,
Nach jenem Punkt, ob ein Wand'rer nicht käme,
Durch den er von seiner Theuren vernähme,
Dem er sein trauerndes Herz erschlösse,
Und gegen ihn sich in Fragen ergösse.
Wie so er um sich blickte als Späher,
Kam etwas Schwarzes ihm nah und näher.
Aber zu bald nur ward ihm klar,

Daß es ein Sandeswirbel war,
Den ein heftiger Wind vor ihm
Herjagte mit wildem Ungestüm.

„O riesenhaftes Wüstenkind,“
Sprach er, „schreckliches Ungethüm,
Entsetzlicher du, als Drachen sind,
Dessen gewundener Leib geringelt
Der höchsten Palmen Wipfel umzingelt,
Und auf den Boden zerschellt, zerschmettert
Die stürzenden Stämme niederwettert,
Dessen Schritte mit allen Halmen
Und Gräsern die grünenden Felder zermalmen —
Wenn mein Auge dich erschaut,
Der aus dem Staube du bist erbaut,
Welcher berührt ward von meiner süßen,
Lieblichen Leila zarten Füßen:
O dann nicht mehr erschreckst du mich, glaub' es;
Komm, wenige Körner nur beines Staubes
Auf meine feuchten Augen zu streuen,
Daß sie sich d'ran erlaben, erfreuen!
Verkündige mir: hat mitleidsvoll
Ein Geist der Wüste dich hergeschickt,
Damit, von deinem Hauch erquickt

Und neugeboren ich werden soll?
Welche Botschaft bringst du mir, sage,
Von der himmlischen Einzigen, Einen,
Derenthalb mir die Lebenstage
Nur wert gelebt zu werden scheinen?
Du siehst, wie getrennt von ihr vor Kummer
Ich nicht Ruhe finde, noch Schlummer.
Keinen Augenblick meinen Gedanken
Ist sie ferne, des Seelenkranken.
Und darf ich hoffen, bisweilen noch
Werde an mich, den vom Leidensjoch
Gebeugten, Erinn'rung in ihr sich regen,
Und das Herz ihr treiben zu höhern Schlägen?
Ach! wohl fühl' ich es, bethört von leerer,
Eitler Hoffnung ist mein Sinn;
Wie kann ich meinen, daß einer hehren,
In Herrlichkeit thronenden Königin
Auf mich Armen, in Gram Versenkten
Sich jemals die Gedanken lenkten?
Was kümmert sich das Gestirn der Nacht,
Umgeben von anderer Sterne Pracht,
Um's leuchtende Würmchen, welches verirrt
Die kleine Blume der Wüste umschwirrt?
Sprich, welches Glücklichen Blicke schweifen,

Wenn am Morgen der Ostwind weht,
Ueber sie hin, die vom Lager ersteht
Und ihres Haares lange Streifen
Benetzt mit köstlicher Essenz,
So daß sie duftet gleich dem Lenz?
Wem erquickt, o sag' es, die Schöne
Das Ohr durch der Stimme melodische Töne?
Weh! hören, sehen können sie Alle!
Mich nur hat das Schicksal erwählt,
Daß immer tiefer in Elend ich falle,
Daß immer neues Leiden mich quält.
Könntest du wie ein Hälmchen Stroh
Dahin mich tragen in ihre Nähe,
Daß ich noch ein Mal, beglückt und froh,
Die Reizende, Wundervolle sähe!
Trag' meine Klagen ihr mindestens vor,
Und flüstere murmelnd ihr also in's Ohr:

„O du, nach welcher das Herz mir schmachtet
Und all mein Sinnen und Denken trachtet —
Du, vor dem Blicke, dem thränennassen,
Immerdar mir leuchtendes Bild,
Seit ich einsam irre, verlassen,
Und kein Trost mir den Jammer stillt,

Glaube, tief im Herzen brennt
Das Verlangen, das heiße, mir,
Gleich der Seele, vom Körper getrennt,
Mich emporzuschwingen zu dir.
Aber vergebens! Ohne Frucht
Alles, was möglich, hab' ich versucht.
Die Klugheit des Greifes, des Jünglings Kraft
Haben nichts wider das Schicksal vermocht.
Matt, so daß kaum mein Herz noch pocht,
Sink' ich zu Boden, hingerafft
In den Oeden, die schwanken Fußes
Ich durchirre. Wenn freundlichen Grußes
Die Morgenröte die Welt erweckt,
Spring' ich empor, verstört, erschreckt:
Nichts vermöchte mich mehr mit dem Dasein
Zu versöhnen, als nur dein Nahsein!
Von Gram zerrissen ist dir, ich weiß,
Die Seele, wie die des armen Reis,
Daß dir nicht die Macht gegeben,
Die Bürde von mir hinwegzuheben.
Indessen der Eine Gedanke mindert
Meine Qualen, mein Schmerz wird gelindert,
Wenn ich mir sage: ob auch in Staub
Mein Leib zerfällt und, der Winde Raub,

In den Lüften verweht — ein Angedenken,
Ein treues, wirst du mir, Geliebte, schenken."

Also verhaucht er seine Qual
Bei der Sonne verlöschendem Strahl.
Und als das hohe Gewölbe der Welt,
Gleich des Arabers schwarzem Zelt,
Finster geworden, fiel der Arme
Wie leblos zur Erde in seinem Harme.

21

Der Morgen erstand aus dem nächtlichen
Und Medschnun stieg vom Hügel herab.
Da er erblickte der Vögel Heer,
Die freudig des Lichtes Wiederkehr
Begrüßten, die Thiere, die in den Schluchten
Und Eb'nen gemeinsam ihr Futter suchten,
Rang sich ein Seufzer aus seiner Brust,
Und, Neides voll, ward er sich bewußt,
Wie glücklich sie seien. „Alle sind frei
In dieser Oede. In Sklaverei,“
So rief er, „muß ich — ich einzig ächzen.
Den Thieren wird hier, wonach sie lechzen,
Bei ihren Gefährtinnen wird hier Allen
Labsal und Ruhe. Mich einzig flieht
Der Schlummer, nicht will er herniederwallen,
Wenn Leila fern, auf mein Augenlid.“

Solchen Gedanken nachgehangen
Hatte Keis; da einer Schlinge,

In der sich eine Gazelle gefangen,
Ward er gewahr. Schon hatte die Klinge
Wider das Thierchen erbarmungslos
Ein Jäger gezückt zum Todesstoß,
Da eilte Medschnun herbei und rief:
„Im Namen des Himmels gebiet' ich dir:
Löse diesem unschuldigen Thier
Die Bande, die in die Glieder tief
Ihm schneiden. Dies schmachtende Auge nur
Schau' an, in welches die Natur
Ihm den köstlichsten Schmelz gelegt.
Wird dein Herz nicht von Mitleid bewegt,
Daß du denkst, das Licht mit dem frechen
Mordstahl zu löschen? Welch Verbrechen!
Harmlos hat noch kein Wesen betrübt
Diese Gazelle; du willst sie tödten,
Als hätte sie schwere Frevel verübt?
Nicht soll ihr Blut den Dolch dir röten!
Zerfleischt, gleich meinem, nicht werden darf
Ihr Busen vom Stahl, der so schneidig und scharf!"

Bei solcher Rede Zauberklang,
Die wie ein Netz ihm die Seele umschlang,
Ward erweicht des Jägers Herz,

Und sinken ließ er das tödtende Erz.
Aber er dachte an Kinder und Weib,
Daß sie der Nahrung bedürftig seien,
Und war nicht geneigt, des Thierchens Leib
Aus den Fesseln sofort zu befreien.
Medschnun, jeglicher Habe baar,
Vermochte kein Geschenk ihm zu bieten.
Plötzlich, als trüg' ihn ein Flügelpaar,
Zum Gefilde der Ameriten,
Flog er von bannen, wo im Gras
Weideten seines Vaters Heerden
Von Kameelen, Schafen und Pferden.
Unter den Weidenden dort erlas
Er einen Widder, so fett, daß nicht
Zu schleppen er seines Schwanzes Gewicht
Vermochte. Schleunig zurückgekehrt
Sprach dann er zum Jäger: „Ersatz gewährt
Dir nur spärlich dieses Geschenk
Für die reizend schöne Gazelle,
Bei deren Blick ich der sanften Helle
Von Leila's Auge bin eingedenk.
Doch hoffentlich wirst du es nicht verschmähen!"
Kaum hatte Jener den Widder gesehen,
So ließ er sich nicht länger bitten.

Die Stricke wurden von Reis zerschnitten,
Und seine Arme um die Schlanke
Schlingend unter Thränengüssen,
Bedeckte er ihre Augen mit Küssen.
„O du, von welcher mir der Gedanke
Immer zu meiner Leila schweift,
Weil wie ihr ein schmachtender Glanz
Dir aus den leuchtenden Augen träuft,
Sei sicher in ihrer Obhut nun ganz!
Nichts von Schlingen oder Geschossen
Des Jägers sollst du ferner erleiden,
Und duftende Kräuter, wie nie du genossen,
Saft'ge, in Hülle und Fülle weiden."

Er führte sodann die Gazelle hinweg
Zu seiner Leila Weidegeheg,
Und ließ, da erloschen der Abendschein,
Geheim sie in die Hürden ein.
Dort, wo sie sich streckte auf blumige Matte,
Sank Schlummer sanft auf ihr Augenlid,
Indeß unter Dornen der Schlaf ihn mied,
Auf denen zu Nacht er gebettet sich hatte.

22

Kaum dämmerte noch die erste Frühe,
Und sehen konnte das Auge mit Mühe;
Einer herrlichen Heerde da
Nicht fern ward Medschnun gewahr, und sah
Einen Hirten die Wache halten.
Ueber die Schultern in breiten Falten
Fiel ihm ein schwarzer Mantel herab;
Die Hand hielt einen knotigen Stab,
Der einer Schlange glich und machte,
Daß der Wolf voll Schrecken entfloh.
„Wer bist du?" — Medschnun redete so
Den Hüter an, der die Thiere bewachte.
„Wer ist der Besitzer dieser Heerden?
Woher nur erfüllen sie die Luft
Mit so wunderköstlichem Duft,
Daß mir berauscht die Sinne werden?"

Antwort gab ihm darauf der Hirt:
„Bei Leila steh' ich im Dienst, mir wird
Die Speise von ihrem Tische gereicht.
Leila's Besitz sind diese Thiere,
Sie alle tragen Zeichen, und ihre
Besitzerin dran erkennst du leicht.
Nah bei der Jungfrau Zelt beschleicht
Die Heerden der Schlaf, und sie erfüllt
Der Duft, der ihrer Herrin entquillt.
Wohin nur Leila die Schritte lenkt,
Alles mit Wohlgerüchen tränkt
Sie rings, die ihren Gewanden entwallen,
Und den Locken, welche in Ringen
Auf ihre Schultern niederfallen."
Thränen in seine Augen bringen
Fühlte Keis, als das er vernommen.
„Im Namen des Himmels," rief er beklommen,
„Was ist geschehen? Laß auf Bericht
Von der Schönen mich warten nicht."

„Allein weilt sie in ihrem Zelte,"
Gab Antwort der Hirt.
„Als der Tag sich erhellte,
Haben die Männer des Stammes sich heut

Insgesammt in die Wüste zerstreut.
Gewaffnet sind Alle, und ich ahne,
Sie lauern auf eine Karawane,
Welche mit Schätzen befrachtet sie glauben.
Auf Plündern steht ihr Sinn und auf Rauben."

Bei diesen Worten warf sich Medschnun
Zu seinen Füßen. „Den Willen mir thun
Mußt du. Den schwarzen Mantel da leih' mir!
Zur Verkleidung behülflich sei mir
Diese Umhüllung, damit ich erreiche,
Daß zu Leila in's Zelt ich schleiche."
Der Hirt that ihm mit Freuden den Willen,
Und Reis, um seine Sehnsucht zu stillen,
Eilte unaufhaltsam getrieben
Zum Stamme seiner Einzig-Lieben.
Höher bei jedem Schritte schlug
Sein Herz, wie er vorwärts stürmte im Flug.
Der Anblick von Leila's Zelte schuf
Ihm Jubel, er grüßt' es mit Freudenruf.
Bei seiner theuren Stimme Laute
Trat Leila aus ihrem Zelt und schaute
Ihm in's Antlitz mit hohem Entzücken.
Einander feurig an's Herz zu drücken,

Von ihrer Liebe und ihren Leiden
Zu reden, wurden nicht müde die Beiden.
Der Eine erzählte, wie trostlos es sei,
Wie einsam in seiner Wüstenei;
Die And're mit schluchzender Stimme klagte,
Wie das Verlassensein an ihr nagte,
Wie die Freiheit, das beste der Güter,
Ihr raubten die unerbittlichen Hüter.
Die Sonne ließ auf der Berge Spitzen
Schon ihre letzten Strahlen blitzen,
Geschwunden war schnell wie ein Pulsesschlag
Beim Zusammensein ihnen der Tag.
Doch Leila, für Medschnun die Wiederkehr
Der grausamen Männer fürchtend, rief:
„O glaube, die Trennung schmerzt mich tief;
Doch halten darf ich dich länger nicht mehr.
Ach, daß die Nacht zum Aufbruch das Zeichen
Uns giebt! Doch müssen dem Schicksal wir weichen.
Wie sehr auch des Scheidens Wunden brennen,
Wir müssen trotz uns'rer Thränen uns trennen,
Sonst trifft uns mit blitzendem Dolch der Tod,
Der lang uns schon über den Häuptern droht.“
Dann, das Herz von Jammer zerschnitten,
Floh Medschnun zur Wüste mit schwanken Schritten,

Und wie von tödtlichem Schlage getroffen
Blieb Leila im Zelte ohne Hoffen.

Das Glück, o glaub' es, hält Keinem Treue!
Hier seinen Wankelmut zeigt es auf's Neue.
Ruhe vor diesem unbeständ'gen
Wesen ward keinem gegönnt der Lebend'gen.
Kaum daß du sanft auf dem Lager liegst
Und dich in liebliche Träume wiegst,
So wirst du mit eiserner Rute von dannen
Auch schon gejagt vom grimmen Tyrannen.
Dich packt seine Faust und schleudert dich jäh
In einen Abgrund von Jammer und Weh.

23.

Ein Sohn Arabiens, war Kotheïr
Am Himmel der Dichtkunst die schönste Zier.
Wie die Sonne am Firmament
Mit welterleuchtenden Strahlen brennt;
Wie, wenn tief die Mitternacht dunkelt,
Der Stern Soheil am Himmel funkelt:
Also glänzte sein mächt'ges Talent.
Für Ghorra war er, die reizende Maid,
Welche die Huris an Lieblichkeit
Besiegte, von glühender Leidenschaft
Wie Medschnun für Leila hingerafft.
Höher erschloß sich sein Herz, wenn der Hauch
Ihres Mundes ihn lieblich umwehte.
So lockt der Ost auf dem Gartenbeete
Aus der Knospe den Blütenrauch.
Daß kein Reiz seinen Liedern fehlte
Verdankten der Liebe sie, die ihn beseelte:

Welch and'res Gefühl auch gäbe Schwung
Dem Dichter, gleich ihr, und Begeisterung?

Einst lud der Khalif ihn in seinen Palast
Inmitten seiner Großen zu Gast,
Ließ an der Tafel seiner Huld
Ihn sitzen und sprach: „Voll Ungeduld
Bin ich, deiner Liebesgesänge
Einen zu hören. D'rum zög're nicht;
Vor dieser Versammlung laß leuchten dein Licht
Und tönen beines Liebes Klänge.
Am Feuer, das dich für Ghorra durchglüht,
Mag sich wärmen auch unser Gemüt.“
Als diesen Namen er hörte, entquoll
Ein tiefer Seufzer dem Herzbetrübten,
Denn er gedachte wehmutsvoll
An die Trennung von der Geliebten.
Die Zähren, die seinen Augen entflossen,
Glichen den Perlen der Rede, die
Sich in Schmelz und in Melodie
Lauter von seinen Lippen ergossen.

„Unglücklicher Jüngling,“ sprach der Khalif,
„War unter den Opfern der Liebe, sage,

Die du gekannt hast, in gleicher Lage
Je eines wie du? Und litt es so tief?"
„Erhabener, ja!" gab der Dichter Bescheid,
„Vor kurzem, niedergedrückt von Leid,
Begab ich mich, Sehnsucht nach Ghorra hegend,
In ihres Landes glückselige Gegend.
Da, mich verirrend auf meinem Gang,
In eine Wüste, sonnenverbrannt,
Kam ich und durchpflügte tagelang
Mit meinem Fuße den brennenden Sand.
Dem Verschmachten schon war ich nah,
Als ich einen Unglücklichen sah,
Der, wie ein zum Bogen gekrümmter Ast,
Gebeugt schien unter des Elends Last.
Zu seinen Füßen lag eine Schlinge,
Um die wilden Thiere zu fangen.
Ich sprach zu ihm: „Hilf — daß mir's gelinge —
Zu stillen nach Speise und Trank mein Verlangen.'
,Ach!' gab er zur Antwort, ,den Meinen fern,
Gefloh'n vor den Feinden, welche mir gern
Den Tod bereiteten, hab' ich nicht Trank,
Noch Speise. Wie oft schon zu Boden sank
Ich halb verschmachtet, und nur die Dünste,
Auf denen mit ihrem Strahlengespinnste

Die Sonne hinzaubert des Wassers Bild,
Haben den zehrenden Durst mir gestillt.
Nur einige Früchte ohne Saft
Genoß ich, doch gaben sie mir nicht Kraft. —
Aber setze dich hier; vielleicht,
Daß irgend ein Thier die Wildniß durchschleicht
Und in der Schlinge sich fängt. Dann haben
Wir Nahrung, um uns an ihr zu laben!'

„Ich setzte mich ihm zur Seite nieder,
Indem ich nach dem Netze blickte.
Da in seine Fäden verstrickte
Sich eine Gazelle; fein waren die Glieder
Des Thierchens. Aus seinem Auge thaute
Ein schmachtender Liebreiz, wie aufwärts es schaute.
Gleich einer Huri Locken entquoll
Duft von Moschus ihm wonnevoll.

„Kaum daß der Jäger die liebliche, zarte
Gazelle, die sich gefangen, gewahrte,
So eilt' er zu ihr. Er hielt sie fest
Lange an seine Brust gepreßt.
Die Augen ihr küssend drauf anhob
Ein Lied er zu singen zu ihrem Lob.

Und als er die zierlichen Füße der Kleinen
Befreit von den Banden, sprach so er zu ihr:
,Auf beine Triften zurück zu den Deinen
Kehre nun, du liebliches Thier!
Du, dessen Auge so sanft, so mild
Meiner geliebten Leila Bild
Vor Augen mir führt — o, möchtest geborgen
Du leben vor allen Leiden und Sorgen!'

„Also rief er. Da fing eine zweite
Gazelle sich in des Netzes Fäden,
Und eine dritte noch, die er befreite.
Ich aber sagte: ,Einer jeden
Schenkst du die Freiheit. Und meines herben
Schicksals nicht denkst du? Vor Hunger sterben
Muß ich. Sage mir, was es frommt,
Wenn jede Rettung, sobald sie uns kommt,
Du von dir weisest?'
                          ,Nicht zu erfüllen,'
Sprach Jener, ,vermag ich deinen Willen.
Wenn ein and'res Thier in den Netzen
Sich finge, du dürftest an ihm dich letzen.
Doch diese reizenden Bergesrehe,
Diese Gazellen jag' ich allein,

Damit einen Augenblick in der Nähe
Meiner Leila ich glaube zu sein,
In ihren Augen den Widerschein
Von meiner Geliebten Blicken sehe.
Nachdem ich das flüchtige Glück genossen,
In ihnen zu schauen der Herrlichen Bildniß,
Send' ich zurück sie in die Wildniß,
Welcher die holden Geschöpfe entsprossen.
Glaube! des grimmen Hungers Nagen
Hab' ich so sehr, wie du, zu ertragen.
Nur von wilden Beeren mich nähr' ich,
Die Wurzeln des Bodens einzig verzehr' ich.
Aber wie könnt' ich ein Thierchen morden,
Durch das mir so süße Tröstung geworden?'

„Er redete noch, als in dem Geschling
Eine vierte Gazelle sich fing.
Diese, dacht' ich, soll nicht mir entrinnen
Und hatte den Dolch schon gezückt zum Stoß.
Doch schon aus des Netzes Verstrickung los
Hatt' er sie gemacht. Er drückte, in Sinnen
Vertieft, den Mund auf die Flüchtige, Scheue,
Herzte und küßte sie auf's Neue,
Und trieb sie dann in die Freiheit von hinnen.

„Weil ich von einer solchen Jagd
Nichts hoffen durfte, verließ ich vor Nacht
Noch jene Wildniß und dachte: als sicher
Gilt mir, daß Reis das sein nur kann;
Gleich diesem ist er ein jugendlicher
Schöner und schlankgebauter Mann:
Aber durch Liebe, Wahnsinn bethört —
Wie ich oftmals sagen gehört."

24.

Dann fuhr Kotheïr zu erzählen fort:
„Noch war ich nicht weit entfernt von dem Ort,
Wo ich und Medschnun getrennt uns hatten,
Als einem Garten voll prächtiger Schatten,
Einem grünenden, ich mich genaht.
Der Beete jedes an jedem Pfad
War mit duftenden Blumen umzirkt,
Einem Teppiche, buntgewirkt,
Glich der Rasen. Es schwebte gaukelnd
Ein Glanz durch den üppigen Garten hin.
Die prangende Tulpe wiegte schaukelnd
Ihres Kelches feur'gen Rubin.
Das Geisblatt bildete und der Jasmin,
Vereint den Levkoyen, den Anemonen,
Kränze, Gewinde und Blütenkronen.
Veilchen schufen und duft'ge Reseden
Aus diesem Garten ein wahres Eden.

Wohlgerüche gleich einer Wolke
Schwebten darüber; von den Zungen
Der Lilien wurde sein Reiz besungen,
Und zu dem ganzen Blumenvolke
Sah trunkenen Blicks herab die Narzisse,
Als ob sie schöner als alle sich wisse.
Tausend munt're Gazellen hielten
Auf dem grünenden Rasen sich auf,
Sprangen lustig umher und spielten
Mit einander, sich jagend im Lauf.
Indem sie sich bald verfolgten, bald floh'n,
Bald zu den Tulpen, bald zu dem Mohn
Sprangen sie, Thau von den Blättern zu nippen
Und färbten dabei sich rot die Lippen.
Kein schützender Hirt war in dem Reviere,
Kein hütender Hund bewachte die Thiere.

„Als mein Blick auf die Heerden fiel,
Eilt' ich, zu Reis zurückzukehren:
,Im Thal — Lust wird dir sein Anblick gewähren —
Treibt Wild in Menge sein lustiges Spiel.
Folg' mir denn,' sagt' ich, ,in raschem Gang,
Und Aussicht hast du zu reichlichem Fang.'
,Ach! Leila's Heimat,' gab Antwort Reis,

‚Liegt ja in dieſer Gefilde Kreis.
Und nicht größere Ehrfurcht hege
Ich vor der Kaba, als vor ihnen:
Wandelt die Holde doch jene Wege
Mit den Mädchen, die ſie bedienen,
Während ſie über die duftenden Kelche
Der Roſen und Hyazinthen, welche
Ihre Füße berühren kaum,
Hinſchleift ihres Gewandes Saum.
Ihr Buſen allein verhaucht die Düfte,
Die dort erfüllen die trunkenen Lüfte.
Und wer vermöchte mit Frevelmut
Dieſen unſchuldsvollen Gazellen,
Auf denen koſend ihr Auge geruht,
Mit Schlingen, mit Netzen nachzuſtellen?
Nein, nie euch ſtör' ich, ihr freundlichen Rehe,
In eurer Freiheit, nie thu' ich euch wehe!
Nie einen einzigen Grashalm nur
Werd' ich rauben der wonnigen Flur,
Dem Tummelplatz, auf dem ſo viele
Zeit ihr verbringt in heiterem Spiele.'

„Aus dem Umkreis des lachenden Thals
Kehrte Medſchnun abermals

Zurück zu seiner gewöhnlichen Jagd.
Und wenn Gazellen mit Unbedacht
In seine Schlingen gerieten, drückte
Sie an die Brust der Liebeverzückte,
Und ließ die geängstigten Thiere, die scheuen,
Sich wieder ihrer Freiheit freuen."

25

Entzückter Beifall, als er geendet,
Ward Kotheïr vom Khalifen gespendet,
Wie köstliche Perlen unbeweglich
Hingen ihm dessen Worte im Ohr.
Medschnun, den nie er erblickt zuvor,
Zu schauen war sein Verlangen unsäglich.
Sogleich daher in den Distrikt
Von Nebschas wurde von ihm geschickt,
Und der Verwalter des Landes beordert,
Nach Keis zu spüren, um ihn zu entdecken.
Dieser Beamte, so aufgefordert,
Dachte sofort den Befehl zu vollstrecken.
Einige Jünglinge, als zu Ohren
Ihnen hiervon die Kunde erscholl,
Sprachen: „Weiter nicht solchen Thoren
Giebt es wie Keis; er ist völlig toll.
Vor den Menschen voll Abscheu fliehend,
Wild umher in der Wüste ziehend,

Die reißenden Thiere der Wildniß zähmend,
Bei ihnen in Höhlen sein Lager nehmend —
Vor den Beherrscher der Gläubigen, wie
Könnte man führen den Narren? — Nie!"
„Doch der Khalif hat also befohlen,"
Sprach der Verwalter; „brecht auf, ihn zu holen!"

Und Nachforschung nach Medschnun pflegend,
Zerstreuten die Jünglinge sich in der Gegend.
Auf eines Berges Gipfel fanden
Sie bald ihn mit zerriss'nen Gewanden,
Geistesverwirrt, mit fliegendem Haar,
Umgeben von wilder Thiere Schaar.
Sie sprachen: „Steh' auf und gürte die Lenden
Mit des Gehorsams Gürtel dir:
Boten ließ der Khalif entsenden.
Folg' uns denn zur Stelle von hier!"

Antwort gab Jener: „Hier in der Wüste
Ist es mit meinem Gehorsam vorbei.
Wer lange, wie ich, so schmerzhaft büßte,
Beugt sich nicht ferner der Sklaverei."

Und sie drauf: „Der Wille des Herrschers ist heilig,
Drum zitt're vor seinem Zorne — Komm eilig!"

„Für mich ist Alles nur eitler Dunst,"
Sprach Reis, „was auch der Khalif befiehlt,
Nicht kümmert sein Haß, noch seine Gunst
Den, dessen Herz die Verzweiflung durchwühlt."

„Der Herrscher gebeut deine Gegenwart,
Und strafen wird deinen Trotz er hart."

Medschnun rief aus: „Was sollen mir solche
Drohungen? — Töbtlich verwundet vom Dolche
Der Liebe nicht fürcht' ich das dräuende Schwert.
Von Blut schon sind mir die Adern geleert."

Die Abgesandten des Herrschers erkannten,
Sie würden nie den Hirnverbrannten
In Güte vor den Khalifen bringen.
Daher, es mit Gewalt zu erzwingen,
Gaben Befehl sie ihren Knechten,
Daß sie eherne Bande brächten,
Und ließen davon seine Glieder umschlingen:
Dem sturmgepeitschten Baume gleich,
Wenn eine Schlange mit mächtigen Ringen
Ihn umzingelt an Stamm und Gezweig.
Dem Medschnun wollte die Stimme stocken:

„Was labet ihr solcher Ketten Schande
Auf mich?" so rief er. „Nicht and're Bande
Ertrag' ich, als Leila's duftende Locken."
Doch unempfindlich für seine Klagen
Hoben sie auf ein Kameel ihn empor,
Trieben es fort, und nach wenig Tagen
Kamen sie vor des Khalifen Thor.
In einer Wanne ließ man ihn baden,
Die für ihn bereitet dort stand,
Gereicht ward ihm ein prächt'ges Gewand
Und er vor den Khalifen geladen.

Aber Medschnun, in Gramverstörung,
Wegen des Freiheitsverlusts voll Empörung,
Wollte von allen den Ehren nichts wissen.
Auf sprang er; von seinen Händen zerrissen
Ward sein prächtiges Ehrenkleid;
Den Turban warf er wütend vom Haupt,
Trat ihn mit Füßen, sinnberaubt,
Und wollte flieh'n in die Einsamkeit.
Der Khalif war innig gerührt
Von diesem Anblick; nach seinem Befehle
Ward Kotheïr herbeigeführt,
Auf daß er in des Verliebten Seele

Durch seiner Dichtkunst Zauberkraft
Besänftigte die Leidenschaft.
Und wirklich — kaum daß ihm vom Munde
Ein Lied zum Lobe der Leila erklang,
Worin er von Medschnun's Herzenswunde
Und seinem Trennungsschmerze sang,
So wurde dieser nach und nach
Aus seiner Geistesstörung wach,
Und die rührendsten Verse quollen
Vom Mund ihm, welche die mitleidsvollen
Hörer umher zu Thränen erweichten.
Seinen Wessiren gebot der tief
Von seinem Gesange bewegte Khalif,
Daß sie prächt'ge Geschenke ihm reichten,
Und bat ihn freundlich, in seinem Palast
Fortan bei ihm zu weilen als Gast.
Er sprach: „Vertrau' meinem Herrscherwort:
Dem Emir der Provinz sofort
Werd' ich gemess'ne Befehle senden,
Alles Ersinnbare anzuwenden,
Damit er in Leila's Besitz dich setze,
Die dir theurer, als alle Schätze.“
Doch Keis, nicht aller Versprechungen achtend,
Warf die Geschenke, die er erhalten,

Hinweg aus feines Gewandes Falten:
Nur nach der Geliebten Nähe trachtend,
Eilt' er davon und hielt sich beglückt,
Als fern dem Hof er war entrückt.

26

Der Samum mit seinem giftigen Hauch
Verbreitete Wirbel von Feuer und Rauch
Durch die Lüfte, und Funken sprühten
Rings aus dem Sande, dem erglühten.
In engen und immer engeren Bogen
Zog sich die feurige Schlange zusammen.
Durch alle Räume hin ging ein Wogen,
Ein Knistern und Sprühen und Zucken von Flammen.
Fernehin mit Entsetzen erfüllte
Die Wüste der ingrimmschnaubende Leu;
Furchtbar erscholl es, wie er brüllte:
Der keuchende Hirsch entfloh voll Scheu,
Und suchte, indeß er heisern Schrei's,
Von dannen stürzte, mit zitternden, matten
Schritten umsonst einen andern Schatten,
Als den des eigenen Geweihs.
Wie heiß die mit fliegendem Sande vermengten

Flammenden Lüfte ihn auch versengten:
Doch dahin durch die Wüste mit schwanken
Schritten floh Keis, und fast schon sanken
Ihm die Kräfte; da ferne bot
Ein Lager von Zelten sich seinen Blicken.
Nah schon, im sengenden Wind zu ersticken,
Schleppt' er dorthin sich in letzter Not.
Einen Treiber von Dromedaren
Bat er, er möcht' ihm offenbaren,
Wohin die Karawane denn gehe,
Die auf der Fahrt begriffen er sehe:
„Wessen sind jene Tragebahren,
Jene Sänften? Der Stamm, wie heißt er?
Und wie des Zuges Obermeister?"
Willfährig gab also ihm Jener Bericht:
„Nach Hedschas ziehen sie dichtgeschaart,
Um zu vollführen die Pilgerfahrt,
Die der Prophet uns macht zur Pflicht.
Und die in der Mitte dein Auge sieht,
Ist Leila, welche nach Mekka zieht."
Vor Freude fuhr Keis bei der Kunde auf;
Und als er den Zug erreicht im Lauf,
Schloß er hinten der Karawane
Sich an und folgte der fliegenden Fahne.

In ihre reizende Sänfte geschmiegt
Ward Leila von sanftem Schaukeln gewiegt.
Und Medschnun, von fern ihr folgend, bebte,
Indeß er vorwärts im Gange strebte.
Da sein Auge sie selbst nicht erschaute,
Immer nach ihrem Tragbett sah
Der Verliebte: „Warum nur baute
Man solchen Thron ihr? Im Herzen ja
Thront sie mir immer!" Also denkend,
Und stets den Blick auf die Spuren senkend,
Die das Kameel, d'rauf die Schöne saß,
Im Sande zurückließ, beseligt vergaß
Keis die Reisemüh'n und durchmaß
Heiße unendliche Wüstenstrecken,
Voll von Gefahren, von Grauen und Schrecken,
Bis er mit blutenden Füßen und matt
Gelangte zum Boden der heiligen Stadt.
Des Tempels geweihten Raum betretend,
Fand dort er des Volks versammelte Menge;
Und wie den Umgang sie hielten und betend
Hinknieten, vermocht' er in dem Gedränge,
Unbemerkt von lauernden Spähern,
Sich seiner geliebten Leila zu nähern.

„Zärtlicher Freund, noch glaub' ich es kaum,
Daß wirklich du's bist. Umfängt mich kein Traum?"
So raunt sie ihm zu mit bebender Stimme.
„Nachdem ich so lang von des Schicksals Grimme
Verfolgt, die Tage und Nächte in bängsten
Sorgen verbracht und in Todesängsten,
Wurde schon lange das Glück mir fremd."

Nur mit gebrochenen Worten, beklemmt
Konnte Keis ihr in flüchtigen Bildern
Die überschwängliche Wonne schildern,
Die ihn erfüllte. Mit Inbrunst drückte,
Indeß sie die heil'gen Gebräuche vollführten,
Den Mund auf den schwarzen Stein der Entzückte,
Den ihre Lippen zuvor berührten.
Doch ach, mit der Schnelligkeit der Blitze
Schwanden des Glückes kurze Momente,
Da Leila gezwungen von ihm sich trennte
Und in der Sänfte auf ihrem Sitze,
Die einem Blumenkorbe ähnlich,
Auf's Neue Platz nahm.
                    Sie sagte zu Keis
Unter strömenden Thränen, wie sehnlich
Sie lange nach ihm geschmachtet, wie heiß

Sie ihn liebe. Er rief: „O Fluch,
Den auf mich ladet des Schicksals Spruch!
Kaum noch sind entschwunden Minuten,
Daß meine Augen auf ihr ruhten,
Und schon ihre Reize entzieht
Die Theure mir, indem sie mich flieht.
Diese Quelle, die ich im Sande
Der Wüste so lange vergebens erharrt,
Verbirgt sich mir wieder, eh' sie vom Rande
Meiner Lippen berührt nur ward.
„O Allah, wird nicht des Schicksals Hand
Diese Kette von Unglück und Leiden,
Durch die mein Leben hindurch sich wand,
Zuletzt mit Einem Hiebe zerschneiden?"

Er sprach's, indem er von Leila sich wandte,
So gehorchend der Klugheit Gebote,
Da ein schlimmes Loos sie bedrohte,
Wenn einer der Ihren ihn erkannte.
Am besten schien es für ihn, sich zwischen
Die übrigen Pilger wieder zu mischen.

27

Unter denen, die zu Seiten
Des Zuges sich bei der Rückkehr reihten,
War auch ein Fürst vom Stamm Zokaïf.
Vor ihm verneigten sich Alle tief.
Mit Schätzen war er gesegnet reichlich,
Wie an Schönheit unvergleichlich.
Mit seinem Gefolge vorbeigesprengt
War er an Leila's Sänfte eben —
Da sah er im Windhauch den Teppich sich heben,
Mit welchem ihr Sessel war behängt.
Als er die Liebliche da erblickte,
Die Anmut, die ihr Antlitz umfloß,
Den Reiz, der sich um ihr Auge ergoß,
Empfand, wie sie sein Herz umstrickte —
Kaum selbst sich beherrschen konnte er noch,
So war er gebannt in der Liebe Joch.
Heiß ward ihr Besitz von ihm begehrt;

Und als sie zurück zu den Ihren gekehrt,
Zum Oberhaupt ihres Stammes sofort
Begab er sich, und nahm also das Wort:
„Du siehst, ich bin von erlauchtem Geschlecht,
Mein Abel ist, wie der deine, so echt,
Groß sind meine Schätze, und nicht zu zählen
Vermag man die Heerden von meinen Kameelen.
Sklaven, gehorsam meinen Winken,
Steh'n immer bereit mir zur Rechten und Linken.
Wohl, gieb mir Leila, und all meine Heerden,
All meine Schätze, dein sollen sie werden;
Denn ohne sie, die mein Herz begehrt,
Sind Reichthum und Güter nichts mir wert."

Kaum daß er den Antrag des Jünglings vernommen,
So eilte der Vater — denn hochwillkommen
War ihm die Werbung — mit fröhlichem Sinn
Zur Mutter seiner Leila hin,
Um zu erfahren, was diese dächte.
„Gern," sagte sie, „leg' ich der Tochter Rechte
In eines solchen Freiers Hand.
Für diesen Gatten von hohem Stand
Bald wird sie die früh're Liebe vergessen,
Und auch Medschnun muß bald ermessen,

Daß ihm keine Hoffnung mehr bleibe.
Hat er mit einem anderen Weibe
Sich dann vermählt, so wird auch jede
Verleumbung verstummen und alles Gerede."

Als Leila der Eltern Absicht vernahm,
Beschlich ihre Seele Verzweiflung und Gram.
Thautropfen benetzten die zarten Rosen
Ihrer Wangen; der Hoffnungslosen
Aber blieb bei des Schicksals Verkettung,
Das sie ereilte, nicht Hülfe noch Rettung.
Ihre Zuflucht nur waren die Thränen.
Denn wider die Mutter sich aufzulehnen,
Wie konnt' ein schüchternes Mädchen es wagen?
So eilten die Eltern, dem Fremdling zu sagen,
Sie würden gern mit ihrem Segen
Die Hand der Tochter in seine legen.
Dem Jüngling schien es ein seliger Traum:
Gestillt nun all seine Sehnsuchtsqualen!
Wert schienen ihm die Plejaden kaum,
In seiner Hochzeitskrone zu strahlen.
Und als durch die Nacht mit sanftem Geflimmer
Die Ampel des Mondes ergoß ihren Schimmer,
Begann er entzückt zum Hochzeitsfeste

Alles auf's prächtigste zu bereiten.
Die Großen des Stammes lud er als Gäste,
Und herrlich waren die Lustbarkeiten,
An denen rings das Volk sich erfreute.
Es sammelte mit Begier die Münzen,
Die allhin der Geber des Fests verstreute,
Und Jeglicher jubelte gleich dem Prinzen;
Nur Leila's Herz, das der Jammer zerriß,
War umnachtet von Finsterniß.

Schon glaubte der junge Gemahl, von den Lippen
Der Gattin den süßen Honig zu nippen.
Doch ahnt' er nicht, wie statt des erharrten
Glückes ihm Schrecken entgegenstarrten.
Er glich dem Vogel, der aus dem Geäst
Auf die Körner mit gierigem Schnabel
Herabstürzt, wie es erzählt die Fabel,
Und von der Schlinge sich fangen läßt.
Als verflossen die zweite Wache
Der Nacht, schritt mit der bezaubernden Schönen
Der Jüngling hin zum Brautgemache,
Um all seine Wünsche dort zu krönen.
In dieser der Wonne geweihten Kammer
Quoll Leila's Seele über von Jammer,

Kein fröhliches Lächeln umspielt' ihren Mund —
Durch Seufzen nur gab sie ihr Elend kund.

Indessen dachte voll Ungeduld
Ihr Gatte, sie an den Busen zu drücken,
Und einige Früchte mit Entzücken
Von dieser herrlichen Palme zu pflücken.
Doch sie, statt der erwarteten Huld,
Zeigt' ihm nur Zorn, und rief entrüstet:
„Hinweg, Verweg'ner — weiche zurück!
Diese Blume, nach der dich gelüstet,
Ward noch entheiligt von keinem Blick.
Ferne von hier in der Wüste schmachtet
Der Arme, für den sie entfalten sich sollte.
In meinem Schatten auf kurz nur wollte
Er ruhen — sonst hat er nach nichts getrachtet.
Schon selig war er durch meine Neigung,
Und wenn er von mir als Gunstbezeigung
Verlangte, ich sollte dem Schmerzgeweihten
Durch Liebkosungen Trost bereiten,
Dennoch, wieviel auch der Thränen bringen
Aus seinen Augen ich sah, die Schwingen
Nie wollt' ich über den Weinenden breiten.
Gleich der Taube hab' ich die Schnur

Der Treue mir um den Hals gewunden,
Und für immer durch meinen Schwur
Werd' ich an den Geliebten gebunden.
Niemals wird mich dein Reichthum verblenden,
Niemals soll mich ein Meineid schänden.
Und wagst du, dich an mir zu vergreifen,
Ja, mich mit frechem Blick nur zu streifen,
So soll, ich schwör's, dieser Dolch mich durchbohren
Und Nacht des Todes mein Auge umfloren."

Durch solche Rede von Schmerz durchdrungen
Und seine Liebe zu zähmen gezwungen,
Litt ihr Gemahl, bewältigt von herben
Schmerzen ein tausendfältiges Sterben.
Von Sehnsucht und Kummer aufgerieben,
Seufzt' er: „Welch Unglück ist es, zu lieben!"

28

Medschnun, nach seiner Wiederkehr
Von der Wallfahrt, irrte indessen
Unfern von Leila's Grenzen umher.
Ach, er durfte ja nimmermehr
Zu überschreiten sie sich vermessen!
Einst, als der im Gemüte Zerrüttete
Ueber sein wildverworrenes Haar,
Das um das Haupt ihm gebreitet war,
Glühenden Sand sich schüttete,
Ward dies Verhalten seltener Art
Von einem seines Stammes gewahrt.
Der sprach: „Warum die Stirn dir befleckst
Du also, indem du mit Staub sie bedeckst?"
„Ach!" gab er zur Antwort, „diese Erde
Sicht' ich und hoffe, daß ich im Sand
Eine Perle gewahren werde,
Und da ich noch immer sie nicht fand,

So streu' ich, der Verzweiflung Raub,
Ueber die Stirn mir diesen Staub."

„Steh' ab," sprach Jener, „denn ohne Frucht
Ist es, daß rastlos dein Auge so sucht!
Die köstliche Perle, die dir verschwunden,
Ein Anderer hat sie bereits gefunden.
Leila, für welche so ohne Maß
Du glühst, die du nicht aufhörst zu nennen,
Wisse, daß sie deiner vergaß!
Froh war sie, sich von dir zu trennen,
Seitdem den Jüngling, der nun ihr Gatte,
Ihr Auge zuerst gesehen hatte.
Hör' auf denn, in Gram dich zu versenken
Und an die Undankbare zu denken!
Wähle, ihr gleich an Wankelmut,
Dir eine and're mit leichtem Blut. —
Und wäre, die du erkiesest, auch
Nichts als ein nied'rer Brombeerstrauch:
Den blühenden Dornbusch, hat man ihn
Der welkenden Rose nicht vorzuzieh'n?
Das Weib ist falsch von Natur und treulos,
Alle Bande zerreißt es scheulos;
Gleich des Sawah buntem Gefieder
In allen Farben schillert es wieder.

Thor wäre, wer diesem eitlen Geschlechte
Den launischen Sinn zu lenken gedächte.
Wenn du den Weibern Vertrauen schenkst,
So mißbrauchen sie ihre Freiheit,
Wenn du sie aber bewachst und beschränkst,
Tragen sie nicht die Einerleiheit:
Sie erheben sich anmutreich,
Wie in den Lüften die Palme sich wiegt,
Doch sind auch gleich dem Wachse so weich,
Das unter jedem Drucke sich biegt.
Mit ihrer schönsten Blüte und Frucht
Schmückte diesen Baum die Natur —
Die Treue, der Früchte edelste, nur
Wird an ihm vergebens gesucht."

Da Medschnun diese Worte vernahm,
War er bewußtlos zu Boden geglitten,
Als wär' ihm das Herz von Messern zerschnitten.
Dann, da Besinnung ihm wiederkam,
In Seufzern athmet' er aus sein Leid:
„Wehe, das Unglück hat mich gewählt
Und zu seinem Opfer geweiht,
Daß tausendfacher Jammer mich quält.
O über diese Verräterin Schmach,

Die ihren heiligen Eidschwur brach!
Wie konnt' ich ahnen, daß also herzlos
Unter des Unglücks drückender Bürde
Sie erliegen lassen mich würde?
Wahrlich, mein Leben hätte ich schmerzlos
Für dich geopfert, aber die Wunden,
Die du mit des Verrates Pfeilen
Mir bereitet, werden nie heilen!
Nie, o nie mehr werd' ich gesunden!"

Die Nacht stieg auf am Himmelszelt,
Und deckte mit ihrem Schleier die Welt.
In tiefes Schweigen zurück sank Alles,
Die Wüste lag regungslos und schaurig,
Das Seufzen Medschnun's nur tönte traurig
Hin durch die Oede, einförmigen Schalles.

29

Am Himmel des Ostens morgenrötlich
Erhob sich mit ersten Strahlen das Licht:
Doch den Unglücklichen labt' es nicht.
Er fühlte tief in der Seele tödtlich
Seiner zermalmenden Leiden Gewicht.
Ruhe und Trost und Frieden kamen
In seine Seele nimmermehr:
Er irrte, die treulose Leila beim Namen
Rufend, in der Wüste umher.
Schon brannte die Sonne mit sengender Glut,
Und bei des Samums giftigem Wehen
Sank bald er hin in des Sandes Flut,
Bald müht' er sich wieder, aufzustehen.
Er glich der zarten scheuen Gazelle,
Welche, vom Pfeil durchbohrt, in reger
Todesangst mit des Windes Schnelle
Entflieht vor dem sie verfolgenden Jäger.

Auf einmal milderer Lüfte Hauch
Empfand er. Einer Umzäunung auch
Ward er gewahr; er war so matt,
Als stänb' er auf seiner Todesstatt.
Doch ein erfrischender Ostwind kühlte
Seine Stirn, daß Erquickung er fühlte.
Aus einer Wohnung, welche umhegt
Von einem Gärtchen nahe lag,
Trat plötzlich hervor ein Mann und sprach
Zu dem Armen, von Mitleid bewegt:
„O du, der fast dem Gram du erlagst,
Und kaum dich aufrecht zu halten vermagst,
Von Glück in Jammer ein tiefer Sturz
Hat wohl dich betroffen? So komm denn, auf kurz
Rast unter meinem Dache zu pflegen,
Das Leiden zu scheuchen, dem du erlegen!
Trieb grausam man aus dem Neste dich fort,
In welchem der Liebe du nachgehangen,
So will ich dich, armer Vogel, empfangen:
Es sei mein Herz dein Zufluchtsort."

Medschnun, von Dank erfüllt und gerührt,
Nahm gern bei dem Fremden vorlieb als Gast,
Und ward von ihm zu behaglicher Rast

In seiner Wohnung Inn're geführt.
Vor den Erschöpften, den Verwirrten
Setzte der Araber, ihn zu bewirten,
Eine Tafel, mit Honig bestellt
Und dem köstlichsten Wild der Welt.
Aber Medschnun streckte mit nichten
Die Hand nach den ihm gebot'nen Gerichten.
„Nein," rief er, „ich, der arme Verwaiste,
Wie ziemt' es mir, daß so köstlich ich speiste?
Ihr, der Wüste Bewohnerinnen,
Gespielinnen meiner Einsamkeit,
Nie soll euch, ich schwur es, mein Netz umspinnen,
Nie treff' euch mein Pfeil, die ihr theuer mir seid!
Lieber der Speise will ich entbehren,
Als mich von euch, ihr Holden, zu nähren.
Glaubt, And'res nie als Gutes gethan
Wird euch von mir, nie schaff' ich euch Leiden;
Immer könnt ihr mir sicher nah'n
Und die saftigsten Kräuter weiden.
Und wie noch sollten die Honigwaben,
Die süßen, von Bienen gebauten, mich laben,
Da selbst der Dattel köstlicher Saft,
Der süße, mir nichts als Abscheu schafft?"

So für die Speisen unüberwindlich
War sein Widerstand, und er ließ,
Gegen die Worte des Wirts unempfindlich,
Sich nicht trösten. Seufzer stieß,
Klagen er aus: Der Tag erblaßte,
Die Nacht stieg auf, und hernieder schien
Der Mond mit dämmerndem Licht auf ihn,
Der noch sich in seinem Weh nicht faßte.
Sein Wirt indeß zog unter sein Dach
Sich zurück in sein Ruhegemach.

Mitten in seinem Gartenraum
Erhob ein prächtiger Palmenbaum
Den stolzen Wipfel himmelan.
Im Thau, der, getragen vom milden Weste,
Auf die Zweige, Blätter und Aeste
Dieser Palme herniederrann,
Gediehen so reich die Früchte, daß fast
Zu Boden sie stürzte unter der Last.
Datteln von köstlicher Süßigkeit
Waren zu üppigen Trauben gereiht.
Aber nein! du glaubtest nicht Trauben
Zu schauen, die aus den Zweigen hingen:
Du gewahrtest goldene Lauben,

Die flüssige Carneole umfingen.
Der Stamm des Baums war einer Schönen
An zierlichem Wuchs und an Schlankheit gleich,
Und von der Vögel Liedertönen
Erzitterte sein schwankes Gezweig.

Der Jüngling erblickte in dem Stamme,
Der empor aus dem Gartengefild
Zum Himmel sich hob gleich einer Flamme,
Der schlanken Leila Ebenbild,
Und um ihm für diese Erinn'rung zu danken,
Heftet' er, während in leisem Schwanken
Die Palme geschaukelt ward vom Winde,
Glühende Küsse auf ihre Rinde,
Indessen aus des Trauervollen
Augen reichliche Thränen quollen.

Da ließ eine Turteltaube eben,
Die oben im Wipfel einsam ruhte,
Die Lüfte von ihrem Girren erbeben.
Als ob das Herz ihm vor Trauer verblute,
War dem Reis, da er hörte den Klang,
Und je mehr ihm des Täubchens Girren
Wehmutsvoll in die Seele drang,
Fühlt' er sich seine Sinne verwirren.

Erst noch Seufzer und Thränen entlockte
Ihm der schmerzengesättigte Ton,
Bis in der Brust ihm der Athem stockte
Und die Lebensgeister ihn floh'n.
Endlich aus seinem Traum erwacht
Schritt er in seines Wirtes Wohnung
Und sprach: „Was ist es, das ohne Schonung
All meine Schmerzen verdoppelt entfacht?
Was, ach, ist's für ein bitterer Kummer,
Der dieses Täubchens Herz zernagt?
Neu weckte sie meinen Gram aus dem Schlummer,
So seelenerschütternd hat sie geklagt."

Der Wirt gab Antwort: „Aufenthalt war
Einem reizenden Taubenpaar
Diese Palme. Die beiden bauten
Dort sich das Nest, sie ruhten dort
Und flogen, die beiden innig Vertrauten,
Gemeinsamen Flugs aus dem Wipfel fort.
Nahrung bot ihnen dasselbe Korn,
Und Trank derselbe Wasserborn.
Immer hatten in stillem Frieden
Zu einander die Zwei gehört —
Nie hatte Trennung sie geschieden,

Nie Zwist noch ihre Eintracht gestört.
Aber ein Geier, ein grausamer Räuber,
Drang in das Nest des Paares keck,
Und die Taube, sowie der Täuber
Floh'n hinweg voll Angst und Schreck.
Die eine der Tauben, deren Klagen
Du eben dort aus dem Wipfel vernommen,
Kehrte zurück, doch bin ich seit Tagen
Um die and're von Sorge beklommen.
Ach! des gierigen Geiers Krallen
Ist sie sicher zur Beute gefallen.
Diese schreckliche Trennung zerreißt
Das Herz der Armen, welche verwaist,
Verlassen nun hier zurückgeblieben:
Tödten wird sie der Gram um den Lieben!"

Medschnun bei solcher Erzählung stieß
Rufe der Trauer aus: „All dies
Leid' auch ich! Im Herzen mir brennt
Jammer, weil ich von ihr getrennt.
Hat jemals ein Herz, von Kummer zerwühlt,
Gleich meinem das Weh der Scheidung gefühlt?"
Dann, sich in seinem Grame verzehrend,
Sprach er, zurück zum Palmbaum kehrend,

Zu der Taube: „O liebliches Thier,
Dessen Auge mit blitzendem Schein
Funkelt wie ein Rubinenstein,
Dessen Halsband dem Ambra an Zier
Gleichsieht — du, dessen girrender Laut
Beginnt, sobald der Morgen graut,
Um, beim niedersinkenden Schatten,
Abends sich mit der Dämm'rung zu gatten,
Zu Allah send' ich ein brünst'ges Gebet
Und hebe zu ihm die gefalteten Hände,
Daß er den Gefährten dir wiedersende —
Erfüllen wird er, was ich erfleht.
Und mit dem Theuren im wandellosen
Vereine wieder vermagst du zu kosen.
Leiden duld' ich, welche nicht minder
Als beine quälen! Wie weit entrückt
Sind wir der Zeit, als, des Frohsinns Kinder,
Zufrieden wir waren und beglückt.
Vertraulich lebt' ich mit meiner zarten
Leila, als wären wir zwei Verwandte,
Uns're beiden Herzen bewahrten
Geheimnisse, die sonst Keiner kannte.
Sorglos, gewiegt von sel'gem Vertrauen,
Schlummerten wir, des Schicksals Zorn

Hatte auf unfern blühenden Auen
Noch nicht gepflanzt der Trennung Dorn.
Noch hatte der dunkle Staub des Leidens
Unsere Stirne nicht geschwärzt,
Noch wußten wir nicht, wie die Qual des Scheidens
Bis in die tieffte Seele schmerzt.
Nun, da wir fern von einander geriffen,
Sind wir gestürzt in des Jammers Nacht,
Begraben in tiefen Finsternissen
Ruhen die Strahlen, die einst uns gelacht. —
Aber was wag' ich, noch zu hoffen?
Wozu, daß mein Herz an ihr noch hängt?
Liegt es vor meinem Blick doch offen:
Ein And'rer hat mich bei ihr verdrängt!
All' ihren Eiden zum Trotze hat
Sie mich geopfert voll Verrat.
Meiner in eines Andern Armen
Vergißt sie, treulos, ohne Erbarmen,
Und weiß nichts von Gewissensbissen.
O, lieber im Grabe möcht' ich mich wissen!
Ist es nicht besser, daß fleckenlos
Eine Frucht in der Erde Schooß
Begraben werde, als daß ein Insekt
Sie mit gift'gen Stichen bedeckt?"

30

Inzwischen in graufamer Bande Haft,
Von langem Leiden gebeugt und erschlafft,
Beseufzte Leila Tage und Nächte
Hindurch ihr Schicksal, das ungerechte.
Mehr und mehr mit bitt'rer Empfindung
Dachte sie ihrer neuen Verbindung.
Und wenn sie glaubte, Keis könne wähnen,
Sie habe willig den Bund geschlossen,
Fiel sie in Verzweiflung, stromweis flossen
Aus ihren Augen heiße Thränen.
Sie sprach zu sich: „Vielleicht daß er meint,
Ich hegte Neigung für seinen Feind,
Ich hielte nichts vor ihm geheim
Und gönnt' ihm, wie köstlichen Honigseim,
Den Odem meiner Liebe zu schlürfen,
Und all meine Schätze heben zu dürfen.“

In Einem nur fand sie Veruhigung,
Daß einen Brief sie an Medschnun schriebe,
Drin sie mit feurigem Seelenschwung
Betheuerte, daß sie ihn ewig liebe,
Und wie, nur durch den Vater gezwungen,
Sie die verhaßten Bande geschlungen.
„Ueberbring', o klagender Brief,"
Begann sie, „die Kunde des Leidens, das tief
Mein Inn'res erschüttert, dem treu'sten Freund,
Der vom Strahle der sengenden Sonne gebräunt,
Trostlos an der Verzweiflung Rande
Schweift im glühenden Wüstensande.
O laß dich nicht von dem Wahne bestricken,
Erstorben seist du in Leila's Gefühlen:
Stets schwebt ja dein Bild vor ihren Blicken;
Den Qualen um dich, die ihr Herz zerwühlen,
Erliegt sie fast. In tiefem Wehe,
Inmitten der hüpfenden Wüstenrehe,
Der einz'gen Gesellschaft, die dich nicht flieht,
Seh' ich mit müdem Augenlid
Auf vertrockneter Blätter Streu
Den Schlummer dich suchen, der immer scheu
Dich meidet. Kein Freund steht dir zur Seite,
Der Mitleid deinem Kummer weihte,

Keine Gefährtin ist in der Nähe,
Die freundlich in das Auge dir sähe,
Der an den klopfenden Busen die Schläfe
Du lehnen dürftest. — Und doch, sei froh,
Daß nicht du wie Leila buldest, daß so,
Wie sie, im Becher der Schmerzen die Hefe
Du schlürfen nicht mußt, und nicht dem Befehle
Eines herzlosen Vaters genügen,
Nicht eines Gatten Launen dich fügen,
Dem wie Felsen so starr die Seele.
Nicht bei Tag, noch Nacht den Tyrannen
Kann ich aus meiner Nähe verbannen.
Wenn ich, der Wüste zugekehrt,
Nach dort, wo du wandelst, wage zu schauen,
Und wenn ein Seufzer mir dann entfährt,
So fragt er mit finster gefalteten Brauen:
‚An wen ist dieser Seufzer gerichtet?‘
Und sieht er vom Schmerz mich wie vernichtet,
So ruft er: ‚Jetzt ist es nicht Zeit zum Weinen!‘
Ueberschreit' ich nur uns're Schwelle,
Holt er mich wieder zurück in Schnelle.
Hart, unbarmherzig ist er gleich Steinen.
Will ich nur meine Waschung verrichten,
Selbst dazu läßt er mich fort mit nichten.

„Nie mag auf dir der Gedanke laſten,
Willig hätt' ich mich dieſer verhaßten
Verbindung gefügt. Urheber ſind
Meine Eltern des Wehs, das ihr Kind
Zu dulden beſtimmt iſt. Sie haben geheiſcht,
Daß ich wählte den argen Gemahl,
Und ſie den Dorn, der mein Herz zerfleiſcht,
Geſchärft zu meiner Todesqual.
Wie ließe den Blick zu einem Andern,
Als dir, ich jemals hinüberwandern:
Da, ſeitdem du zuerſt mir genaht,
Deine Schönheit berückt mich hat?
Wie, daß einem Andern ich lauſchte,
Seit deiner Stimme Klang mich berauſchte?
Nein! nie hab' ich erlaubt dem Verhaßten,
Daß mich ſeine Arme umfaßten.
Nur das Antlitz ihm zu enthüllen —
Dieſen Wunſch ihm mußt' ich erfüllen.
Doch daß er von fern' es ſehen könnte,
War das Einzige, was ich ihm gönnte.
Schwermut nagt drum an ihm: der Bleiche
Wurde faſt zur wandelnden Leiche,
Und erliegend den Seelenleiden
Bald wird er aus dieſem Leben ſcheiden.

Sein Anblick schon, ja schon der Gedanke
An ihn macht, daß ich vor Trübsal kranke.
Von seinem Namen selbst werd' ich erschreckt,
Und athmen wieder kann ich erst freier,
Wenn sein Schatten entweicht, der Schleier,
Der dich vor meinem Auge bedeckt.
Wie werd' ich preisen den seligen Tag,
Wo weit er von hier in die Ferne gewichen
Und ich mich in deinem morgenblichen
Glanze, mein Stern, zu sonnen vermag."

31

Sorgfältig in ihren Busen versteckte
Leila den Brief, und spähte von Morgen
Bis Abend, ob sie Einen entdeckte,
Um an Medschnun ihn zu besorgen.
Auch spähte sie nach günstiger Zeit,
Daß ihrem Zelte sie entschlüpfte;
Endlich bot sich Gelegenheit.
An zweier Sklavinnen Seite hüpfte
Sie leichten Schritt's in ein nahes Thal,
Wo eine Quelle mit silbernem Strahl
Aus dem Felsengesteine floß
Und labende Kühlung umher ergoß.
Einer war es von jenen Plätzen,
Zu welchen, um sich am Trunk zu letzen,
Oft Wand'rer kommen. Am Rande des Quells,
Auf das Moos, mit welchem der Fels
Bedeckt war, setzte sich Leila und harrte,

Ob des Wegs nicht ein Reisender käme,
Welcher das Brieflein mit sich nähme.
Und, wie sie nach dem Pfade hin starrte,
Durch eine Wolke Staubes sah
Sie einen Reiter sich nähern da.
Er stieg herab vom Kameele schnell,
Ließ von den sprießenden Kräutern es grasen,
Betrat dann selber den grünenden Rasen
Und löschte den Durst am klaren Quell.
„Von wannen kommst du?" — Mit freundlichem Laute
So fragt' ihn Leila, als sie ihn erschaute.
„Die Morgenröte erscheinen läßt
Dein Kommen mir, und dünkt mich ein Fest."
„Aus Hebschas!" sprach Jener, indem er trank,
„Dort ward ich geboren, dem Himmel sei Dank!
Wie zarte Pflanzen, gefächelt vom Wind,
Bin dort ich fröhlich gediehen als Kind."
„Kennst dann du, sage mir an, o Reiter,"
Also fragte die Jungfrau weiter,
„Einen Unsel'gen, der Medschnun heißt,
Und ferne den Menschen, verbannt, verwaist,
Mißhandelt von seinem Geschick, dem schnöden,
Umirrt in jenes Landes Oeden?"
Drauf Jener: „Nicht kenn' ich ihn nur, nein, innig

Mit ihm durch Freundschaft verbunden bin ich.
Oft war ich bemüht, den Hilfentblößten,
Ratlosen, Gramgebeugten zu trösten.
Wie oft nicht fleht' ich zu Allah: O Herr,
Meinen unglücklichen Freund behüte:
Licht schenke seinem verwirrten Gemüte;
Wert deiner Huld ist keiner, wie er."

„Und welch' ein Leben denn führt der Arme?"

„In den wüstesten Gegenden hausend,
Wo Stürme und wilde Thiere ihn grausend
Umgeben, verzehrt er sich im Harme,
Und klagt in halberstickten Klängen
Die Qualen der Liebe, die ihn bedrängen."

„O du, der Freundschaft für ihn übt,
Weißt du, um wen er so sich betrübt?"

„Ja! an Leila einzig gedenkt er,
Um sie sich in solche Trübsal versenkt er.
Aufspringend die Arme bald voll Verlangen
Ausstreckt er, als hielt' er sie umfangen,
Aber erkennt — enttäuscht und betrogen —
Ein Luftgebild nur hat ihn belogen.

Zärtlich dann sie beim Namen nennt er,
Drauf seinen Irrthum jammernd erkennt er."

Als diese Worte sie hörte, verhehlte
Leila ihr Unglück dem Fremden nicht länger;
Heiße Thränen vergießend erzählte
Sie ihm, was sie litte durch ihre Dränger.
„Ach!" rief sie zitternd vor Rührung, „ich bin's,
Nach der er schmachtet, verwirrten Sinns,
Nach welcher nichts ihm die Sehnsucht stillt —:
Mein Nam' ist's, der vom Munde ihm quillt.
Ich habe ihn so in Verzweiflung getrieben;
Und um ihn, der mir ewig theuer,
Werd' ich von Jammer aufgerieben,
Der in mir brennt, gleich verzehrendem Feuer.
Aber in seiner Seele, der nächtig
Verdunkelten, bin ich des Meineids verdächtig.
Er kennt nicht die Thränen heiliger Treue,
Die stets mein Auge ihm weint auf's Neue.
O Frembling, wie bist du so hold und gütig,
Gerne würd' ich dir opfern mein Leben,
Wenn deine Freundschaft edelmütig
Kunde von mir ihm wollte geben. —
Einen Brief, den an ihn ich geschrieben,

Trag' ich hier auf der Brust verborgen,
Und flehe zu dir, dafür zu sorgen,
Daß er zu Händen komme dem Lieben,
Auch daß Antwort zu mir, die bange
Nach ihm ausblickt, in Eile gelange."
„O Medschnun, holder," rief Jener gerührt,
„Nicht größere Freude kenn' ich auf Erden,
Als durch Leila das Werkzeug zu werden,
Das wieder zurück zum Glücke dich führt.
O heiliges Schreiben, deiner Zeilen
Jede wird eine Wunde ihm heilen,
Trost ihm in seinem Jammer leih'n
Und köstlicher ihm, als das Leben sein!"

Froh hob sich das schon von Kummer verdorrte
Herz der Jungfrau bei diesem Worte.
Den Brief gab ihre zitternde Rechte
Dem Fremdling, daß er an Keis ihn brächte.
Auch reichte sie eine ihm ihrer Locken,
Nebst einem Grashalm, dürr und trocken,
Um ihm zu künden durch diese Zeichen,
Wie bei der Stunden trägem Schleichen,
Seitdem der Theure von ihr gewichen,
Ihre Wange gewelkt und erblichen.

Das Schreiben übergab sie dem Reiter.
Dieser bestieg das Kameel in Hast,
Und sprengte bis zu dem Platze weiter,
Wo Medschnun, wie er wußte, zur Rast
Hinsank, wenn dem schon Halbentseelten
Die Kräfte zum ferneren Wandern fehlten.
Er fand ihn in eines Felsens Schatten,
Wo er am Boden zu schlummern schien,
Aber des Schlafes Flügel hatten
Sich nicht gebreitet über ihn.
Erloschen war dem Schmerzdurchglühten
Das Bewußtsein in dumpfem Brüten.
Lang hatte, zu wecken den Seelenkranken,
Umsonst er gemüht sich; da auf den Gedanken
Verfiel er, daß, erhebend den Brief,
Mit lauter Stimme er „Leila" rief.
Das Echo, das, als der Name erschallte,
Von allen Seiten ihn widerhallte,
Trug zu des Jünglings Ohren den Klang,
Daß er heftig zusammenfuhr
Und empor von der Erde sprang.
„Wer bist du? und was erkühnst du dich nur,
Diesen Namen, so heilig, so rein,
Mit deinen Lippen zu entweih'n?"

„Ich komme," sprach Jener, „auf Leila's Gebot.
Sie weiß, daß hier du einsam in größter
Verzweiflung weilst und Herzensnot,
Und sendet dir diesen Brief als Tröster.
Nimm hin! die Treue duftet aus ihm!"

Den Brief ergriff er mit Ungestüm.
Als seinen Namen er drauf gelesen,
Durchströmte Feuer sein ganzes Wesen.
Die Schrift mit Inbrunst küssend drückte
An seine Augen sie der Entzückte.
— „Nein, das ist kein Brief," — so rief er laut,
Als er das Siegel von Moschus gelöst —
„Ein Frühlingsmorgen duftet und thaut
Aus ihm auf mich hernieder und flößt
Mir Wonne in's Herz, wie nie es gekannt."

Nachdem er wieder und wieder gelesen,
Und lange wie ein Berauschter gewesen,
Mahnt' ihn der Bote, den Leila gesandt,
Ihm eine Antwort zu geben an sie.
Doch Medschnun erwiderte: „Antwort? Wie
Erwartest du's? — Vermöcht' ich das? —
Ist meiner Thränen brennendes Naß

Doch einzig der Dollmetsch meiner Gefühle!
Hab' ich, um meiner Gedanken Spur
Flüchtig darauf zu drücken, doch nur
Diesen Sand hier, den ich zerwühle!"

Der edle Araber schwang sich geschwind
Auf sein Kameel, und schnell wie der Wind
Nahm er zum nächsten Stamme den Ritt.
Bald dann wieder, die Zügel verhängt,
Kam er zum Platze zurückgesprengt,
Und brachte die Schreibgeräte mit.
Doch Eifersucht hatte in Medschnun's Brust
Inzwischen sich wieder eingeschlichen,
Nachdem die erste trunkene Lust
Ob Leila's Schreiben aus ihr gewichen.
So schrieb er denn in dem schwarzen Verdacht,
Den böse Geister in ihm entfacht:

32

„Wenn du an Anb're ein Lächeln verschwendest,
Worin ein ganzer Frühling erglänzt,
Grausame! weshalb nur von Medschnun wendest
Dein Antlitz du ab, daß nie es ihm lenzt?
Und du, o Himmel, von dem in unzähligen
Gaben auf Alle Segen träuft —
Was wird von dir nur auf mich Unseligen
Nichts als Elend und Unheil gehäuft?
Du kennst nicht, erfrischende Quelle des Lebens,
Den brennenden Durst, der mich verzehrt!
Verräter solche, die dessen nicht wert,
Schlürfen daraus: ich schmachte vergebens:
Nicht ein Tropfe wird mir gewährt!
Chiser hat sich gelabt an dem Bronnen,
Der im Lande der Finsterniß quillt,
Und hat Unsterblichkeit sich gewonnen,
Aber Iskender blieb ungestillt

Der glühende Durst, und in den dürren
Sandflächen mußt' er verschmachtend irren. —
Doch was in den öden Wüstenstrichen
Er auch gelitten, ist wert nicht der Nennung,
Allen den Qualen, den Leiden verglichen,
Die ich erdulbet seit unserer Trennung.
Den Brief, den du mir geschrieben hast —
Ich hab' ihn gelesen; doch nur um die Zähren,
Die schon ich vergieße, zu vermehren,
Hat er gedient. Ich erliege fast
Meinen Schmerzen. — Ew'ges Gedenken
Werdest du mir, so sagst du, schenken?
Eidbrüchige! Also noch unter dem Zelt,
Wo dir mein Nebenbuhler gesellt,
Spottest du meiner? Schwüren trau'n,
Die meineidige Lippen geschworen,
Wahrlich, Leila, das könnten nur Thoren!
Doch wollt' ich auf deine Worte auch bau'n,
Ach! wird nicht der leiseste Anschein schon
Unruhe in meiner Seele stiften
Und meines Herzens Frieden vergiften?
Wer einmal Verdacht geschöpft: ein Ton,
Ein flüchtiger Blick gilt ihm als Beweis,
Daß vor Argwohn das Blut ihm heiß

Aufkocht, und entfacht in der Brust einen Sturm.
Verwandelt zur stechenden Natter, die Tod
Durch ihren giftigen Biß ihm droht,
Wird für ihn der harmlose Wurm.
Setzt eine Taube sich auf die Hand
Seiner Geliebten, d'raus Körner zu picken,
Alsbald ist sie in seinen Blicken
Von einem Nebenbuhler gesandt!
Er glaubt, daß unter ihrer Schwinge
Ein Brieflein sie ihm des Verhaßten bringe. —
Daß jegliche Gunst du ihm geweigert,
Sagst du; doch wird nicht dadurch bereits
Meine Qual auf das Höchste gesteigert,
Daß, während ich fern bin meinerseits,
Er schauen darf deiner Schönheit Reiz?
Im Kummer, meinst du, der an ihm nage,
Bald enden würden seine Tage.
Fern sei es von mir, zu wünschen sein Sterben;
Ruht auch auf dem Feinde mein Haß:
Sein Tod vermöchte doch nicht, meinen herben
Kummer zu stillen; And're laß
Darum frohlocken, wenn er stirbt.
Ich weiß, wenn er aus der Welt geschieden,
Nie ist dein Vater damit zufrieden,

Daß Reis um deine Hand sich bewirbt.
Kommen werden andere Freier
Und lüften von deinem Antlitz den Schleier.
Dem Staube gleich, der wild vom Orkane
Von Ort zu Orte gewirbelt wird,
Wird Medschnun, getrieben von seinem Wahne,
So wie bisher er umhergeirrt,
Fortwanken auf diesen Sandesflächen,
Bis ihm die Glieder zusammenbrechen!"

33

Indessen stürzte die Kälte, die immer
Leila ihrem Gatten bewies,
Ihn in Verzweiflung, und da kein Schimmer
Der Hoffnung für ihn sich sehen ließ,
Sank, zum Schatten erblaßt und hager,
Er zuletzt auf das Krankenlager.
Und läßt sich denken schlimmere Qual,
Als die ertrug der arme Gemahl?
Der Anblick des Paradieses Eden,
Wo herab von den grünenden Zweigen
Sich unsterbliche Früchte neigen:
Wahrlich, marternder ist er für jeden
Der zur Qual der Hölle Verdammten,
Als die lobernden hochentflammten
Feuer, in welchen für ihre Sünden
Sie brennen tief in des Abgrunds Schlünden.
Bald auch in seinen Adern wühlte

Ein Fieber mit verzehrendem Brand,
Und als er in schweren Qualen sich wand,
Bot, da Mitleid er mit ihm fühlte,
Ihm der Todesengel die Hand,
Und, von den Banden des Schmerzes befreit,
Aufstieg er zur ewigen Ruhestätte.
So will es das Schicksal; erst Qual und Leid,
Dann der Tod auf dem Krankenbette!
Sei wirklich das Glück auch irgendwo
Auf der Welt, wo wir leben, vorhanden,
Doch wird der Mensch nicht dessen froh:
Alles macht das Geschick ihm zu Schanden,
Und läßt ihn in einen grausenvollen
Abgrund zuletzt hinunterrollen.
Die Welt ist ihm ein dunkles Gefängniß,
Und nur dazu scheint er geboren,
Daß er erliege dem argen Verhängniß,
Welches zu seinem Spiel ihn erkoren.
Glücklich daher, wen schon in der Frühe
Des Lebens der Tod von hinnen führt,
Daß alle Sorge und alle Mühe
Und aller Jammer ihn nicht mehr berührt.
Vorgebend um ihren Gatten zu weinen,
Ließ Leila nun ihren Thränen Lauf:

Um Medschnun quollen, den Einzigen, Einen,
Aus tiefstem Herzen die Seufzer ihr auf,
Die lange sie unterdrücken gemußt.
Da konnte man ihr den Schmerz zum Verbrechen
Nicht machen; wehklagend zerschlug sie die Brust,
Und ihre Thränen strömten in Bächen.

34.

Der Araber, welcher einst zu Medschnun
Gekommen war, um ihm kundzuthun,
Daß Leila vermählt sich habe, eilte
Hin zu ihm mit der Todeskunde,
Damit durch die Nachricht er die Wunde,
Die früher er ihm geschlagen, heilte.
Nachdem er ihn lang in den Wüsten gesucht,
Gelang's ihm, ihn aufzufinden zuletzt.
„Von dir gewälzt ist des Unglücks Wucht,“
Rief er, „es lächelt das Glück dir jetzt.
Der Engel des Todes hat den Dorn,
Mit dem dich verwundet des Schicksals Zorn,
Hinweggetilgt. Nicht mehr den Geboten
Ist Leila unterthan des Despoten.“

Als Medschnun das hörte, zog wie im Krampf
Sein Herz sich zusammen; von Thränen naß

Ward ihm das Auge: „Wie? was ist das?"
Sprach staunend der Andre. „Vom Todeskrampf
Schienst du befallen, zerrissest vor Gram
Deine Kleider, als Nachricht dir kam,
Daß Leila sich einen Gatten gewählt.
Und nun er einging zu den Todten —
Statt mich zu grüßen als Freudenboten,
Scheinst du von Trauer darüber gequält."

Medschnun gab Antwort: „Als Kunde mir ward,
Leila habe mich treulos verlassen,
Konnt' ich in meinem Schmerz mich nicht fassen,
Weil mich das Unglück betroffen so hart.
Doch heut werd' ich von dem Schicksal erweicht,
Das meinen Nebenbuhler erreicht.
Wer selber Leiden, so unermessen,
Wie ich zu tragen hatte, in Dessen
Seele ist für die Schicksalsschläge,
Die And're treffen, auch Mitleid rege.
Ruchlos doch wär' es, wenn das ergrimmte
Verhängniß, das meinen Gegner ereilt,
Zum Frohsinn mich, statt zur Trauer stimmte;
Wird doch sein Loos von mir getheilt!
Morgen sink' ich durch seinen Schlag,

Wie er gestern vor ihm erlag. —
Verflucht sei der, dem es Freude schafft,
Wenn Tod den Andern von hinnen rafft!"

Als so er gesprochen, flog er von bannen,
Sich neu in die Wüste zu verbannen.

35.

Allmählig ward ruhiger Medschnun's Brust.
Im Geist erwog er die eigene Lage
Und wurde sich nach und nach bewußt,
Daß ihm ein Schimmer von Hoffnung tage.
So sieht der Unglückliche, wenn sein Schiff
Gescheitert am schroffen Felsenriff,
Und er am Wracke, welches zerschellt
Zu sinken droht, sich noch aufrecht hält,
Zu seinen Häupten mit hoffnungsfrohen
Augen plötzlich den Leuchtthurm lohen.

Keis eilte, vom Gedanken getrieben,
Leila sei ohne Aufsicht geblieben,
Nach ihrer Wohnung und spähte im Rund,
Ob er ihrer würde gewahr.
Da in der Ferne stellte ein Hund,
Der elend am Boden lag, sich ihm dar.

Dem Tode nah, zum Gerippe gemagert,
Auf dem Boden war er gelagert.
Die Fliegen, welche den armen umflogen
Und das letzte Blut ihm entsogen,
Waren das Einz'ge, womit das Thier
Noch stillen konnte seine Begier.
Medschnun hatte den treuen Bewacher
Leila's sofort in ihm erkannt,
Seine blutdürstigen Widersacher,
Die Fliegen, verscheucht' er mit hurtiger Hand,
Macht' ihm ein weicheres Lager im Sand,
Stützte voll Mitleid auf sein Knie
Den Kopf des Hundes und sprach: „Da sieh!
Erblick' ich dich, du Guter, auf's Neue,
Der dem Menschen als Muster der Treue
Du dienen kannst: o wie unendlich
Beschämst du ihn! Für den Bissen Brot,
Den spärlichen, den er einmal dir bot,
Bist du ihm noch nach Jahren erkenntlich.
O du, der Räuber, Wölfe, Hyänen
Flieh'n machst vor seinen schrecklichen Zähnen:
Wie oft ward der Wand'rer, wenn er verirrt
Fern von des gastlichen Zeltes Schwelle
Die Wüste, von Nachtgespenstern umschwirrt,

Durchschweifte, gerettet durch dein Gebelle,
Das seinem Ohre lieblicher klang,
Als der schönsten Stimme Gesang!
Ach! wo sind die Tage geblieben,
Da, Tapf'rer im Thal und in der Schlucht
Die wildesten Thiere in die Flucht
Du, in Wut aufbrausend, getrieben?
Die glücklichen Tage, wo Leila dich streichelnd
Mit liebkosender Hand dir schmeichelnd
Deinen Mut belohnte, und dir
Speisen darbot vom eigenen Tisch?
Da trugst du ein Halsband, reich an Zier,
Mit Perlen besetzt verschwenderisch,
Mit Edelsteinen und köstlichem Gold,
Durch welches deine Gebieterin hold
Den Liebling geschmückt. Wie spähte nach ihr
Dein Blick mit ungeduld'ger Begier,
Ob sie ein Zeichen nicht geben wolle,
Daß das Jagen beginnen solle.
Das Rebhuhn, war sein Flug auch geschwind,
Gleich dem Blitz und dem Wirbelwind,
Ließ sich von deinen Sprüngen erjagen.
Der Hase, wenn er dich schaute im Traum,
Konnte vor Schrecken sich fassen kaum

Und floh in haftiger Flucht voll Zagen.
Wie viele arme Gazellen zerriß
Nicht deiner Zähne grimmiger Biß,
Dem selbst der mächt'ge, nie unterjochte
Hirsch nicht zu widerstehen vermochte!
So glücklich warst du, als du noch jung,
Und im Rennen, im kühnen Sprung
Keiner dir gleichkam! Aber mit matten
Gliedern nun, und gewelkt zum Schatten,
Bist du vergessen: keiner gedenkt,
Wie viele Dienste du ihm geleistet.
Aber wenn auch der Undank dich kränkt,
Dich zu höhnen, zu schmäh'n sich erdreistet —
Nie solchen wird Medschnun an dir üben,
Nie dich mit einem Blick nur betrüben!
An Leila's Lager in jeder Nacht
Hast du als treuer Hüter gewacht.
Und bist du auch jetzt gestürzt vom Rang,
Den du früher bekleidet so lang,
Wird dir auch nicht mehr gegönnt die Ehre,
Zu bewachen der Jungfrau Reize —
Jene Ehre, nach der ich geize:
Wie, daß so undankbar ich wäre,
Dich zu verachten? Nein! ewig müssen

Wir Freunde bleiben, wie einst wir waren!
Bedecken will ich dein Auge mit Küssen,
Das in ihre lieblichen klaren
So oft gesehen. Ach warum
Versagt solch Glück mir des Himmels Wille,
Daß in ihr Auge wonnestumm
Blickend, des Herzens Wunsch ich stille,
Daß die schönste der Erbentöchter
Ich, statt deiner, behüte als Wächter?
Du, deren Blick den wildesten Leuen
Besänftigen könnte, holde Gazelle,
Nachdem als der reißenden Thiere Geselle
Bei des erstickenden Samums Dräuen
Ich so lang in der schrecklichen Wüste
Ferne von den Menschen geschmachtet
Und, vom Staube der Trennung umnachtet,
Mein Auge mit keinem Blick dich grüßte:
Wieder nun wag' ich, zum Trotze den Spähern,
Mich deiner trauten Wohnung zu nähern.
Doch der Gedanke, es könne bies Wagniß
Neue Leiden über dich häufen,
Macht, daß ich erzitt're vor Zagniß.
Thränen vom Auge fühl' ich mir träufen,
Wenn ich denke, wie düster umwoben

Der Himmel unserer Zukunft ist.
Ein Hinderniß zwar wurde gehoben;
Aber kein Gedanke ermißt,
Wie viele sich noch uns entgegenstemmen,
Uns auf dem Pfade des Glückes zu hemmen.
Sage, was soll ich unternehmen? —
Soll ich suchen, die Glut zu zähmen,
Die mir im Herzen flammend loht,
Die wie ein brüllender Löwe gewaltsam
Mich mit sich von bannen zu reißen droht?
Oder soll kühn ich, unaufhaltsam,
Auf die Beute des Glücks mich stürzen,
Und allen Gegnern das Leben kürzen,
Die meine Pfade zu kreuzen wagen?
Doch ist's nötig, muß ich entsagen —
So läßt mir, ich fühl' es, des Schicksals Verkettung
Im Schooße des Todes die einzige Rettung."

36.

Sehnsucht zugleich und Furcht erfüllten
Noch wegen der Zukunft, der verhüllten,
Des Jünglings Seele. Einer Heerde
Ansichtig ward er von ferne da,
Und eines Hirten, der, froh von Geberde,
Und heiteren Blicks in die Weite sah.
Er sprach zu sich selber: „Welch jugendlicher,
Fröhlicher Sinn! Gesehen heut
Hat dieser Hirt meine Leila sicher,
Und ihr Anblick hat hoch ihn erfreut."
Dann nahm er das Wort: „O Freund, den hier
Ich treffe als Hüter der stattlichen Heerde,
Der Schutz du diesem Winkel der Erde
Verleihst vor Wölfen und bösem Gethier;
Dessen Schleuder, wenn deine Faust
In mächtigem Schwung erhebt ihre Wucht,
Zischend hin durch die Lüfte saust

Und den wildesten Löwen zwingt zur Flucht:
Möchtest du eine Gunst mir gewähren,
Da mit Milch tagtäglich die schweren
Euter deiner Schafe sich füllen?
Willst du, um meinen Durst zu stillen,
Davon mir gönnen einen Trank? —
Doch wisse! meine Seele, die krank,
Lechzt mehr noch nach einer anderen Labe,
Von der ich lang nicht genossen habe.
Hoch ließe von ihr ein einziger Tropfen
Mein Herz, das beklomm'ne, vor Jubel klopfen.
Oder ich frage, um klar zu sprechen:
Willst du, o Hirt, voll Edelmut
Zu Leila, meinem einzigen Gut,
Zu gelangen, die Bahn mir brechen?" —
Der Schäfer gab Antwort: „Wäre so günstig
Das Schicksal dir, wie ich inbrünstig
Dein Bestes wünsche, bald würdest du, glaub,
Gelangen an deiner Wünsche Ziel;
Mir wäre keine Mühe zu viel.
Wenn die Leiden, denen zum Raub
Du bist, ich dadurch vermöchte zu heben:
Bald werd' ich davon den Beweis dir geben.

„Leila bereitet am erſten Abend
Jeder Woche aus ihrer Heerden
Milch ein Gericht, das, ſüß und labend,
An die Armen vertheilt zu werden
Beſtimmt iſt. Von ringsher ſtrömen dann
Die Bedürft'gen zu ihr heran,
Und ihnen reicht ſie in reinlicher Schale
Das Milchgericht zum erquickenden Mahle.
Schau hin, dort ſiehſt du dieſen Schwarm
Sich bereits vor dem Zelte vereinen:
Stell' denn auch du dich, als ſeiſt du arm;
Und wenn von der Milch dir Leila, der reinen,
Darbietet, berauſche dich, ſtatt am Gericht,
An ihrem reizenden Angeſicht."
Keis hörte die Kunde und war darob
Von Herzen erfreut. Zur Stelle erhob
Er ſich und ſchritt nach des Hirten Weiſung
Dorthin vor das Zelt, wo bei der Speiſung
Der Armen ſchon Leila geſchäftig ſtand.
Als er ſchaute, wie ihre Hand,
Weißer noch, als die Milch, die ſie reichte,
Die Bedürftigen ſpeiſte, erbleichte
Seine Wange. Unter ihm ſanken
Die Kniee zuſammen und er glitt

An einem Palmbaum nieder. Dann schritt
Hin er zu Leila, noch immer mit Schwanken,
Und hielt mit Flehen empor die Hände,
Daß sie ihm böte die milde Spende.
Doch einen Angstruf, den halb sie erstickte,
Stieß diese aus, als sie ihn erblickte,
Und flüsterte leise: „Mein Vater, wehe!
Der tödtlich dich haßt, ist in der Nähe!
Wenn ich mit bir geseh'n von ihm werde,
Bringt es für dich und für mich Gefährde.“

37.

Medschnun, nach der Geliebten Befehle,
Schritt hinweg mit zerrissener Seele.
„Ach," sprach er seufzend, „möchte die Hülle,
Die sterbliche, die meine Seele umfängt,
Doch bersten unter des Schmerzes Fülle,
Der mich, ohne zu enden, bedrängt,
Und dürfte mein Geist dann das theure Leben
Leila's als ihr Hüter umschweben!"

Finsterniß der Verzweiflung nächtigte
Bald in seinem Gemüte wieder,
Und Mattigkeit des Todes bemächtigte
Sich seiner seit lange wankenden Glieder.
Unter Dornengebüschen suchte,
Der Wüste sonneverbrannten Kindern,
Im Schatten die Glut der Stirn er zu lindern,
Indem er sein bitt'res Schicksal verfluchte.

Indessen Seufzer die Brust ihm schwellten,
Hört' er, wie fernher Glöckchen gellten,
Die an der Dromedare Hals
Zitterten, während leisen Schalls
Der Wind ihm den Klang zum Ohre trug:
Es war ein Karawanenzug.

Sänften, mit prächtigen Decken behangen,
Ließen erkennen durch ihr Prangen,
Vornehm müßten die Reisenden sein.
Kostbare Zelte wurden geschlagen,
Und Medschnun war nicht lässig zu fragen:
„Sollte mich täuschen nicht der Schein? —
Wär' es Leila?" — In dieses Hoffen
Wiegt' er zuerst die Seele ein.

Doch dann sprach er zu sich betroffen:
„Nein — sie ist's nicht: so gut nicht meint
Das Schicksal es mit mir — das stets mir feind.'
Da sah er aus einem der Zelte hervor
Eine Gruppe von Frauen schreiten,
Die lustwandelnd zu den Seiten.
In der Wüste sich mälig verlor.
Und in ihrer Gespielinnen Mitte,
Stellte sich plötzlich Leila ihm dar;
In ihren Anblick versunken war

Der Staunende. Plötzlich mit eilendem Schritte
Trat sie zu ihm und flüsterte leise:
„Mein Vater ist mit mir auf dieser Reise.
Ein Wörtchen nur kann ich mit dir sprechen,
Not ist's, gleich mit ihm aufzubrechen."
Medschnun gab Antwort: „Nach allen den Leiden,
Die wir erduldet, nachdem die Spur
Deiner Füße du flüchtig nur
Dem Sande vertraut, auf's Neue dies Scheiden?
Kaum in die Zukunft setz' ich Vertrauen,
Ich würde je dich wiederschauen." —
„Nicht lang mehr," sprach Leila — „und zurück
Werd' ich in diese Gegend kehren.
Dann, hoff' ich, wird mir der Himmel das Glück,
Dich unbelauscht zu sehen, gewähren;
Dann hoff' ich nach Allah's gnädigem Willen
Dein einsames Leben zu erheitern,
Und meine glühende Sehnsucht zu stillen.
Doch fort nun muß ich zu den Begleitern.
Mein Vater schlief. Nur darum getraute
Ich her mich. Doch wehe, wenn er uns schaute!"
Sie ging; und der von Leiden entkräftete
Medschnun, mit thränenden Augen, heftete
Die Blicke auf ihre Spur, die im Sand,

Wie in das Zelt sie eintrat, verschwand.
Als weiter durch des Sandes Wogen
Drauf die Karawane gezogen,
Und in der Ferne dunstigem Flor
Seinem Auge sich Leila verlor,
War es, als sei die Lebenskraft
In ihm mit ihrem Scheiden erschlafft.
Des Geistes und der Glieder Spannung
War hin — er rang umsonst nach Ermannung.
Die wandernde Taube ließ unerschrocken
Auf seinem gebeugten Haupte sich nieder.
Gleichwie im Neste, ohne Stocken,
Dort girrte sie ihre Liebeslieder.

Leila bei ihrer Rückkehr nahm
Die Stunde wahr, als bei den Gluten
Des Mittags Alle im Lager ruhten.
In Eile aus dem Zelte kam
Sie gegangen, mit ihrem Fuß
Den Sand kaum berührend, vor Freude trunken,
Eilte sie hin zu Medschnun's Begruß.
Aber wehe! zu Boden gesunken
Fand sie ihn liegen. Welcher harte
Schlag des Schicksals! Schrecklich starrte

Wahnsinn aus seines Gesichtes Zügen.
Ihm, dessen Geist in der Liebe Flügen
Sich noch jüngst zum Himmel erhoben,
War trüb das Auge, von Schleiern umwoben,
Durch die sich nur noch ein ermattender Strahl
Wie eines erlöschenden Sternes stahl.
Mit ihrer kosenden Stimme Ton
Rief sie vergebens den Theuren beim Namen:
Die Besinnung war ihm entfloh'n.
Nachdem er wie todt gelegen, kamen
Die Lebensgeister ihm nach und nach
Zurück. Aus der Brust Tiefinnerstem brach
Der Ruf ihm: „Wer bist du? Fern mir bleib,
Und störe nicht meine Ruhe, Weib!"
„Wie? kennst du deine Leila nicht mehr?
Sehnsucht und Hoffnung treiben mich her,"
Sprach sie. Doch er mit verändertem Klange
Der Stimme rief aus: „Entferne dich,
Werthlos ist irdische Liebe für mich:
Nichts hier unten genügt meinem Drange.
Vom Endlichen wend' ich mich ab mit Verachtung,
Um in den Ocean der Betrachtung,
Den unermeßlichen, mich zu versenken."
Und mit ermattenden Gelenken

Fiel er zurück, als so er gesprochen.
Da Leila aus diesen Worten entnahm,
Des Unglückfel'gen Geist sei gebrochen,.
Erlag sie unaussprechlichem Gram.
„Beklagenswertes Opfer der Liebe,“
Rief sie, „die ich in dir entfacht!
So bist du gestürzt in des Wahnsinns Nacht.
Wo wäre noch Hoffnung, die mir bliebe?
Muß ich dich lassen in solcher Lage?
Himmel, welch fürchterlicher Sturz!
Wir waren so glücklich einst, doch kurz
Genossen wir nur die seligen Tage.
Grausame, auf unser Verderben beflissen,
Haben uns auseinander gerissen,
Und elend, wie unter der Sichel Blüten,
Enden wir durch des Schicksals Wüten.“

Noch einmal warf sie auf Medschnun den Blick
Und wankte dann zu den Zelten zurück,
Wo noch, während der Mittagsstunden,
Die Andern lagen, von Schlaf gebunden.

38.

Die Ameriten hatten von Reis
Seit lange keine Kunde bekommen.
Seinem Vater, dem würdigen Greis,
War die Seele von Sorge beklommen
Und seiner Mutter, als unverhofft
Ein Araber, der in Liedern oft
Von ihm gehört, sich erbot, um ihn
Zu suchen, in die Wildniß zu zieh'n.
Nachdem er hierhin und dorthin geschweift
Und die Gegend in jeder Richtung durchstreift,
Fand er leblos, nächst einer Quelle,
Medschnun an eines Hügels Rand,
Welcher eine todte Gazelle
Zärtlich noch mit dem Arm umwand.
Thränen der Rührung beim Anblick der Leiche
Weinte der gute Araber.
Forschend beugte hinab auf das bleiche

Gesicht des Geschiedenen seines er,
Ob noch Leben darin sich zeigte.
Dann wie er wieder so sich neigte,
Schriftzeichen sah er, die in den Sand
Geschrieben hatte Medschnun's Hand:
„Getrennt von der Theuren, verlassen, allein,
Ein armes Opfer der Liebe, ende
Ich auf der traurigen Erde mein Sein.
Mir wurde keine Trostesspende
Zu theil, und auf mein heißes Begehren,
Der Himmel möge mir Zuflucht gewähren,
Ließ er den Becher der Leiden mich leeren,
Gefüllt mit Allem, was bitter und schlimm.
Er hat mich geschaffen in seinem Grimm:
Unter Qualen, die unerträglich,
Seit lange mein armes Herz zerfleischt er —
Und nun, nachdem ich geduldet unsäglich,
Wieder zurück mein Dasein heischt er."

Der Araber eilte auf Windesschwingen,
Den Ameriten die Nachricht zu bringen.
Und als von des edlen Fremdlings Munde
Sie vernahmen die Trauerkunde,
Zerrissen sie mit Jammergeberde

Ihre Gewänder, zerrauften den. Bart,
Warfen die Turbanbinden zur Erde
Und standen, klagend im Kreise geschaart.
Vergebens such' ich nach Worten, nach Bildern,
Um seiner Eltern Verzweiflung zu schildern.
Zum Zuge nach der Wildniß versammelten
Sich die sämmtlichen Stammesgenossen,
Nur verworrene Worte stammelten
Alle, und um den jungen Sprossen
Ihres Geschlechtes reichlich flossen
Ihre Thränen, da sie am Fuß
Des Berges den todt Dahingestreckten
Neben der todten Gazelle entdeckten.
Der Eine, indem er mit letztem Gruß
Ueber ihn hin sich warf, beweinte
Alle die Tugenden, alle die Gaben,
Die der Entseelte in sich vereinte.
Der Andere klagte, daß fast noch als Knaben,
Der Knospe gleich auf dem Gartenbeet,
Die Sichel des Todes ihn hingemäht.
Den Dichter beweinte in ihm ein Dritter,
Dessen Gesänge, die anmutvollen,
Ruhmreich durch alle Lande erschollen.
Die Eltern, aus deren Augen bitter

Ein Strom von glühenden Thränen brach,
Knieten, die Häupter herab zu ihm senkend,
Den Staub des Bodens, auf dem er lag,
Aus nieversiegenden Bronnen tränkend.
In eine prächtige Sänfte legten
Dann den Entseelten die schmerzbewegten
Verwandten und Freunde, und Alle reihten
Wehklagend sich zu des Gestorbenen Seiten,
Zur letzten Stätte ihn zu geleiten.
Unter hochragenden Cypressen
Wählten sie dort den Platz ihm zum Ruh'n,
Ihm, der im Liede unvergessen
Fortlebt: dem verliebten Medschnun.

39

Dem wackern Araber, welcher erblaßt,
Am Fuße des Berges hingestreckt,
Den Unglückſel'gen zuerſt entdeckt,
Ließ es an deſſen Grabe nicht Raſt.
Er machte ſich auf, nachdem der Tobte
Beſtattet worden, damit er als Bote
Leila die Trauerkunde ertheilte.
Das Auge noch voll von Zähren eilte
Er dorthin, wo einſam ſie weilte.

Als Abends zu eines Hügels Kamm,
Wo die Zelte geſchlagen ihr Stamm,
Gekommen er war, erblickt' er ſogleich
Ein junges Weib, das Antlitz bleich,
Und das Haupt auf die Rechte ſtützend,
Am Eingang des prächtigſten Zeltes ſitzend.
Ihre Züge und ihre Geſtalt

Waren von solcher Anmut umwallt,
Daß in ihr er Leila erkannte.
Doch sich stellend, als kenn' er sie nicht,
Sprach er, indem er zu ihr sich wandte:

„Du strahlender Mond — denn bei dem Licht,
Dem holden, das deinem Angesicht
Entquillt, kann man für des Himmels Mond,
Das liebliche Nachtgestirn, dich halten —
Sprich! unter welches Zeltes Falten
Leila, die weitgepriesene, wohnt."
„Ach, Leila bin ich, die so viel leidet,
Daß Keiner mehr ihre Schönheit beneidet."
So, indem sie zurück sich lehnte,
Das schmachtende Auge, das bethränte,
Nach dem Frembling gewendet, sprach sie
Und in rührende Seufzer brach sie
Mit Schluchzen aus: „Wohl weiß ich, Mahnung
Ist mir dein Kommen, daß ich gefaßt
Auf Trübsal mich mache, deren Last
Erdrücken mich wird. Von banger Ahnung
Bin ich ergriffen. Denn ängstliches Pochen
Des Busens sagt mir seit Tagen schon:
Daß meines Geliebten Herz gebrochen,

Daß sein theures Leben entfloh'n.
Allein in der Wüste, nachdem er unzählige
Leiden erduldet, ist der Unselige,
Der mir sein Dasein zum Opfer gebracht,
Gestorben in Verzweiflungsnacht."
Der Araber sprach, indem mit den ihren
Er seine strömenden Thränen vermengte:
„Mitten unter reißenden Thieren
Hat in der Wüste der Schmerzenbebrängte
Den Athem verhaucht, zum Tod ermattet,
Und in der verschlingenden Erde haben
Seine trauernden Stammesgenossen
Des Bruders theure Leiche begraben."

Als Leila's Ohr des schrecklichen Schlages
Gewißheit niederschmetternd traf,
Ward dunkel vor ihr das Licht des Tages:
Lang lag sie da wie in Todesschlaf.
Und als sich ihr Auge von neuem erschloß,
Also in bittere Klagen ergoß
Sie ihren Schmerz: „Ich bin vernichtet,
Nichts bleibt mir: nicht Glück, nicht Ruhe, nicht Hoffen.
Nie von dem Schlage, der mich betroffen,
Werd' ich wieder emporgerichtet.

Reis, mein Geliebter, der Alles belebende
Hauch meines Daseins, der Athem mir Gebende
Ist dahin, und wie entseelt
Bleib' ich zurück, da er mir fehlt.
Schon hör' ich, als ob es zum Aufbruch mich mahne,
Läuten das Glöckchen der Karawane.
Ja, zum Abschied von hinnen treibt
Mich Alles, und nur Ein Wunsch noch bleibt
Mir übrig, ihn auf der Erde zu hegen:
Daß, wenn ich geschlossen die Augenliber,
Wohlthätige Hände mitleidig mich nieder,
O Reis, an beine Seite legen,
Damit vereint in der Grabestruhe
Mein von der Liebe Lust und Schmerz
Gleich dem beinen verzehrtes Herz
Neben dem des Geliebten ruhe:
Daß wir Frieden finden und Stille,
Bis uns des Weltenschöpfers Wille
Den Hauch des Lebens von neuem sendet,
Der, wie uns lehrt der heilige Glaube,
Unserm empfindungslosen Staube
Wieder Kraft und Beseelung spendet,
Daß vereinigt bei seinem Weh'n
Zum ewigen Sein wir aufersteh'n."

40

Ringsum war Oede nun und Trauer
Für Leila, ein steter Todesschauer
Alles, was noch ihr vom Leben geblieben.
Ihr Dasein glich einem scheiternden Schiff,
Auf das drohende Felsenriff
Unaufhaltsam dahingetrieben.
Weil wie ein schützender Engel der Schlummer
Sie nicht mehr erquickte, war bald ganz
Erloschen ihrer Augen Glanz:
Lautlos saß sie da in stummer
Verzweiflung; zu Leichenblässe erstarben
Ihrer Wangen rosige Farben.
Aber um solcher Reize Verblüh'n
Nicht grämte sie sich; denn wen zu entzücken,
Für wen sich noch mit Schönheit zu schmücken
Sollte die Arme wohl sich müh'n? —
Nicht mehr, wie in der Jugend Stolz

Ihrer Augen geschweifte Bogen
Färbte sie schwarz wie Ebenholz.
Ungeordnet um's Haupt ihr flogen,
Ein Spiel den Winden, ihre Locken,
Ihre Pulse begannen bald wild
Im Fieber zu pochen, bald zu stocken.
Und so ward, gleich dem Sommergefild,
Wenn Sturm die Blumen zu Boden schmettert,
Ihrer Schönheit Garten entblättert.

Beim Anblick der Holden, die jüngst noch in Schlankheit
Geragt und mit frischer Röte der Wangen,
Doch nun hinsiechte in töbtlicher Krankheit:
Als sie erschauten die golbenen Spangen,
Die ihre Arme noch jüngst zu umfangen
Kaum vermochten, doch nun an ihnen
Nicht Halt mehr fanden und niederglitten:
Da nahten mit bestürzten Mienen
Rings die Freundinnen, um sie zu bitten,
Ihre Verzweiflung zu bekämpfen
Und der Seele Stürme zu dämpfen.
„Solang' bei den Lebenden Reis noch weilte,"
Sagten sie, „und der Kummer, den du,
Gleich ihm, zu tragen hattest, nicht heilte,

Sprachen wir niemals Trost dir zu.
Eine Liebe, so opfermutig
Wie seine, war Gegenliebe wol wert:
Darum wenn Thränen du, heiß und blutig,
Verströmt und den Becher der Schmerzen geleert,
Nicht haben wir damals es dir verargt.
Doch, nun dort unten er eingesargt
Im Grabe ruht, und emporgeschwungen
Aus dieser Erde Niederungen
Sein Geist sich hat — warum denn nährst du
Für Einen da noch Leidenschaft,
Welchen der Tod dahingerafft?
Warum die eig'ne Schönheit verheerst du
Durch diesen Kummer — den grenzenlosen?
Gieb deiner Jugend liebliche Rosen
Dem Samum nicht preis, der mit dem Gift
Seines Athems zerstörend sie trifft!
Mit beines reizenden Augenpaars
Blicken genieße wieder die Freuden,
Welche alle Monde des Jahrs
In reicher Fülle um dich vergeuden!"

„Hört auf, mich zu kränken," rief Leila voll Zorn.
Nur weil ihr nicht kennt den Flammenborn

In meinem Herzen, kann ich's vergeben,
Daß ihr sucht, mit thörichtem Streben
Die Glut zu stillen, die in mir lobert:
Das kann nur der Tod, wenn die eisige Hand
Er legt auf meines Herzens Brand. —
Ja, selbst wenn mein Staub im Grabe modert,
Wird nicht für ihn, der mir ewig theuer,
Erlöschen meiner Liebe Feuer!"

41

Es lag das Land in düst'rer Trauer,
Entblättert durch des Herbstes Schauer.
Der Sturm, da er auf mächt'gen Schwingen
Hinbrauste, in Zerstörungsgier,
Raubte den Fluren die schöne Zier,
Die als Geschenk sie vom Frühling empfingen,
Und wie die rauhen Lüfte schnöde
Von des Mantels grünenden Falten
Die Erde entblößten, die einst sie umwallten,
Ward Alles grau und starr und öde.
Es welkten unter des Todes Wüten
Garten und Felder, Gebüsch und Hain.
Ach! und nicht die Blätter, die Blüten
Verheerte seine Hand allein:
Die schönste der Frauen, Leila auch,
War nah, zu veratmen den letzten Hauch.
An ihrem Lager, in Thränen zerfließend,

Rang ihre Mutter verzweifelnd die Hände:
„Was seh' ich dich, so viel Zähren vergießend,"
Sprach Leila, „weil nahe mein Lebensende?
Was wünschest du Tage für mich zurück,
Die doch, seit meines Daseins Glück
Mit meinem Medschnun ruht begraben,
Sich mir in Nächte verwandelt haben?
O Mutter, mochtest du dich auch weigern,
Mit dem Geliebten mich zu verbinden:
Um nicht mein Leiden aufs höchste zu steigern,
Laß, mein dich erbarmend, die Tröstung mich finden:
Daß meines Medschnun Asche und meine
Eine Grabesstätte vereine."

„Klage nicht mich als grausam an,"
Gab Antwort die Mutter, „ich nicht sann
Auf dein Unglück: all dies Leiden
Schuf mein Gatte dir, der Tyrann.
Heut, o Tochter, bei deinem Scheiden,
Betheur' ich dir mit heiligen Eiden:
Ich sorge, daß dein Wunsch sich erfülle,
Und dein und Medschnun's sterbliche Hülle
Ein Grab umschließe."
                          Ein Freudenstrahl

Blitzte empor zum letzten Mal
In Leila's Antlitz, es sanft umschwebend.
Und ihr Haupt noch einmal erhebend
Schlug matt sie auf ihr Augenlid,
Ihres Blickes erlöschende Flamme
Richtete sich nach Medschnun's Stamme —
Dann wieder sank sie zurück — und verschied.
Die Jungfrau, ihrer Aeltern Stolz,
Legten die Freundinnen, laut wehklagend,
In einen Sarg von duftendem Holz.
Lange den Busen vor Schmerz sich schlagend,
Umstanden sie ihn; mit stets erneuten
Trauerrufen nieder dann streuten,
Indessen reichliche Thränen flossen,
Sie einer Palme zarte Sprossen
Auf die Jungfrau, dies Wunder der Güte
Und Treue, die so früh in der Blüte
Ihrer Schönheit und Jugendkraft
Die Sichel des Todes hingerafft.

Beladen mit dieser köstlichen Last
Schritten sie weinend, vor Gram erblaßt,
Bis an die dem Medschnun geweihte
Grabesstätte, und an der Seite

Ihres Geliebten wurde die bleiche
Bestattet im dunklen Todtenreiche.

Seit diesem Tage pilgern treue
Liebende immer voll Andacht auf's Neue
An die Gruft der beiden Entseelten,
Nun im Tod für immer Vermählten.
Und wohlgefällig aus seinem Blau
Scheint der Himmel reichlichen Thau
Auf die Blumen hernieder zu gießen,
Die aus dem Staube der Liebenden sprießen.

Orient und Occident.

II.

Camoens.

Gedicht in zehn Gesängen

von

J. B. Almeida-Garret.

Nach dem Portugiesischen

von

Adolf Friedrich Graf von Schack.

Stuttgart 1890.

Verlag der J. G. Cotta'schen Buchhandlung
Nachfolger.

Druck der Union Deutsche Verlagsgesellschaft in Stuttgart.

Vorwort.

Das Gedicht „Camoens" von J. B. Almeida=
Garret wird von den Portugiesen für das hervor=
ragendste Erzeugnis ihrer neueren Poesie gehalten
und genießt bei ihnen einer großen Popularität. Ich
lernte dasselbe schon vor vielen Jahren bei einem
längern Aufenthalt, den ich in Portugal machte,
kennen, und fand ein solches Wohlgefallen an ihm,
daß ich noch in dem schönen Cintra selbst, welches
den Schauplatz für mehrere Gesänge des kleinen Epos
bildet, eine Uebersetzung davon begann, und dieselbe
bald darauf in Orotava am Fuße des Piks von
Teneriffa weiter führte. Wie ich hoffe, wird wenigstens
der kleine Theil des deutschen Publikums, der sich
noch Sinn für wirkliche Poesie bewahrt hat, den
gleichen Eindruck von dem Gedicht empfangen, den

es jetzt von neuem auf mich machte, als ich das schon
vergilbte Manuskript wieder durchsah.

Von der hinreißenden Wirkung, die einzelne von
dessen Partien auf empfängliche Gemüther üben, habe
ich mich schon früher mehrfach überzeugt, wenn ich
es in ausgewählten Kreisen vorlas. In Deutschland
ist es, wie überhaupt die ganze. moderne Literatur
Portugals, bis jetzt wohl nicht einmal dem Namen
nach bekannt. Meine Uebersetzung folgt dem Origi=
nale mehrenteils Schritt für Schritt, nur schienen
mir einzelne Partien durch kleine Kürzungen zu ge=
winnen, und ich nahm deshalb solche vor. Ueber
den Verfasser und dessen vielbewegtes Leben, sowie
die übrigen zahlreichen Schriften füge ich hier Fol=
gendes hinzu.

J. B. Almeida=Garret wurde in Oporto, der
blühenden Handelsstadt und zweiten Kapitale Portu=
gals, am 4. Februar 1799 geboren. Er stammte aus
einer irländischen Familie, die sich zunächst in Spanien,
dann in Portugal niedergelassen hatte, und sein Vater
nahm eine angesehene Stellung in der Verwaltung
des Königreichs ein. In dem Sohne regte sich früh
die Neigung für die Literatur. Er war erst zehn
Jahre alt, als sein Vater nach den Azorischen Inseln

verſetzt wurde. Hier fand ein Oheim, der eine be=
deutende geiſtliche Stelle bekleidete, Wohlgefallen an
dem Knaben und verhieß deſſen Eltern, daß er ihm
eine glänzende Laufbahn erſchließen würde, wenn er
ſich dem Dienſt der Kirche widmen wollte. Doch der
junge Garret zeigte keinerlei Neigung zum geiſtlichen
Beruf, verzichtete auf die ihm in Ausſicht geſtellte
Würde und verließ, als er zum Jüngling gereift
war, die Azoriſchen Inſeln, um ſich auf der Landes=
univerſität Coimbra dem Studium der Rechte hinzu=
geben. Mit großem Fleiß widmete er ſich dieſer Be=
ſchäftigung von 1816 bis 1822. Aber ſeine wahre
Neigung galt doch der Poeſie, und er ſchrieb ſchon
in den Jünglingsjahren zwei Trauerſpiele „Xerxes“
und „Lucrez“, die jedoch in ſeinem Pulte verſchloſſen
blieben. Ferner behandelte er noch in frühen Jahren
einen ſchon von dem Italiener Maffei ſowie von Alfieri
bearbeiteten Stoff in der Tragödie „Merope“, die ſpäter
von ihm herausgegeben wurde. Ein Gedicht „Venus“,
das gleichfalls in ſeiner Jugend entſtand, ward den
portugieſiſchen Behörden als anſtößig und ſittenlos
benunzirt. Allein der junge Dichter vertheidigte ſich mit
ſo glänzender Beredtſamkeit vor ſeinen Richtern, daß
einer der letzteren hingeriſſen ſich von ſeinem Sitze

erhob, den Poeten umarmte und ihn einlud, seinen Platz einzunehmen. Nach Vollendung seiner Studien erhielt Garret eine kleine Stelle im Ministerium des Innern. Die Muße, die ihm sein Amt ließ, benutzte er, um ein Journal herauszugeben, von welchem jedoch nur wenige Nummern erschienen, und ein noch im Styl der klassischen Tragödien der Franzosen verfaßtes Trauerspiel „Cato" zu dichten. Der schon oft behandelte Stoff dieser Tragödie war ganz geeignet, im damaligen Portugal Anklang zu finden. Denn die Liberalen dieses Landes, die so viel von der Tyrannei zu dulden gehabt hatten, mußten Sympathie für einen Helden fühlen, der lieber sterben, als sein Haupt der Tyrannei beugen wollte. Obgleich der literarische Wert dieses „Cato" nicht hoch anzuschlagen ist, fand derselbe doch außerordentlichen Beifall. Man ging, ihn zu sehen, um seine liberalen Gesinnungen zu bekunden. Gleichen Anklang fand die Farce, „Die Buckligen", unter welchem Namen der Volksmund und mit ihm der Dichter die Anhänger des Absolutismus der Verachtung preisgab. Aber die Liberalen, denen Garret aus voller Seele angehörte, erlitten im Juni 1823 eine Niederlage und nun wurden von der wankelmüthigen Bevölkerung

Lissabons die Absolutisten ebenso bejubelt, wie kurz
zuvor deren Gegner. Garret mußte ins Ausland
fliehen.

Er nahm zuerst seinen Aufenthalt in Warwick=
shire. Obgleich selbst irischen Ursprungs, verstand
er doch bis dahin nicht Englisch. Nun aber widmete
er sich mit großem Eifer der Erlernung dieser Sprache
und las fleißig Shakespeare, Walter Scott und
Byron. Lebhaft nahmen ihn auch eigene poetische
Arbeiten in Anspruch, allein außer Stand durch
literarische Beschäftigungen seinen Lebensunterhalt zu
verdienen, war er genöthigt, zu Paris eine Stelle im
Geschäft des Banquiers Lafitte anzunehmen, welcher
ein eifriger Beschützer aller Liberalen war. So fin=
den wir ihn denn in der französischen Hauptstadt mit
Handelskorrespondenz beschäftigt, doch zugleich lebhaft
bemüht, sich auch in der Literatur eine Stellung zu
erringen. Es war die Zeit der aufblühenden Ro=
mantik. Schon hatten der große Viktor Hugo,
Charles Nodier, Alfred de Vigny und andere Kory=
phäen der neuen Schule ihre ersten Werke heraus=
gegeben. Dieselben zündeten lebhaft in Garret's Seele,
er gab sich mit ganzem Herzen der neuen Richtung hin
und verfaßte, obgleich noch fast in den Jünglingsjahren

stehend, eines seiner berühmtesten Gedichte „Camoens", welches im Jahre 1825 zu Paris erschien und bald in seinem Vaterlande mit Enthusiasmus aufgenommen wurde. Ueber dieses Gedicht sagt er selbst in der Vorrede dazu: „Das Genre dieser Dichtung ist ein absolut neues, ich habe kein Muster gehabt, welches mir dabei als Führer gedient hätte, und keinen Leitstern, auf den ich die Augen hätte richten können, —

> Indem auf diesen unbekannten Meeren
> Zuerst ich schiffte. —

„Ich muß anerkennen, daß dieses Werk ohne Berücksichtigung der Regeln verfaßt ist, und daß, wenn man es nach den klassischen Traditionen beurtheilen will, man nur Regellosigkeiten und Fehler darin finden wird. Darum erkläre ich von vorn herein: ich habe keineswegs beabsichtigt, die einmal angenommenen Regeln zu befolgen, weder Horaz noch Aristoteles sind von mir befragt worden, und ich habe mehr dem Drange des Herzens, den Gefühlen der Natur, als den Berechnungen der Kunst und den Kombinationen des Verstandes gehorcht. Jedoch, indem ich diesem Grundsatz folgte, habe ich nicht getrachtet, den Styl Byrons nachzuahmen, den die

Franzosen jetzt auf eine so lächerliche Art nachäffen, ohne zu bedenken, man müsse, um sich dieselben Frei= heiten wie Byron zu nehmen und dieselben Wag= nisse zu vollführen, einen Funken dieses Genies haben, dessen Blitze einen so strahlenden Glanz verbreiten, daß man seine Fehler und Unvollkommenheiten übersieht.

„Ich bin weder Classicist noch Romantiker: ich ge= höre in der Poesie, wie auch sonst, weder einer Sekte noch einer Partei an. Hieraus erhellt, daß ich mich den Gedanken — sowohl den guten wie den schlim= men — welche mich fortreißen, hingebe, ohne diejenigen der Anderen durch meine beherrschen, ohne die meini= gen nach denen Anderer formen zu wollen.

„Die Handlung meines Gedichtes dreht sich um die Abfassung und Herausgabe der ‚Lusiaden‘. Ich habe verschiedene Episoden, welche mit dem Haupt= gegenstand zu verschmelzen ich mich bemühte, in das= selbe eingeschaltet. Die Fabel der ‚Lusiaden‘ und ihr Gegenstand sind so bekannt, daß ich mich nicht in lange Auseinandersetzungen darüber zu verbreiten brauche. Es wird daher dem Leser meines kleinen Werkes leicht sein, das Erfundene vom Thatsächlichen zu sondern; denn die meisten meiner Fiktionen haben die Geschichte zur Grundlage.“

In gleichem Styl schrieb Garret ein zweites Ge=
dicht „Doña Branca", welches zuerst 1826 zu Paris
erschien und in dessen Vorrede zur zweiten Auflage
er sagt:

„Ich habe furchtsam meine Schritte in diese Bahn
gelenkt, auf welcher schon die Romantik, die Stirn
mit den Lorbeeren von Scott, Byron und Lamartine
geschmückt, als ebenbürtig mit der klassischen Kunst
hinschreitet ... Angespornt durch eine Anzahl jener
glücklichen Versuche, welche täglich in England, Frank=
reich und besonders in Deutschland erschien, habe ich
mich bemüht, in unseren nationalen Traditionen Nach=
forschungen zu halten."

In eben jener Zeit ließ Garret zu Paris in fünf
Theilen eine Anthologie erscheinen, in welcher er mit
Geschmack Proben aus der bei uns so wenig be=
kannten portugiesischen Poesie herausgab. — Der
Regierungsantritt Dom Pedros IV., durch welchen
die liberale Partei wieder ans Ruder kam, veran=
laßte ihn nach Lissabon zurückzukehren. Hier begann
er in Gesellschaft einiger Freunde eine Zeitschrift
„Der Portugiese" zu leiten, für welche er neben
politischen Artikeln auch literarische schrieb. Aber
der reaktionären Partei, die noch immer mächtig im

Lande war, gelang es, ihn wegen eines politischen
Aufsatzes in Verdacht revolutionärer Umtriebe zu
bringen, und er wurde deshalb eingekerkert. In
seinem Gefängniß beschäftigte er sich damit, die alten
Romanzen, welche wie in Spanien so auch in Portugal im Munde des Volkes lebten, zu sammeln, —
ein Unternehmen, das ihn nachher noch viele Jahre
hindurch in Anspruch nahm. Das verhältnißmäßig
liberale Regiment Dom Pedros aber wurde bald gestürzt und dessen völlig absolutistisch gesinnter Bruder
Dom Miguel bemächtigte sich der Krone. Da nun
eine heftige Verfolgung aller Liberalen ausbrach,
mußte Garret sich glücklich schätzen, daß er durch
Flucht sich aus dem Lande retten konnte. Es gelang
ihm nach England zu entfliehen, wo der Herzog von
Palmella, ein großer Freund der Literatur, ihn in seine
Intimität zog. In England ließ Garret die erste
Sammlung seiner lyrischen Gedichte unter dem fin-
girten Namen Johann Minimo, sowie mehrere Ge-
legenheitsschriften erscheinen. Aber die Muße, die er
dort zu literarischen Beschäftigungen fand, währte
nicht lange. Dom Pedro, der sich nach Brasilien begeben hatte, kehrte von dort zurück, um seine Tochter
Doña Maria auf den portugiesischen Thron zu er-

heben und mit ihr zugleich die liberale Partei wieder
ans Ruder zu bringen. Garret wollte nun nicht
länger dem Vaterlande fern bleiben. Er begab sich
zuerst nach den Azorischen Inseln, dann nach Oporto,
wo die Liberalen ihren Sitz aufgeschlagen hatten.
Auf der Fahrt nach der letzteren Stadt hatte er das
Unglück, bei einem Schiffbruch das Manuskript seines
Gedichtes „Magrizo", an dem er seit Jahren gear-
beitet, sowie noch andere werthvolle Handschriften
zu verlieren. Den Liberalen gelang es von Oporto
aus Dom Miquel zu verdrängen, und die mit dem
Usurpator vermählte Doña Maria nahm nun unter
der Vormundschaft ihres Vaters ihren Regierungssitz
zu Lissabon. Die früher Verbannten, Palmella an
ihrer Spitze, gelangten jetzt zu den höchsten Ehren-
stellen, aber Garret, der sich hohe Verdienste um den
Sieg der liberalen Sache erworben hatte, wurde zunächst nur spärlich dafür belohnt. Der ihm gezeigte
Undank ward wohl schwer von ihm empfunden, hin-
derte ihn jedoch nicht, sich mit allem Eifer der Sache
des Vaterlandes zu widmen. Nachdem er eine Zeit
lang den Posten eines Gesandten in Brüssel bekleidet
und sich hier mit Fleiß dem Studium der deutschen
Sprache und Literatur hingegeben hatte, kehrte er

nach Liſſabon zurück. Zum Deputirten in der Kammer
gewählt, weihte er ſich energiſch der liberalen Sache,
für die er von Jugend auf geglüht hatte. Er ge=
noß wegen ſeiner Begeiſterung für dieſe ſolches An=
ſehen, daß er gewählt wurde, ein Manifeſt an die
Nation abzufaſſen.

Aber ſeine raſtloſe Thätigkeit erſchöpfte ſich nicht
in der Politik. Ebenſo eifrig wie der letzteren wandte
er ſich wiederholt der Literatur zu; ſein Ehrgeiz war
beſonders darauf gerichtet, das portugieſiſche Theater
zu heben, das ſeit den erſten Verſuchen durch Gil
Vicente neben den glänzenden Leiſtungen der Spanier
nur eine traurige Rolle geſpielt hatte. Nicht zufrie=
den, junge Dichter zu Verſuchen für die Bühne an=
zufeuern und ihnen mit ſeinem Rathe beizuſtehen,
begann er ſelbſt für das Theater zu arbeiten und
ſchrieb zunächſt ein Drama „Gil Vicente“, welches
mit großem Beifall aufgeführt wurde. Dieſem ließ
er ein Luſtſpiel „Philippa de Vilhena“ folgen. Wäh=
rend ſeine politiſche Thätigkeit ihn ſtets mannigfach
in Anſpruch nahm, verfaßte er weiter ein Schauſpiel
„Der Waffenſchmied von Santarem oder das Schwert
des Connetable“, an dieſes ſchloß ſich ein weiteres
Drama „Luis de Souza“, das von den Portugieſen

als das beste ihrer Bühne angesehen wird. Dasselbe
ist auf die nationale Tradition gegründet, der un=
glückliche König Dom Sebastian sei auf seinem Feld=
zuge nach Afrika nicht umgekommen, sondern der
Niederlage des portugiesischen Heeres entronnen und
wieder in sein Vaterland zurückgekehrt. Durch das
ganze Drama weht der Hauch athemloser Spannung,
mit welcher das von den Spaniern geknechtete Por=
tugal die Rückkehr seines Königs und Retters er=
wartet und auf das Meer hinaus späht, um das
Segel der Barke, die ihn trägt, am Horizont auf=
tauchen zu sehen. Dieses Drama, das ebenso voll
dramatischer Kraft, wie reich an poetischen Schön=
heiten ist, wurde von einem Holsteiner, der als däni=
scher Gesandter in Lissabon war, ins Deutsche über=
setzt, aber diese Uebertragung wurde nur als Manuskript
gedruckt, nach welchem Karl Gutzkow dasselbe für die
deutsche Bühne bearbeitete, ohne jedoch damit bei der
Aufführung großen Erfolg zu erringen. Auch ver=
öffentlichte Garret eine Sammlung von Dichtungen,
die sämmtlich auf alten portugiesischen Volkstraditionen
beruhen. Er gab ferner heraus eine Sammlung
lyrischer Gedichte unter dem Titel „Blüthen ohne
Früchte", den „Bogen von Santa Anna", einen

Roman aus dem vierzehnten Jahrhundert, sodann „Die Reisen in meinem Lande", in denen er die in Deutschland so beliebt gewordene Gattung der Reise= bilder nach Portugal verpflanzte; hierauf folgte ein munteres Lustspiel „Die Nichte des Marquis" und „Der portugiesische Romanzero" in zwei Bänden, in welchen er den Beginn machte, die von ihm seit seiner Jugend gesammelten Volksromanzen herauszugeben.

Nachdem längere Zeit Garret unter dem Mini= sterium Costa=Cabral sich fern von den politischen Geschäften gehalten hatte, wurde er wieder durch den Marschall Saldanha, der Jenem folgte, zu wichtigen Aemtern gewählt, die ihm nicht mehr erlaubten, sich so eifrig wie bisher der Literatur zu widmen. Er wurde im Jahre 1851 zum Vizconde, ferner zum Pair des Königreiches und darauf zum Minister des Aeußeren ernannt. Aber er blieb nur kurze Zeit in dieser Stellung. Nach seinem Rücktritt entsagte er jedoch nicht der politischen Thätigkeit, sondern blieb das Haupt der Opposition in der Kammer. Mit dieser Wirksamkeit verband er fortwährend literarische Beschäftigung und gab eine neue Sammlung lyrischer Gedichte unter dem Titel „Gefallene Blätter" heraus, welche — wie auch seine früheren Gedichte — einige

Stücke von ungemeiner Schönheit enthielt. Hiermit war sein ebenso bewegtes wie fruchtreiches Leben geschlossen. Er starb am 9. Dezember 1854. Eine Inschrift an dem Hause, wo er verschied, lautet: „Huldigung, welche die Municipalität von Lissabon dem großen Dichter und dem großen Bürger darbringt."

Erster Gesang.

Die Rückkehr.

Dies ist mein schönes theures Vaterland!
Und gönnt's der Himmel, daß dahin zurück
Ich glücklich nach vollbrachtem Werke kehre,
Dann mag sich dieser Augen Licht mir schließen.

Camoens, Lusiaden III, 21.

1.

Schwermut, du bitt'res Labsal Unglückjel'ger,
Du süße Wunde eines Dorns, der grausam
Das Innerste des Busens mir durchbohrt
Und meiner Seele Mark mit Schmerz erfüllt —
Allein mit wonn'gem Schmerz! — Melancholie!
Geheimnißvolle Gottheit, die mit Leben
Gebroch'ne Herzen du durchbringst, daß sie
Nicht Blut vergießen, nein, der Thränen Thau!
Schwermütige Erinn'rung, traur'ges Wort —
Und süßes doch zugleich, das auf den Lippen
Der Lusitanen du so hold erklingst! —

Göttin, die du durch deine Zauberkraft
Den Freund zum Freund, von dem er lang getrennt,
Heim führst, zur ihn erwartenden Geliebten
Den Liebenden aus fernem Land! Die du
Im Traum den trauernden Verbannten wieder
Zurück in seine Heimat leitest — süß
Sind solche Träume; ach, doch das Erwachen,
Wie grausam ist's! — Himmlische Gottheit! Hab' ich
In meinen klagenden Gesängen dich
So wenn du hart, wie wenn du huldreich warst,
Gefeiert, hab' auf deinen Altar fromm
Ich dieses thränenvolle Herz als Opfer
Gelegt; so höre mich! ... Zum Tajo hin,
Geliebte Göttin, hin zum Tajo zieh'n
Mich die Gedanken; aber matt und schüchtern
Nur regen ihre Flügel sich, im Schatten
Der Ulmen, die der Seine trübe Flut
Benetzt. O komm zu mir auf deinem Wagen,
Den Tauben zieh'n mit schwermutsvollem Girren —
Dich ruf' ich an; nimm meine Seele hin!

2.

Komm, fürchte dieses unbeständ'gen Volks
Leichtfert'gen Spott nicht! Kennt es dich auch nur?

Brich auf mit mir; doch auf dem Wege laß
Vermeiden uns das unglückjel'ge Spanien. —
Erspare mir den Anblick all der Leiden,
Die es erträgt; schon groß genug sind meine!
Trag' lieber über's Meer mich hin; und frei
Laß auf der freien Flut des Oceans, .
Der stolz das Joch der Tyrannei verhöhnt,
Uns gleiten: er ist frei wie an dem Tage,
Da aus dem Nichts das Wort des Ewigen
Ihn rief! Er ist das einz'ge Werk des Schöpfers,
Das nie des Menschen frechen Hände noch
Zerstörten oder unterjochten. Dort
Erhebt die stolze Königin der Flotten
Die Stirne aus den Wellen — sie, des Rechts
Beschützerin, die Heimat der Gesetze,
Die Zuflucht der verfolgten Freiheit. Gruß dir,
Britannien, Gruß, du Meeresblume — Gruß dir,
O Land, das mich so gastlich aufnahm! Dürft' ich
An deinen glücklichen Gestaden doch
Noch einmal landen und die treuen Freunde
Umarmen, die am Strand der edlen Themse,
Beschattet von der Freiheit heil'gem Baum,
In Glück und Frieden leben! Wenn dies Glück
Versagt mir ist, doch unauslöschlich wird

Im Herzen die Erinnerung an dich
Mir leben, und der Freundschaft, die ich dort
Genoß, werd' ich in meinem Lied gedenken.

3.

Geliebter Freund, inmitten all der Leiden
Und Qualen meines hartgeprüften Daseins
Hast du des Schmerzes Herbe mir gelindert.
Wohlthätig hast du mit der Hand am Wagen
Des Unglücks, welcher mich zermalmen wollte,
Das Rad gehemmt. — Dir dank ich's, daß mein Leben,
Von Kummer und von Zagniß unterwühlt,
Noch nicht erloschen! Dir geweiht hab' ich,
O Freund, auch jene trauernden Gesänge,
Die ich in der Verbannung Einsamkeit
Anstimmte, wo das wilde Echo sie
Der fremden Grotten heut noch widerhallt;
Und diese Leyer, deren Saiten mir
Der Sturm des Mißgeschicks zerriß, so daß
Nur zagend meine scheue Rechte noch
Ihr einen schwachen Ton entlocken kann.
Mag dieser Ton, wenn an dein treues Ohr
Er bringt, mein Vaterland und das Gefühl,
Das mir im Herzen wohnt, zurück dir rufen!

4.

Vernehmt! Ein Ruf tönt machtvoll in der Luft
Und läßt die Winde, welche auf der Flut
Sich wiegen, zittern: „Land!" vom Mastkorb her
Ertönt es — „Land!" vom Munde der Matrosen
Hallt es zurück. O süßes Wort! Es leuchtet
Ein Morgenrot der Freude und der Hoffnung
Bei ihm im Herzen des erschöpften Seemanns
Und in der Brust der Passagiere auf,
Die, müd der Fahrt, bei diesem sel'gen Klang
Geliebte, Gattin, Söhne schon erblicken!

5.

Das ist das Land — das Vaterland! Verklärt
Wird jedes Angesicht, auf jeder Stirn
Strahlt Freude und in alle Herzen bringt
Entzückung. In des Freundes Armen sieht
Der Eine sich, der Andre an der Brust
Der treuen Gattin. Einer geht, daß er
Die Thränen seiner alten Mutter trockne,
Die um sein Fernesein so lang getrauert;
Der Andre, zwischen Furcht und Hoffnung schwankend,
Denkt, ob das Schicksal ihm vergönnen werde,
Auf seines greisen Vaters welke Hand

Noch einen ehrfurchtsvollen Kuß zu drücken.
Wird seine Liebe nicht statt des Ersehnten
Vielleicht den kalten Grabesstein nur finden,
In dem des Theuren Reste ruhn? — Der Eine,
Dem die Geliebte immer treu gewesen —
So mindestens in seiner Liebe Träumen
Hat er seit lange sie gesehen — jetzt,
Da er ihr naht, durchbebt ein Zittern ihn.
Wenn, während er ihr ferne war, ein Dritter
Ihn nun verdrängt aus ihrem Herzen hätte; ...
Allein vielleicht ... wer weiß? Und dies Vielleicht
Genügt, in ihm die Hoffnung neu zu wecken.

6.

Nur Einer theilt die Freude nicht, die Alle
Erfüllt. Stumm an des Schiffes Rand gelehnt
Hin über'n Bord nach einem Punkte blickt er,
Der immer wächst und wächst. Es ist das Cap
Cynthia, an das der wilde Ocean
Die hochbeschäumten Wogenkämme wälzt.
Auf seinem anmutvollen, doch vom Schleier
Der Trauer überdeckten Antlitz trägt er
Den Zug von Mut zugleich und Mäßigung,
Der Siegern um so höhern Abel leiht.

Ein Antlitz ist es, das bei der Drommete
Kriegsschmettern nie die Farbe wechselte,
Das nie unwürd'ges Thun mit Scham bedeckt.
Mit einer Wunde, einem Ehrenmal,
Geschmückt ist seine braune Stirne — scheu
Verbergen würden glatte Höflinge
Die Narbe; aber hier erhöht sie noch
Des Ritters männlich-schöne Züge. Wer
Hat einem dieser Augen, drin die Flamme
Des Genius loderte, das Licht gelöscht?
Der Krieg that's auf dem Schlachtgefild. Das Auge,
Das ihm noch bleibt, in hellem Glanze strahlend,
Blickt voll Verlangen nach dem Vaterland,
Dem wieder nun erreichten: „Portugal!"
Ruft er so leisen Tones, daß der Klang
Der Widerhall nur von Gedanken scheint,
Die aus dem Herzen nicht empor zur Lippe
Gedrungen. „O mein Vaterland! So ist's
Gegönnt mir, endlich wieder dich zu sehen! ..."
Ein Seufzer will nach diesen frommen Worten
Sich von des Tapfern Munde ringen, doch
Erstickt er ihn und sinkt in jene Trauer
Zurück, aus der auf kurz nur der Gedanke
An's Vaterland, das theure, ihn gerissen.

7.

Ein frischer Windhauch schwellt mit sanftem Murmeln
Die Segel; nah und näher rückt das Land.
Zunächst verschwimmen noch die Farben; doch
Hervor bald treten mit den schwarzen Furchen
Die Ackerfelder, dann die weißen Häuser,
Umkränzt von Grün — zuletzt der traute Hafen.
So ist's, wenn unter eines Künstlers Pinsel
Ein unbestimmtes Farbenchaos sich
Zu Licht und Leben wandelt: nach und nach,
Je mehr das Werk vorrückt, wird blau der Himmel,
Die Berge tauchen auf, die Wiesen schmücken
Mit holden Blumen sich, darüber hin
Die Füße schöner Nymphen gleiten. Kunst
Mit der Natur vermählt, entzückt das Auge.

8.

Die Sonne senkt sich rasch zum Horizont,
Und nach dem Ende ihres Tageslaufs
Färbt sie die Wogenflut mit goldnem Schein,
Dort, wo das Lager ihr bereitet ist.
Gleich einem Schwarme nächt'ger Schmetterlinge,
Die um die Flamme flattern, wiegen Nachen

Von Fischern um den eh'rnen Schiffskiel sich,
Den kühn und hurtig weiter sie geleiten.
Aus diesen Kähnen wünschen rauhe Stimmen
Den Landenden: „Willkommen!" Durch das Rauschen
Der Wellen, die sich an den Klippen brechen,
Vernimmt man sie. —

       „Pilot!" Bei diesem Schrei
Und beim Signal vom Schiff her springt der Lootse,
Der die Geheimnisse des Tajo kennt,
Mit einem Satz empor zum hohen Bord.
So schnellt der liebebrünstige Delphin
Mit einem Satz sich aus der blauen Flut
Des Oceans. Das scharfe Pfeifen weist
Dem Kiel die Bahn. „An's Land!" Die Uferenge,
Durch welche des Ulysses Strom die Wogen
Und leuchtenden Krystalle in das Meer
Ergießt, wird nun durchschifft. Zunächst dem Thurm,
Dem altehrwürdigen, doch jetzt zerfall'nen
Denkmale von Emanuels Ruhme, wirft
Man Anker, und dem Auf= und Niederrollen
Der langen Ueberfahrt folgt nun das Schaukeln,
Das sanfte auf der Stromflut, das der Schiffer,
Erschöpft vom Kampf mit den empörten Wellen,
Froh in der Hafenbucht willkommen heißt.

9.

Beim monotonen, in gemess'nem Takte
Erschallenden Gesange wird das Boot
In's Meer gelassen. Wie ein junges Weib,
Von stattlichem Gefolg umringt, behend
Des Vaterhauses Schwelle überschreitet,
Um in des Gatten Arm zu fliegen, der
Voll Sehnsucht ihrer harrt, so stürzen sich
Die Passagiere freudig in den Nachen. —
Nachdenklich steigt der Krieger ein als Letzter.

10.

Der Steuermann ruft: „Rudert!" — und die
Schiffer
Gehorchen. Leicht bei jedem Schlage gleitet
Der Nachen auf den glatten Wellen hin.
Auf einmal wird ein Klageton, ein Seufzen
Am Bord des Schiffes laut, das sie verlassen,
Ein Jeder kehrt den Blick, sich rückwärts wendend,
Dorthin, von wo der Klang schallt, und gewahrt,
Daß ein Malaye, der auf dem gebräunten
Antlitz der Angst Gepräge trägt, es ist,
Der solche Klagen ausstößt. Durch den Strom

Von Thränen, welcher ihm entquillt, sieht man
Hervor zwei schwarze Augen leuchten, die
Mit stummem Fleh'n zu sagen scheinen: „Habt
Erbarmen! laßt mich Armen nicht zurück!"

11.

Die Schiffer, als die traurige Geberde
Des Inders sie gewahrten, hielten flugs
Zurück die Ruder mit den schwiel'gen Händen.
Auf Jedes Antlitz zeigt sich unwillkürlich
Mitleid, allein, zur Eile mahnend, bald
„Vorwärts!" ruft aus der rauhe Steuermann,
Als schämt' er sich, daß einen Augenblick
Er seines Herzens Stimme nachgegeben.
„Nein wahrlich!" So mit jenem festen Ton,
Wie er dem Edelsinne eigen, wenn
Er ohne Scheu vor Mächt'gen redet, spricht
Der edle Krieger mit dem ernsten Antlitz —
Und sich erhebend, auf den armen Sklaven
Das Auge richtend, spricht er nochmals: „Nein —
Kehrt um, und nehmt ihn auf!"
                              „Was fordert Ihr?
Was denkt mit diesem Sklaven Ihr zu thun? —
Bei meinem Leben! Solche Waare bringt

Mein Boot an's Land nicht!"

                "Nun, so ganz gemein
Doch ist sie nicht!"

           "Ein Sklave! Dünkt Euch der
So hohen Werts?"

         "Er ist mein Freund!"

               "Eu'r Freund? —
Und solche Freunde führt in Portugal
Ihr ein? Nun wahrlich, großen Reichtum müßt
In Indien Ihr erworben haben!"

                     "Reich?
Das bin ich, ja, zum mindesten an Wunden! ..."
Er spricht nicht weiter, denn ihn reut's, daß er
Vor derlei Leuten solche Worte sich
Entschlüpfen ließ. Die Röte, die sich ihm
Auf's Antlitz legt, verrät die edle Scham,
Die stets der Mann von Ehre fühlt, wenn ihn
Die Hitze des Gespräches fortgerissen,
Ein Wort zu sprechen, b'rin er selbst sich lobt.

12.

Auf ihn schau'n Alle, und in Aller Zügen
Zeigt sich die Achtung, welche wack'res Thun
Selbst dem Gemeinen einflößt. Aber statt

Daß er sich seiner Grobheit schämte, flammt
Der Steuermann in Zorn auf, als er sieht,
Wie jedermann sein Thun verdammt. Mit Flüchen,
Die zwischen seinen Zähnen wie der Wind
Im Takelwerk laut werden, giebt auf's neu
Den Schiffern er Befehl zum Weiterrudern. —
Und von dem Bord der Galeone hallt
Die Weheklage des verlass'nen Sklaven.
Im Zorngefühle, das ihn übermannt,
Legt seine Hand der Krieger an das Schwert.
Antwort jedoch auf die Bewegung giebt ·
Der Steuermann mit einem Lächeln nur,
Als wollt' er sagen: „Wer sein Leben lang,
Gefahrumdroht, mit den empörten Wellen
Zu kämpfen hat, bebt nicht vor solchem Mordstahl!"

13.

Nah ist's daran, daß sich des Tajo Welle
Mit Blut schon färbt, und daß die enge Barke
Zum Kampfplatz für die beiden Männer wird,
Als eine heil'ge Macht, stark und doch mild,
Dem droh'nden Kampf vorbeugt. In einer Ecke
Des Schiffes sitzt ein schlichter Greis, versenkt
In sinnende Gedanken, welche nicht

Von dieser Erde sind. Auf ihn hat Keiner
Bisher geachtet. Auf der schwarzen Kutte,
Die seine Brust bedeckt, hell hebt sein Bart,
Der lange, weiße sich hervor. Das Haar
Auf seiner hohen Stirne hat die Sichel
Von vielen Jahren fortgenommen; was
Heut davon bleibt, ist silbergrau; gemagert
Sein Angesicht. Hinweggewendet scheint
Sein Auge von den Dingen dieser Welt:
An's matte Licht der Lampen mahnt sein Glanz,
Die vor dem Heil'genbilde des Altars
Die ganze Nacht gebrannt, und die am Morgen,
Weil sie das Oel verzehrt, hinflackernd sterben.
Mit Zittern stützt auf einen Pilgerstab
Sich seine Hand, an seine nackten Füße
Geheftet sind Sandalen, daran der Staub
Von götzendienerischen Ländern sich
Gehängt. Reich an erlitt'nen Leiden, wie
An Müh'n, die er ertrug, vom fernen Osten
Heim kehrt er zu den westlichen Gestaden —
Nicht um die Ruhe, die dem Alternden
Sonst so willkommen, nein! um neue Mühsal
Als Lohn für die erduldeten zu suchen.
Der frommen Männer einer ist der Greis,

Die, nicht geneigt, sich in die Eitelkeit
Und Hoffart, jene unheilvollen Geißel
Der Menschheit, einzumengen, unermüdet
Das glüh'nde Afrika, das üpp'ge Asien
Durchwandern, um die wilden Völkerstämme
Zum Dienst des Einen Gottes zu bekehren —
Zur Achtung des Gesetzes, das, wär' es
Entstellt nicht durch der Menschen Satzung worden,
Als heiligstes von allen gelten dürfte.

14.

Ein Friedensengel, läßt auf jenen Streit
Er seiner Rede milden Honig träufeln,
Durch den das Herz besänftigt wird. „O Krieger,"
Spricht ernst und feierlich der Missionär,
„Die Rechte an den Knauf des Schwertes legt man
Nur, wenn man Feinde vor sich hat, wenn man
Für seinen König auf dem Schlachtfeld kämpft,
Und für sein Vaterland . . . Doch — Dank sei Gott —
Wir alle, Freunde sind wir hier und Christen!
Der Himmel will nicht, daß ein Portugiese
Das Schwert mit eines Landsmanns Blut benetzt.
Verzeiht, daß also Euch ein alter Krieger
Ermahnt, der manche Städte mitbelagert,

Vor dessen Lanze Mauren sowie Heiden
Gebebt. Nicht immer war dies alte Herz
Vom Mönchsgewand bedeckt; geklopft hat es
An's eh'rne Panzerkleid. Doch wenn im Sturm
Der Schlacht das Schwert dem Kriegsmann wohl geziemt,
So paßt's im Frieden für den Raufbold nur!"
„Zu hoch gesinnt bin ich, mit solchem Gegner
Zu kämpfen!" sprach in sanfterm Ton der Ritter,
„Jedoch" — und wieder heft'ger wird sein Ton —
„Mein treuer Diener und mein einz'ger Freund
Ist dieser Inder." Wieder drauf der Greis:
„Es ehrt Euch, daß, nicht seiner Lumpen achtend
Und seines Elends, diesem Bettler Ihr
Den Namen Freund zu leihen Euch nicht scheut —:
Allein, mein lieber Sohn, rechtfert'gen läßt
Sich Bösesthun durch guten Antrieb nicht."
Sodann sich zu dem groben Schiffsmann wendend:
„Freund," spricht er, „was der edle Ritter hier
Begehrt, ist nur gerecht. Gott segnet nicht
Die harten Herzen. Ist er denn so schwer,
Der arme Sklave? — Wohl, ich geh an Bord
Und räume gerne meinen Platz ihm ein! ...
Ist er nicht Gottes Sohn, so wie wir Alle?
Mag er zerlumpt sein — deckt nicht manchesmal

Ein abgetragnes Wamms ein braves Herz?
Wenn dieser Krieger heftig war, gewiß
Wird er dir einen bill'gen Lohn nicht weigern!" —
„Nein, sicher nicht," sprach dieser, zog zugleich
Aus seiner Tasche einen Beutel — leicht nur
War er — und sprach: „Da, Schiffsmann, nehmt!
                                        Geld ist
Nur wenig d'rin ... und wen'ger noch bleibt mir!"
Dann leise murmelt er: „Bleibt mir noch etwas?"
Nicht Einer hört, wie er so spricht. „Allein
Nicht weit von hier ist's bis zum Landungsplatz,
Und für des Inders Ueberfahrt — —"
                                        „Behalt'
Die Börse, stolzer Ritter," sprach der Schiffsmann
Mit barschem Ton; „ich kümm're um dein Geld
So wenig mich, wie um dein Schwert. — Jedoch
Gesprochen wie ein Engel hat der Mönch —
Nicht Lügen strafen will ich ihn! Verlaß
Das Schiff, steig' ein bei uns, Malaye! — Ihr —
An eure Ruder!" Schnell gesprungen ist
Der Inder in das Boot, das hurt'gen Laufs,
Gerudert von acht nerv'gen Armen, nun
Des Tajo silberklaren Strom durchschneidet.

15.

Herabgesunken ist die Nacht. Denn kurz
Nur währt in unsern milden Regionen
Die Dämmerung; rasch auf die Helle folgt
Die Finsterniß. Wie reich auch die Natur
Auf diese Gegenden all' ihre Reize
Verstreut hat, jenes zauberische Schauspiel
Versagt sie ihnen, das der Norden barbeut,
Wenn sie zur Zeit der süßen Träumereien
Sich mit durchsicht'gem Schleier schmückt. Dein müßte
Kein fühlend Herz sein, wenn dein Ohr in dieser
Geheimnißvollen Stunde eine Stimme
Nicht zu dir sprechen hörte: Holdem Träumen
Gewidmet soll die Zeit des Zwielichts sein.
Der ferne Freund, die einsame Geliebte,
Der teure Sohn im fremden Lande dort —
Das sind die Bilder, welche güt'ge Feen
Uns in der Dämm'rung leichten Dünsten zeigen,
Und deren Fluge sinnend unsre Seele,
Sich in Erinnerung versenkend, folgt.
O, wenn die Nacht kommt, müßt' ich tief im Grabe
Bestattet ruh'n, wo ringsum Alles Staub ist,
Um nicht, auf welchem Punkt der Erde auch
Ich weilen möge, an die sel'gen Stunden

Zu denken, die ich an den Nebelküsten
Englands verbracht. Dort nahe deiner Wiege,
Erhab'ner, einz'ger Sänger, ließ den Blick
Ich über weite schneebedeckte Flächen
Hingleiten. Fern auf Spitzen schlanker Thürme
Weilt' er, die sich inmitten kleiner Dörfer
Von nied'rer Kirchen Wölbungsdach erhoben.
Und oft den schwermutsvollen Ton der Harfen
Glaubt' ich zu hören, die Juliettens Klage
Begleiteten, wie sie in's Grab sich legte.

16.

Allein mein irrender Gedanke ist,
Vom Reize der Erinnerung verlockt,
Weit von des Tajo Ufern abgeschweift. —
Die dunkle Nacht hat ihren Trauerflor
Hin auf die weitberühmte Stadt Lisboa
Gebreitet; doch zu rein ist unser Himmel,
Als daß zu tief es nachten könnte. Wenn
Des Mondes Göttin nicht ihr zitternd Licht
Herniederströmt, erstrahlen reinern Glanzes
Die Sterne, und ihr Schein wiegt bebend sich
Auf den krystallnen Wellen. Gleich dem Säuseln
Der Frühlingsblätter weht der Hauch der Nacht

Hin auf dem Strome und ist Labsal Denen,
Die nach der Sonnenglut Erquickung suchen.
Noch hier und da glänzt eine Abendlampe
Durch eines spitzgewölbten Fensters Gitter.
Still wird es in der Stadt, und in dem Schweigen
Der Nacht stirbt nach und nach des Tages Lärm.

17.

Das ist das prächt'ge Schauspiel, das dem Auge
Der Schiffer sich entrollt, indem die Flut
Des Tajo sie durchschneiden. Schweigend werfen
Die Blicke sie umher, und Jeder sucht
Durch's Dunkel, das nur spärlich da und hier
Ein Licht erhellt, das väterliche Dach,
Den leichten Rauch, der von dem Herd aufsteigt,
An dem die Gattin, welche ihren Theuren
Noch nicht erwartet, sich ein einfach Mahl
Bereitet. Ferne liegt ihr der Gedanke,
Daß der Gemahl heimkehrt, um an die Tafel
Mit den geliebten Kindern sich zu setzen.

18.

Auf der Matrosen Antlitz, wie sie stumm
Dasitzen, lassen solcherlei Gedanken

Sich lesen. Wohl gewahrt in seinem Trübsinn
Der Krieger sie; ein bitteres Gefühl,
Das fast dem Neid verwandt ist, läßt ein Ach!
Aus tiefstem Herzen quellen, einen Seufzer,
Der auf der Lippe stirbt und dann erstickt
In's Herz zurückkehrt. Herber Schmerz erfüllt ihn.
Wer könnte das Mysterium dieses Seufzers
Erkunden — wer in die Geheimnisse
Des unbekannten Kriegers bringen? Ist
Er schwer erkrankt, hat eine Kränkung er
Erdulbet? Wird von Ungerechtigkeit
Der Menschen er verfolgt? Ist's Liebesschmerz,
Woran er leidet? Nicht enthüllen will ich's;
In seiner gramverhüllten Seele mag
Er sein Geheimniß hüten.

19.

Unterbessen

Ist dem ersehnten Strand das Boot genaht,
Und endlich darf der Fuß das Land betreten,
Dem er so lange fern war. Angst und Mühen
Der weiten Seefahrt, Leiden und Gefahren —
Mit Wucher wiegt der Eine Augenblick
Euch auf. Andächtig küssen die Matrosen

Den heimatlichen Boden. Nichts vielleicht,
Als nur der Tod, ist auf .der Lebenswallfahrt
So feierlich wie solche Wiederkehr.

20.

Nun trennen Alle sich, und Jeder nimmt
Den wohlbekannten Weg zu seiner Wohnung. —
Wie froh sie sind! Und dennoch Alle nicht!
Seht jene Drei, die noch am Ufer steh'n —·
Von quälenden Gedanken scheinen sie
Erfüllt, die den verlor'nen Wandrer wohl
In fernen Ländern ängsten. — Sind sie denn
Hier fremd? Zwei sind es, ja! In welchem Land,
Von Lusitanien fern, stand ihre Wiege?
Der Eine hat der heitern Kindheit Tage
Im duft'gen Orient unter Palmenwipfeln
Verlebt. Der arge Krieg hat aus der Freiheit
Ihn in das Sklavenjoch gestürzt; allein
Der Inder weint nicht um die Palmenbäume,
Die seine Wiege überschattet haben.
Die Freundschaft ist es, nicht die Sklaverei,
Die ihn an seinen Herrn gefesselt hält.
Geboren an des Ebro Ufer ist
Der Andre — Isabella's Banner hat

Er auf Granada's Mauern einst gepflanzt.
Sein Haupt, nun nur von wenig greisen Haaren
Bedeckt, hat sich in der Alhambra Hallen
Mit Myrtenlaub bekränzt, und mit Magnolien
Sich in der neuen Welt geschmückt. — Doch ach!
Mit Blut befleckt und mit Verbrechen waren
Die Kränze. Diese Frevel abzubüßen,
In härenes Gewand hat des Columbus
Gefährte sich gehüllt, und auf die Stirn,
Nachdem des Krieges Lorbeer er von ihr
Gerissen, Asche sich gestreut. Die Glieder,
Gewöhnt sonst, Stahl und Gold zu tragen, deckt
Das düst're Bußkleid nun. Ein heiliges
Gelübde und das brennende Verlangen,
Sich mit ganz anderm Ruhm zu schmücken, als
Er ehemals ihn zierte, trieben ihn
Jenseits des sturmgepeitschten Vorgebirgs
Bis zu des Tages strahlenheller Wiege.
Das sind die Beiden, die den stummen Krieger
So unbeweglich anschau'n, wie er sie.

21.

Kurz ist das Schweigen. Schweren Trittes naht
Der einst'ge Krieger sich dem Dritten. „Fremd",

So spricht er, „sind wir beide, wie es scheint,
In dieser großen Stadt."
                              „Ein Fremder, ich?
Nun ja — beinahe bin ich's!"...
                                      „Nicht in Andrer
Geheimnisse zu späh'n bin ich gewöhnt." —
„O, kein Geheimniß ist es; Portugiese
Bin ich, und stolz darauf."
                              „Aus Lissabon?"
„Ja! meine Vaterstadt ist das. Begehrt
Ihr mehr zu wissen?"
                      „Neugier ist es nicht,
Verzeiht, die mich zu meinen Fragen treibt!
Ein armer Mönch, nur eine enge Zelle
Hab' ich und muß mit kargem Nachtmahl mich
Begnügen; aber beides biet' ich gern
Und freud'gen Herzens Euch. Es ist schon spät.
Wenn keine andre Zufluchtstatt Ihr habt,
So heiß ich Euch in meiner armen Wohnung
Willkommen, und beklage nur, daß ich
Nicht reich're Gastfreundschaft Euch bieten kann.
Schlecht ruhen werdet Ihr in dieser Nacht;
Allein vor einem harten Feldbett bebt
Ein Krieger nicht zurück."

„Ein gutes Herz
Zeigt Ihr, und wohl versteh' ich es zu schätzen.
Indeß ein Unbekannter, der vielleicht nicht werth
Des Anerbietens ist — darf er ihm folgen?"
„Warum nicht, wenn des Angebot'nen er
Bedarf und es bequem ihm kommt?"
                                        „Ich kenne — —"
Die Nacht rückt vor; nach einem andern Lager
Euch umzusehn, ist das die Zeit nicht. Wenn
Ihr meines nicht verschmäht, so kommt mit mir! —
Was soll das Zögern? Einfach und bescheiden
Nur ist, ich wiederhol' es, meine Wohnung;
Allein in ärmern Klöstern haben wohl
Selbst hohe Herrn vorlieb genommen ...."
                                                „So,
Ehrwürd'ger Greis, begleit' ich Euch. Geehrt,
Anstatt gekränkt, bin ich durch Eu'r Erbieten.
Nur Eines — Nein doch! folgen will ich Euch."

22.

Dem Sklaven, ihn bei Seite nehmend, reicht
Er seiner kleinen Habe einen Theil
Und: „Wenig," spricht er, „ist es; suche dir
Ein Lager für die Nacht, dann komm' am Morgen." —

„Was thut Ihr?" unterbricht der gute Greis ihn,
„Bin ich unmenschlicher denn, als der Schiffsmann?
Ich hab's bei ihm vermocht, daß er euch zwei,
Den edlen Herren und den treuen Sklaven,
Nicht trennte; und nun sollt' ich schlimmer handeln,
Als er es wollte? Ihr beleidigt mich!
Kommt, guter Freund, begleitet Euern Herrn;
In unserm kleinen Haus ist Platz für Jeden!"

23.

Feucht wird es in des treuen Inders Auge;
Zur Freudenthräne wandelt sich das Naß,
Das beim Gedanken an der Wimper ihm
Gezittert: nun allein, von seinem Freund
Getrennt, müss' er die unermess'nen Straßen
Durchwandern, um — an welche Thür zu pochen? —
Den armen Sklaven kannte Niemand ja!

Zweiter Gesang.

Das Leichenbegängniß.

Wie eine weiße Blume, lieblich prangend,
Die vor der Zeit das zarte Mädchen bricht,
Mit losen Händen sie vom Zweige langend,
Und sich zum Kranz für Brust und Stirne flicht —
Ihr Duft entweicht, die Farbe blaßt erbangend:
So war der Todten bleichend Angesicht;
Der Wange Rosen welkten hin und starben,
Und mit dem Odem floh'n die Lebensfarben.

Camoens, Lusiaden III, 134.

1.

Warum erschallt im Thurm des alten Klosters
Der Glocken Erz so trauervoll? Warum
Denn stoßen diese Frauen, deren Locken
Gelöst das Haupt umwallen, solche Rufe
Des Wehes aus? Was soll der Zug der Priester,
Die mit gesenkter Stirne schreitend, Hymnen
Der Trauer singen? Wessen ist, am Schluß

Der Procession, der Sarg? — O Stolz des Menschen,
Wozu der Pomp, wozu nur diese Zeichen,
Durch welche du die fürchterliche Gleichheit
Des Grabes zu bekämpfen suchst? — Die drei,
Indem sie sich dem Kloster nähern, seh'n
Von fern schon eine lange Reihe Fackeln
Am großen Eingangsthore, welche matt
Wie Todtenkerzen flimmern. Seufzend trägt
Der Hauch des Windes durch das nächt'ge Schweigen
Die leisen Klänge eines Psalmgesangs,
Der sich mit dem Geläut der Glocken mengt,
Zu ihrem Ohre.

2.

Eine Todtenfeier,
So denken unsre Wandrer — traurig ist
Für den, der in sein Vaterland zurückkehrt,
Die Vorbedeutung! Jenem blinden Schrecken,
Mit dem der Anblick einer blassen Leiche
Die Seelen Niederer erfüllt, gestatten
Die Wackern Eingang nicht in ihre Herzen.
Gewöhnt, in's starre Angesicht dem Tode
Zu blicken und dem letzten schweren Kampf
Des Lebens zuzuschauen, leicht erschüttert

Nicht werden sie. Allein so feierlich,
So ernst und heilig ist ein Leichenzug,
Der langsam in die düst're Gruft hinabsteigt,
Daß solches Siegsgepräng des Todes selbst
Das Herz, das noch so stark ist, zittern läßt.

3.

Solch ein Gefühl vermag der Portugiese
Nicht zu verscheuchen. Wohl in diesem Anblick
Sieht er das Omen eines unbekannten
Unglücks, das mit geheimnißvollem Schauern
Sein Herz erfüllt. Der Inder, abergläubisch,
Wie Alle seines Volks, kehrt tieferschrocken
Das Haupt nach links und zieht, eiskalt die Hand,
Den Herrn am Mantel: „Linkshin wendet Euch,
Blickt einen Todten auf dem letzten Weg
Nicht an; denn Mißgeschick bringt das."
                                    „Still, Thor!
Der lächerlichen Furcht thu' Einhalt!"
                                         „Gut,
Allein in Indien — —"
                    „Schweig!"
                              „Wie?" so fällt
Der Missionär den Beiden in das Wort,

Und deutet auf den Sarg, der in die Kirche
Getragen wird, „was ist so fürchterlich
An der entseelten Hülle eines Lebens,
Das einen Tag nur währt? An einem morschen
Baumstamme, dem der Herbstwind Saft und Laub
Genommen hat? An einem Zelte, das
Der Wanderer verläßt, wenn er zurück
In seine Heimat kehrt? — O daß Erbarmen
Mit dem Geschiedenen der Ew'ge habe!"

4.

Wie an das Klostergitter sie gelangen,
Spricht zu dem Krieger so der Missionär:
„Geöffnet ist des Gotteshauses Thür,
Am Altar will ich mein Gebet verrichten.
Ihr folgt mir, denk' ich! Unsres Dankes Stammeln
Wird mit der Grabeshymne sich vereinen.
Wenn Euren Sklaven Furcht zurückhält, mag
Allhier er uns erwarten." — Ohne Antwort
Tritt mit dem Greis der Krieger in die Kirche.

5.

Sei's Schrecken, sei's ein ahnungsvoll Gefühl,
Das ihn befällt, er schreitet schwanken Schritts

Hin durch des Tempels heiliges Gewölbe.
Er, der so oft die dichtgedrängten Heerreih'n
Durchbrochen hat, der ruhigen Gesichts
Vor manchem Walle, der von Kriegern starrte,
Gestanden hat und ohne Zaudern ihn
Erklommen — — Welch ein unbegreiflich Wesen,
Der Mensch! — Sieh, in des Tempels Mitte ist
Ein prächt'ger Katafalk errichtet, schwarz
Mit Trauertuch behängt so wie ein Grab.
Ein Sarg steht oben und ein weißer Kranz
Von Rosen, bleich und schon dahingewelkt,
Zeigt, daß die Todte nicht vermählt gewesen.
In Trauerkleidern und mit langen Schleiern
Verhüllt, umsteh'n in feierlichem Schweigen
Die Freunde und Verwandten ihre Bahre.
Die Fackeln, um den Katafalk gereiht,
Streu'n blasses Licht hernieder, und aus Schaalen,
Von Knaben hin und her geschwungen, steigt
Der Weihrauch Saba's auf. Der Tempel hallt
Von düstern Hymnen, wie in jener Stunde,
Wo sich das Grab aufthut, die Kirche sie
Mit furchtbar ernster Stimme tönen läßt,
Als ob sie aus dem Schooß des Abgrunds stiegen.

6.

Der Psalmgesang, der durch die Wölbung hallt,
Der Ort, die Stunde und der Rosenkranz,
Der auf dem Sarge ruht, Erinnerung
An ein Erlebniß, das kein And'rer kennt
Als er, verdüstern für den Lusitanier,
Der gerne schon sich trübem Sinnen hingibt,
Den traur'gen Anblick mehr noch. Alles stürmt
Auf seinen Geist gewaltsam ein. Gleich wie
Das Schlachtfeld sich beim ersten Kriegssignal
Mit einem Wald von Lanzen überdeckt,
So sträubt auf seiner Stirne sich das Haar,
Und seine Kniee wanken. Seiner selbst
Sich kaum bewußt und ob der Schwäche doch,
Die ihn erfaßt, errötend, stützt er sich
Gesenkten Hauptes auf die Balustrade
Des Chors, zu der er eben hingelangt.

7.

Der Missionär läßt nicht gewahren, daß
Er sah, was mit dem Krieger vorgegangen.
Vielleicht auch sah er's nicht. Allein er kniet
An seiner Seite hin und betet leis
Zum Gotte der Lebend'gen wie der Todten.

8.

Verklungen ist der Grabgesang; vier Ritter
In Trauer steigen auf zum Katafalk
Und tragen dann den Sarg auf ihren Schultern
Herab, und das Gefolg, Bußpsalmen murmelnd,
Geht langsam einer der Kapellen zu.
Mit spitz'gen Bogen, schwarz wie die Gewande
Der Trauernden, ist dieses Heiligtum geschmückt.
Die Eltern sind die letzten in dem Zug,
Sie halten mit der einen Hand die Bahre
Und mit der andern drücken sie das Tuch,
Das Sinnbild dieser trauervollen Handlung,
Auf ihre thränenüberfüllten Augen.

9.

Am Krieger, welcher auf den Knieen liegt,
Vorüber wird die Leiche nun getragen.
Er, ob es Zufall nun, ob's Absicht sei,
Hebt die gesenkte Stirn, wirft auf den Ritter,
Der im Vorübergeh'n ihn streift, den Blick
Und läßt ihn zitternd auf den Sarg dann gleiten.
Doch fern ist dieser schon — Indeß erkennt
Sein Auge noch den Schild dran und das Wappen,

Das wohlbekannt ihm ist. O Himmel, was
Hat er gewahrt? In diesem Augenblick
Kam in der Träger Hand der Sarg in's Schwanken,
Der Kranz von weißen Rosen sank herab
Und rollte vor ihn hin. — Nicht hemmen ließ
Auf seinem Gange das Gefolge sich.
Nicht Einer achtete des Kranzes, der
Vom Sarg gefallen. — War's ein Ungefähr?
Mysterien hat das Grab, die meinen Geist
Verwirren; nicht an sie zu glauben wag' ich,
Und doch auch nicht sie spöttisch abzuleugnen!....
So denkt der Krieger, welchen Keiner kennt.

10.

Hinweggeschritten ist der Trauerzug;
Da streckt sich zitternd, hastig eine Hand aus
Und faßt den Todtenkranz. Die Augen, welche
Ihn starr anschauen, scheinen ihn zu fragen:
„Auf welcher bleichen Stirn, ihr Grabesblumen,
Habt ihr geruht?" Allein wer wird die Antwort
Auf diese Frage geben? — Schließen bald
Wird sich das Grab, so wie des Geiz'gen Truhe,
Die ohne Schatten einer Hoffnung für
Die Thränen Unglückser'ger, für die Seufzer

Betrübter, fort und fort verschlossen bleibt.
Soll er dem Sarge folgen, eh' die Platte
Der Gruft auf ihn hinabsinkt? Dieser Sarg,
In dem vielleicht — — Ach! grausam, furchtbar ist
Der Zweifel; aber die Gewißheit, wäre
Sie nicht noch fürchterlicher? Schnellen Schritts
Eilt er dorthin, wo er den Zug verschwinden
Geseh'n; der Schall der Stimmen leitet ihn
Und in die dunkle Grabkapelle tritt
Er ein. Tief nachtet's dort; kein lebend Wesen,
Kein Licht. Kaum daß fernher von dem Altar
Ein trübes Lämpchen flimmert. Bis hierher
Dringt nur ein matter Strahl von seinem Schein
Und mehrt der Grabesstätte Dunkel noch.

11.

Wär' Alles denn, was er geseh'n, ein Traum
Gewesen? Dieser ganze Trauerpomp,
Der Sarg, die Grabeslieder, dieser Kranz,
Sind sie Vision nur? ... Aber nein, da ist er!
Er hält ihn in der Hand. — Er lauscht und — horch! —
Herauf tönt aus der Erde Schooß das Echo
Der Stimmen an sein Ohr, wie Grabgesänge,
Die auf Friedhöfen man zu hören glaubt.

Er beugt sich, neigt das Ohr ... thut einen Schritt,
Und strauchelt ... Was hat seinen Fuß gehemmt?
Die Platte, die hinweggewälzt ist. Dort
Hinunter in die Krypta geht's ... Und unten
Im Abgrund tief zeigt sich ein schwacher Schimmer,
Wahrnehmbar kaum. Er sieht zu seinen Füßen
Die ersten Stufen einer feuchten Treppe.
Wagt er's, hinabzusteigen? Ja, er thut's!
Da unten in der Wohnstatt der Geschlechter,
Steht er, die ehedem gewesen sind.

12.

Dort ruht vergeß'ner Staub, die Asche Derer,
Die Epitaphe, gold'ne Lettern nicht
Unsterblich machen können. Welche Spuren
Hast du auf Erden hinter dir gelassen,
Durch welche That der Tugend und des Muthes
Hast deinen Erdenwandel du verherrlicht?
Durch nichts? Dann hat dich ganz die Gruft ver-
schlungen!
Geh' nur, bau' Pyramiden, Obelisken;
Umsonst ist alles das — ein Marmor mehr nur,
Der der Vergangenheit geweiht ist! — Nichts,
Als das Gedächtniß einer edlen That,

Lebt von Geschlechte zu Geschlecht der Menschen
Untilgbar fort durch die Jahrhunderte.

13.

Voll heil'gen Schauers schreitet vor der Krieger,
Zu beiden Seiten modernde Gebeine,
Des Todes stumme Heerschaar. Wo die Särge
Zu Ende sind, sieht er den Trauerzug,
Wie er dem neuen Gaste das Geleit
In seine ew'ge Wohnung giebt. Für immer
Hier unten soll der Sarg nun steh'n und nichts
Die Ruhe dessen, welchen er umschließt,
Mehr stören, als das Schmettern der Drommete,
Wenn über diese Welt im Osten sich
Des letzten Tags Gestirn erheben wird. —
Er eilt nach vorn — Zeit ist es noch. — Ein
                                        Ritter
Hält einen Silberschlüssel in der Hand,
Den schwarzer Flor umhüllt. — Nach altem Brauch
Betrachten einmal noch die Lebenden
Der Todten bleiches Antlitz, ehe sie
Allein sie in der ew'gen Wohnung lassen.
Welch feierliches Lebewohl! Giebt es
Hienieden in der Menschen Sprache Worte,

Um die Gefühle all' in sich zu faſſen,
Die ſo beim letzten Abſchied uns durchbeben?

14.

Auf thut die Hand den Sarg; ein weißes Kleid
Hüllt eines Weibes zarte Glieder ein,
Die nicht in ihres Frühlings erſter Blüthe
Hinweg gerafft ward, nein, auf voller Höhe
Des Lebens. Wenn auch nicht mehr Knospe, doch
So ſchöner iſt die Roſe. Tief verhüllt
Iſt dieſes Weib; doch er erkennt es wohl! —
Wer? — Er, der Krieger — Wer? — Er, der ſie liebte!

15.

Er iſt es — ja, er ſelbſt! — Hin auf die Todte
Sinkt er ... Zurück von ihr zieht er den Schleier —
Und „Katharina!" ruft er. Durch die Wölbung
Der Gruft hin tönt, des Todes Schweigen brechend,
Das Echo ſeiner Stimme: „Katharina!"
Durch Alle, die den Sarg umſtehen, bebt
Ein Schauer hin. Den Unbekannten ſchau'n
Sie ſtaunend und zugleich mit Schrecken an.
„Er iſt's!" ſpricht eine Stimme, und von Mund
Zu Munde leiſe murmelnd tönt's: „Er iſt es!"

16.

Hinab zum Herzen strömt dem Ritter siedend
Das Blut, zu stocken scheint sein Leben, starr
Und unbeweglich bleibt er, kaum noch athmend
Im Reich des Todes hier! — Zum letzten Male
Im Sargesdeckel dreht der Schlüssel sich,
Die Platte senkt sich wieder auf die Gruft,
Die unten gähnt. Die Welt der Endlichkeit
Sinkt stumm zurück, die Ewigkeit beginnt.

Dritter Gesang.

Im Kloster.

Auf solcher Mühsal grausenvollen Bahnen,
In banger Angst und unter hartem Streit,
Erringen, die gefolgt des Ruhmes Fahnen,
Sich höh're Stufen und Unsterblichkeit.

Camoens, Lusiaden VI.

———

1.

„Herr, hatt' ich Recht nicht? — Unglück bringt
                              der Anblick
Der Todten!"

        „Still doch, Freund! Laß kurz ihn ruh'n;
Schon, dank dem Schlummer, sanfter fließt sein Blut.
Gefaßter wird er sein, wenn er erwacht."
Am Lagerkissen werden diese Worte
In leisem Ton gemurmelt. Tief erschöpft
Ruht dort der Krieger. — Eben steigend färbt
Der Tag den Horizont mit Purpurlicht,

Und in die nied're Zelle, wo die Worte
Geflüstert werden, bringt der bleiche Strahl
Des Morgens durch das enge Gitterfenster,
Um mit dem matten Licht der Lampe sich
Zu mischen, welche im Erlöschen flackert.

2.

Die Zellenmauern sind mit dichten Brettern
Von Lindenholz bedeckt, die durch die Zeit
Geschwärzt sind. Auf dem Tisch von gleichem Holz
Wie das Getäfel steht ein Kruzifix:
Lebendig ist dem Christusbild der Kampf
Des Todes aufgeprägt. Geschnitzt ward es
In Asien von einem Neubekehrten
Aus Indiens Elfenbein, und dankbar hat er
Sein Werk nach der Vollendung dem geweiht,
Der seine Waschungen im klaren Wasser
Des Ganges durch des neuen Glaubens Taufe
Geheiligt. Vor dem Kruzifixe liegt
Ein mächt'ges Buch, das Buch der Christenlehre.
Ein Bild hängt an der Wand, das von der Zeit
Geschwärzt ist. Perugino oder Vasco
Vielleicht hat es gemalt; denn noch die Kindheit
Der Kunst verräth es. Eines edlen Greises

Antlitz ist es, und eine Engelseele
Spricht aus den Zügen; graues Haartuch deckt
Die Glieder. Ihm zu Füßen liegt ein Jüngling
Von braunem Angesicht; mit bunten Federn
Die Hüften und die Stirn geschmückt; zum Tod
Ist er verwundet. Schmerzenskrampf verräth
Sich in des Jünglings Zügen, seine Augen
Sind wie von leichter Wolke überdeckt.
Und eine Thräne, nicht des Leidens, nein,
Des Danks scheint an der Wimper ihm zu zittern.
Kein Name findet an dem Bilde sich;
Allein Bartolomé, der neuen Welt
Apostel, läßt sich leicht in ihm erkennen.

3.

Der Wirth der Zelle hat Las Casas einst
Zum Freund und Herrn gehabt, als Spaniens Krieger,
Ruchlose Schwerter schwingend, grause Kämpfe
Inmitten hülflos schwacher Völker trugen,
Die, wähnend, Götter sei'n die Fremdlinge,
Sich vor den Donnerkeil=Bewaffneten
Bang auf die Kniee warfen. Durch die Milde
Des edlen Freund's ward er gerührt, und nicht
In blindem Eifer, nein, nach reiflichem

Entschlusse ließ er Schwert und Panzerhemd,
Sie mit des Mönches Kutte zu vertauschen.

.

4.

Inzwischen wacht der Krieger auf dem Lager
Von seinem Schlummer auf. Die Wimper, schwer
Vom Nachtschlaf noch, schließt er dem ersten Strahl
Der Sonne auf. Unsicher, aber nicht
Verwirrt, durchfliegt sein Blick ringsum die Zelle.
Sich sammelnd, schaut er diesen bald, bald jenen
Der zwei Gefährten an. Es ist, als ob
Er Züge, die ihm unbekannt nicht sind,
Erkennte. Mehrmals über seine Stirn
Streicht mit der Hand er hin, und die Gedanken,
Die noch verworrenen, sucht er zu sammeln.

5.

Mit Lächeln und mit sanftem Tone spricht
Der Mönch zu dem Erwachten: „Seid gegrüßt,
Mein Freund! Auf schlechtem Bette gold'ner Schlaf.
Wahr ist für Euch das Sprichwort heut. Schon glänzt
Die Sonne, Euch zum Aufsteh'n mahnend. Dort
Die Glocke ruft zum Frühgebete mich.

Gewiß wird Stärkung not Euch thun; das Mahl,
Das ich Euch bieten kann, ist einfach nur,
Allein gesund. Steht auf inzwischen, hier
Mit Eurem Inder lassen will ich Euch;
Bald kehr' ich wieder."
     „Wo denn bin ich nur? ..."
„In eines Freundes Hause; meine Zelle
Ist dies. Beruhigt Euch, schwer seid geprüft
Ihr worden. Aber Leiden ist Gesetz
Für alle Lebenden. Doch mit Gebuld
Das Mißgeschick zu tragen ziemt dem Christen.
Bald laßt uns weiter plaudern. Wohlthat ist's
Für ein betrübtes Herz, sich in das Herz
Des Freundes auszuschütten. Bleibt hier ruhig;
Auf meine Rückkehr sollt Ihr lang nicht warten."

6.

Er nimmt sein Oberkleid und geht hinweg.
Still ist es in der Zelle; keinen Ton
Hört man, als der Sandalen leisen Fall,
Wie durch den Klostergang der Mönch hinschreitet.
Dann schwindet in der Ferne das Geräusch,
Und stirbt zuletzt in der geräum'gen Halle.

7.

„Wie vielen Dank nicht schuld' ich Euch," so spricht
Zum greisen Mönch der unbekannte Krieger,
Als nach dem Morgendienst sie mit einander
Das leichte Frühmahl halten. „Meinem Wirth,
Der mich so mild, so mitleidsvoll gepflegt,
Bin ich ein offenes Bekenntniß schuldig.
Seltsam erscheinen muß Euch das Begebniß,
Bei dem Ihr gestern Zeuge war't: Es Euch
Erklären muß ich. Wenn dabei ich Anstoß
Euch gab, so bitt' ich Euch: Verzeiht!"

                                „Zu hoch
Schlagt Ihr das Wen'ge an, was ich für Euch
Gethan. Nicht Aller Augen zeigen soll
Sich das Geheimniß; denn das köstlichste
Juwel der Seele ist es. Unser Herz
Gleicht einem Schreine, dessen Schlüssel Weise
Selbst ihren besten Freunden nicht vertrau'n.
Das reine Gold der Freundschaft müßt Ihr nicht —
Eu'r Inn'res, Heiligstes dem ersten besten
Darbieten, der die Hand Euch lächelnd reicht,
Vielleicht nur, daß er seine Neugier stille.
Und solche giebt es viele. — Doch Verzeihung;

Ich bin ein Greis, und leicht in meinen Jahren
Liebt man's zu sehr, Ratschläge zu ertheilen.
Doch glaubt Ihr, daß ich armer Klosterbruder
Euch nützen kann, so werd' ich gern Euch hören.
Ich bin Eu'r Freund. Noch habt Ihr's nicht erprobt;
Doch Gott, der Herzen aneinanderfügt
Und die geheime Satzung in sie schreibt,
Die gegenseits sie anzieht — Gott, der Höchste,
Weiß, daß, als ich zuerst in Mozambique
Mit Euch zusammentraf, ich eine Stimme
In meinen Sinnen hörte, die mir zurief:
Folg' diesem Manne; lieben wirst du ihn —
Unglücklich ist er und ein Ehrenmann!"

8.

Ein leichtes Rot legt auf die blasse Stirn
Des Lusitaniers sich und schwindet wieder.
So schwindet eines fernen Ungewitters
Blitzstrahl geschwinde. Halb neigt sich sein Haupt
Auf die beklemmte Brust; mit ruh'gem Ton
Nimmt er das Wort:
                    „Luis de Camoëns,"
Spricht er, „hat Einen Freund auf dieser Erde —
Nur einen! — Was verbirgst du dich, mein treuer

Gefährte? Kannst du über Das erröthen,
Was hoch dich ehrt, du großmuthvolles Herz? — —
Antonio, wißt, ehrwürd'ger Vater, ist
Bis heut in dieser Welt das einz'ge Wesen,
Das meinem Herzen eine Zuflucht bot! —"

9.

Als so sein Herr sprach, rannen Rührungsthränen,
Tropfen an Tropfen aus des Sklaven Augen
Auf seine Wangen nieder. Kaum ersticken
Kann er die Seufzer, die aus seiner Brust
Aufsteigen. Von der Rührung übermannt
Hinsinkt er vor die Füße seines Herrn
Und spricht, die Stimme halb erstickt vom Weinen:
„O mein Gebieter, sagt mir niemals, nie —
Daß ich Eu'r Freund bin!"
                    „Und warum, Antonio,
Soll ich's nicht sagen?"
                    „Weil Ihr mir das Herz brecht,
Wenn Ihr es sagt. Freund sein, heißt das nicht falsch
                              sein?
Denn alle, die in Goa, in Macao,
In Mozambique sich Eure Freunde nannten,
Verließen Euch, indes ich immer — immer — —"

Vor Schluchzen weitersprechen kann er nicht.
„Ja, immer treu mir warst du, mein Antonio!"
Des Kriegers Augen werden feucht, da so
Er spricht, und auf des ernsten Greises Antlitz
Lockt süße Thränen auch das Mitgefühl.

10.

Des Willens Macht bezwingt die Herzensstürme.
Und so fährt fort der Lusitanier:
„Ja, du hast Recht; der heil'ge Name Freund
Ist durch die Menschen so entwürdigt worden,
Daß ich nicht weiß, ob er nicht eher Schande,
Als Ehre bringt!" — Bei diesem bittern Wort
Scheint sein Gesicht sich zu verdüstern. Dann
Zum Missionär sich minder trübe wendend,
Spricht er: „Dem Himmel sag' ich Dank, daß endlich
Ich solchen Herzenstrost für meinen Gram
Gefunden. Wohl bekannt ist trotz des Unglücks,
Das ich erlitt, in unserm neuen Reich
Des Orients mein Name. Schon gesagt
Hab' ich's: Luis be Camoëns bin ich.
Jung war ich noch, als mich ein heißer Durst
Nach Ruhm, und noch ein and'rer Trieb, der edler,
Doch auch verhängnißvoller war, hinweg

An die Gestade Afrika's verlockten —
In dieses Land, das eine harte Schule
Dem Portugiesen ist. Voll glühnden Drang's —
Denn durch der Hoffnung Schleier winkte mir
Die dunkle Zukunft — trat ich in die Thore
Von Ceuta ein, der alten Veste, die
Durch eines Prinzen, eines Märtyrers
Glorreichen Tod für uns erhalten ward.
Umgürtet hatten meines Vaters Arme
Mich mit dem Schwerte. O warum, mein Vater,
Bist du nicht mehr? — Du bist's, erhabner Greis,
Der mir der Ehre Bahn geöffnet hat —
Für mich und dich, ach! wars des Unglücks Pfad!

11.

„Der Sohn, der auf dem Schlachtfeld Zeuge war,
Wie kühn sein Vater kämpfte — o, und der
Durch das Geklirr der Waffen jene Stimme,
Die ihn als Kind geliebkost, ihm zurufen
Gehört hat: Vorwärts! — könnt' er je der Feigheit
Eingang in seine Seele gönnen? — Nein! —
An seiner theuern Seite hab' ich kämpfen
Gelernt. An jenen Tag gedenk' ich noch,
Der — wäre nicht der gestrige gewesen,

Und noch ein andrer — mir der ernſteſte
In meinem Leben ſchiene: an den Tag,
Als in Gibraltars Enge unſer Heer
Siegreich die Barbareskenflotte ſchlug.
Das war mein erſtes Waffenwerk — da bot
Beim Blitze der arab'ſchen Ataghane
Zuerſt der Tod ſich meinen Blicken dar.
An meines Vaters Seite, der nie anders
Als in der Vorderreihe kämpfte, ſtand ich.
Mit vollgeſchwellten Segeln flog das Schiff,
Das er befehligte, dem Feind entgegen.
Die Kugeln ziſchten in der Luft, ein Maure
Legt auf den Vater an — er iſt verloren —:
Den Schild erheb' ich und errett' ihn ſo!
Gebrochen hat an ihm, abplattend, ſich
Die Kugel, und, an ſeinen Rand hingleitend
Verwundet ſie mir leicht die linke Wange,
Und rollt zu Füßen mir —"

                    „Die Wunde nennt
Ihr leicht, wenn Euer linkes Auge doch — —"
„O, die Natur, die gute Mutter hat
Uns zwei gegeben. Doch was liegt daran?
Gerettet hab' ich meines Vaters Leben.

12.

„Dann kam ich in mein Vaterland zurück,
Von trügerischer Hoffnung stets getäuscht.
Wohl mehr für das, was ich gethan, gepriesen
Ward ich als ich verdient; allein nicht ganz
Ruhmlos hatt' ich gekämpft. Jedoch die Flotten=
                                führer
Vermochten nichts für mich; sogar den Haß,
Mit dem ein Feind mich, den ich nie gekränkt,
Verfolgte, konnten sie nicht sänftigen.
Giebt es zum Haß Grund, wenn man Augen hat,
Um das zu sehn, was schön ist, wenn ein Herz
Man hat zum Lieben, eine Feuerseele,
Aus der die glüh'nden Funken dieser Liebe
Auf zu den Lippen sprühn; und wenn die Gabe
Der Dichtung man besitzt — muß mans ein Glück —
Muß mans ein Unglück nennen? — jene Gabe,
Die mich zum Himmel hob, die mich der Liebe,
Dem einzgen Glücke meines Seins, der Quelle
All meines Wehs, Altäre bauen ließ?
Die jetzt noch . . ."
                    Da er so gesprochen, legt er
Die offne Hand auf seine Brust, als wollt' er

Die Schmerzen einer blut'gen Wunde stillen. —
Er senkt die Stirn von Kummer übermannt.

13.

„Ach," fährt er fort, „wenns ein Verbrechen ist,
Daß man ein Herz und daß man Augen hat,
So ist's das Einzge, dessen schuldig ich
Mich gegen diesen rachedürstgen Grafen
Gemacht! Des Blutes Band verknüpfte ihn
Zu meinem Unglück mit der Göttlichen,
Für die ich seufzte. Alles sprach für uns,
Gleichheit des Rangs und der Geburt. Allein
Begier verhärtete des Grafen Herz.
Konnt' ein Soldat, der keinen andern Reichtum
Besaß als seines Hauses Ehre, Günstiges
Von ihm erhoffen? Eitler Stolz trieb ihn
Mich ins Geheime boshaft zu verfolgen.

14.

„Arm, vaterlos und ohne Gönner konnt' ich
Am Hofe gegen solchen mächt'gen Feind
Nicht siegen. Auf der Welt allein stand ich,
Verloren in der niedern Menge derer,
Die für das Vaterland gekämpft, und dann

In Dürftigkeit des Lebens spät're Tage
Vertrauern müssen. Was noch konnt' ich hoffen,
Der meinen Vater ich vor Kummers sterben
Gesehn, als so wie er zu sterben, oder
Mich durch ein hohes Werk, das ich vollbrächte,
Zu rächen und die Kränkung so zu tilgen,
Die undankbar mein Vaterland mir anthat?

15.

„Einst Abends, da ich solcherlei Gedanken
Nachhing, schritt ich mit meinen bittern Schmerzen
Am zauberischen Tajoufer hin.
Das Auge glitt von Welle mir zu Welle,
Und auf die Schiffe, die des Orients Schätze
Herführen. Meine Seele, tiefbewegt,
Beschwor die Tage unsrer alten Größe
Herauf, und jene ungeheuren Thaten,
Die einem kleinen Landstrich hier am Meere
Die halbe Erde unterthan gemacht.
Geschwind trug mich die glüh'nde Phantasie
Fort zu des Ganges Ufern, die bezwungen
Durch unsrer Helden kühne Thaten wurden.
Vor meinen Augen auf stieg jener Seemann,
Der um das Cap der Stürme seinen Kiel

Zuerst gelenkt und unser heil'ges Banner
Aufs nun erschloßne Sonnenaufgangsthor
Gepflanzt. Vor meinem Ohr erklang das Echo
Der Feuerschlünde, die des reichen Ormuz,
Malaccas Mauern und das mächt'ge Goa
Zu Boden warfen — jenes Goa, jetzt
. Die Hauptstadt eines unermeßnen Reichs,
Des Handels Mittelpunkt. Im Geist sah ich
Die Könige von Siam und Narzinga,
Wie vor der Sieger Füße hin sie sanken,
Und ihre Scepter vor sie niederlegten,
Sich zu des stolzen Portugal Vasallen
Erklärend. Diu's edle Wälle sah ich
Furchtbaren Krachs auf in die Lüfte fliegen,
Und zwischen der Bastionen rauchenden
Ruinen Leichen zuckend niederstürzen.

16.

„Der große Castro, Vasko, Albuquerque,
Die hehren Schatten, wie sie vor mich traten,
Entzündeten mein lusitanisch Herz.
Sie waren es, die unerhörte Thaten
Der Ehre und des Muths vollführten — sie,
Die in die unermeßne Ferne zogen,

Um solche reiche Ernte Ruhms zum Schmuck
Für ihre kleine Wiege heimzutragen.
Sie, eine winzge Schaar von Männern, Söhne
Des kleinsten Volks der Erde, segelten
Durch weite Meere, brachen neue Wege
Zu Land wie auf dem Ozean; sie beugten
Den Stolz der Kön'ge, fügten neue Welten
Zur alten, und ins Unermeßne wuchs
Der Erdenraum durch sie. Allein das Land,
Für das so Großes sie gethan, wie hat
Es ihren Dienst belohnt? Pacheco wird
Durch Hunger uod durch's Hospital bezahlt,
Im Tode noch entehrt man Albuquerque
Und in dem tiefen Elend, das ihn traf,
Muß Castro auf dem Sterbelager betteln.

17.

„O undankbares Vaterland! Ich war
Von so viel Ruhm und so viel Schande wie
Vernichtet. Eben zu dem Tempel, den
Emanuel, der Glückliche, der Andacht
Erbaut, war ich gelangt — dem heil'gen Sitz
Des Ruhmes und der Religion, dem Wunder
Der Kunst, die jener Fürst so innig liebte.

Weit offen standen dieses Tempels Pforten;
Ich trat hinein. Bewundernd heftet' ich
Die Blicke auf die schönen Schilderei'n,
In benen durch Campello's Pinsel fort
Die Helden der vergangnen Tage leben.
Ich sah das hehre Denkmal, d'rin die Asche
Des glücklichen Monarchen ruht. Darf er
So heißen? Ja, im Leben war er glücklich,
Jedoch nach seinem Tode — Mit dem Siegel
Der Ewigkeit geschlossen ist sein Mund,
Nur Gott kennt die Geheimnisse des Grabes!
Mehr aus Ermüdung als aus Frömmigkeit
Hinkniet' ich auf des Mausoleums Stufen.
Die Stirne auf die Brust herabgesenkt,
Verfiel ich nach und nach in jenes Starren,
Das weder Schlaf noch Tod ist, doch die süße
Vergessenheit des Lebens. Daß mich Schlummer
Befallen, könnt' ich sagen, hätten nicht
Visionen meiner Seele sich erschlossen,
Wie die Begeistrung sie gebiert. Vielleicht
Erzeugte die Bewegung meiner Sinne
Nur die Gesichte, welche vor mir schwebten —
Doch nein, nicht von der Erde waren sie!

18.

„Nein, nicht ein Traum war's! Aus dem Grabmal
stieg —
So war es mir — ein leichter Dunst, dem klaren
Gewölk gleich, das im reinen Himmelsblau
Die Sterne halb verhüllt. Allmälig ward
Er dichter, eine menschliche Gestalt;
Allein ihr Umriß halb verschwimmend, schien sie
Gleich den Gebilden, die der Abendnebel
Beim Sonnensinken annimmt. Deutlicher
Dann wurde die Gestalt vor mir: bedeckt
Mit weißem, langhinwallendem Gewand
War das geheimnißvolle Wesen. Eine
Der Hände hielt es auf die Brust gedrückt,
Und mit dem Finger wies es auf sein Herz.
Sein leicht-durchsicht'ges Kleid ließ dieses Herz
Erkennen, das mit hellem Glanze strahlte,
Gleich einer Kohle, welche aufflammt. — „Liebe
Zum Vaterlande" stand mit feur'gen Lettern
Darin geschrieben.

19.

„Wie gebunden war ich
Von einem Zauber, daß ich ohne Schrecken

Auf die Erscheinung sah. Als so ich stand,
Erschollen sanft zugleich und feierlich
Zum Ohr mir diese Worte: „Höre mich,
Verwegner Jüngling, ein gewaltiges
Glorreiches Werk ist vorbehalten dir,
Das bitt're Früchte für dich tragen wird.
Dich werden schwere Schicksalsschläge treffen,
Jedoch am Ziele winkt dir hoher Ruhm.
Dein Vaterland, das auch das meine war,
Das stets ich liebte und noch immer liebe,
Erwartet einen seltnen Dienst von dir.
Ein Monument errichten sollst du ihm,
Das länger als Egyptens Pyramiden
Fortdauert, und zu dem die kommenden
Jahrtausende bewundernd aufschaun werden. —
Lohn hoffe nicht dafür; ich selber war,
Der zu dir spricht, ein Undankbarer nur,
Als König undankbar, sowie als Freund — —
Und gegen wen so undankbar! — Doch Jene,
Die meinem Blut entsprossen, mehr noch sind sie
Undankbar! — Diene du dem Vaterland:
Verherrlichen sollst seinen Namen du.
Dien' ihm und klage nicht. — Sind werth die Menschen,
Daß sie des Unglücks Klagen hören? Zieh

Nach Osten. Dort in jenen Länderstrecken,
Die Ströme edlen Blutes netzten, bie
Der Schauplatz unsres Ruhmes waren, lassen
Schon meine Enkel Trümmer über Trümmer
Sich häufen. Rette diese edlen Reste
Glorreicher Zeit vor der Vergessenheit! —
Ein Tag — vergebens vor dem Thron des Ew'gen,
Hab' ich gefleht, unwiderruflich ist
Der Richterspruch — wird kommen, wo der Name
Der Portugiesen auf der Welt, verdunkelt,
Vergessen, Keinem Achtung mehr gebeut. —
Geahndet werden mit so herber Schmach
Die Frevel, welche wir geübt. Du bist
Berufen, seinen Ruhm aus diesem Schiffbruch
Zu retten. Du allein wirst künftigen
Geschlechtern, Völkern, ja dem Weltall sagen:
„Hier war einst Lusitanien!" — So bisweilen
Von einer Flasche, in das Meer geschleudert,
Getragen an's Gestade wird die Kunde
Von einem Schiffe und von seiner Mannschaft,
Die untergingen. — Mach dich auf und rette
Den Namen Portugals, wofern's noch Zeit ist!
Der Tod, o Schmach! ruht über unserm Land!" —
Im Ton der Stimme, welche Solches sprach,

War soviel Schmerz und Furcht und tiefes Weh,
Daß noch er im entsetzten Ohre tönt.

20.

„Wenn ich Euch sagte, daß mir Heiterkeit
Im Geist, und Ruhe herrschte — daß verwirrt
Mein Sinn nicht war, als dieser Traum entfloh —
Nicht glauben könntet Ihr's. Allein erfüllt
Vom Glanze einer Himmelsoffenbarung
War meine Seele, so daß augenblicks
Ich meinem Schicksalsruf zu folgen mich
Entschloß. Nachkommen in den weiten Ländern
Des Orients, die wir entdeckt, wollt' ich
Dem Ruf, der so geheimnißvoll an mich
Ergangen, dieses hohe Werk vollbringen,
Und diesen Ruhm erwerben, welcher mir
Verheißen war, wenn ich mein Vaterland
Unsterblich machte. — Ein Gedanke nur,
Ich will's gestehen, ließ in dem Entschluß
Mich schwanken: Durch den Ozean hinweg
In jene ferne Welt zu geh'n und sie,
Die Theure, hier zu lassen, ohne daß
Ich hoffen dürfte, je zu ihr zurück
Zu kehren! — Wohl, von wem ich rede, wißt Ihr!

Der Schmerz verbietet mir, daß ich sie nenne. —
Der Kampf war fürchterlich, denn Vaterland
Und Liebe mir im Herzen stritten; fast schon
Erlag ich; doch die Liebe ward besiegt."

21.

So sprach noch Camoens, als hast'ges Pochen
Am Thor der Zelle scholl. Der Missionär
Schließt auf. Ein junger Page tritt herein;
In Trauertracht ist er und einen Brief
Von schwarzem Band umschnürt, hält seine Hand.
Er spricht: „Ich suche einen Edelmann,
Der gestern erst aus Indien angelangt." —
„Viel Edelleute sind auf den Gallionen
Der Flotte gestern heimgekehrt:"
                                    „Der meine
War auf dem Schiffe Santa=Fé, hier lest
Den Namen!"
                    Bei der Botschaft, die er nicht
Erwartet, tritt der Lusitanier hastig
Zum Jüngling hin. Die Aufschrift ist „An Luis
De Camoens, zu seinen eig'nen Händen". —
„Mir her das Schreiben, Page, für mich ist's —
Wer sendet es?"

„Befohlen wurde mir
Den Brief Euch nur zu übergeben."

So
Der Jüngling grüßend — neigt sich und geht fort.

Vierter Gesang.

Die Erzählung.

Allmälig in die Ferne schwand der Anblick
Der väterlichen Berge schon zurück.

— — — — — — — —

Daheim blieb unser Herz im theuren Lande,
Der Gram, die Trauer hielten dort es fest;
Und nun, nachdem sich Alles uns entzogen,
Sah'n wir zuletzt nur Himmel noch und Meer.

Camoens, Lusiaden V, 3.

———

1.

„Wenn Ihr nicht fürchtet, Eures Schicksals Ruf
Zu folgen und als Mann Euch zu bewähren,
So klimmt empor zum alten Maurenschloß,
Das sich auf ödem Felsen in der Sierra
Da Luna hebt.   Der höchste Lohn, den Ihr
Nur wünschen mögt — Ihr werdet dort ihn finden.
Auf morgen Abend denn! Ein Unbekannter."
So lautete das Schreiben, das der Page
Gebracht. „Welch seltsam Räthsel! — Mir gilt das? —

Man zweifelt, ob ich muthig bin! Man heischt
Beweise! Wer? — Warum? — Auf! ich will geh'n!
Vielleicht daß mir die langersehnte Stunde
Der Rache schlägt. — Auf morgen denn!... Für heut..."

2.

„Ich gehe, also wiederholt der Dichter
Laut, was er schon im Stillen sich gesagt;
Ja, ich will geh'n! Freund, muß ich's nicht?"

                      „Ihr müßt? — —
„Nun ja!"

      „Wohin?"

                    „Wohin mein Schicksal will!"
„Ihr meint zum Hofe? Eben ist der König
In Cintra, hör' ich; seine Räthe sind
Bei ihm, sowie des Heeres erste Führer.
Es heißt, daß wichtige Beschlüsse dort
Bevorsteh'n. — Doch —"

               „Was liegt am Hofe mir
Und seinen Räthen! Andres treibt mich fort!"
„Doch weislich, da der Hof nicht fern Euch sein wird,
Nicht aus dem Wege gehen dürft Ihr ihm.
Zu einem neuen Zug nach Afrika,
So sagt man, rüstet sich der junge König;

Gott gebe, daß der Plan gelinge!"

       „Wäre
An dem Gerüchte Wahrheit? Unerfahren
Noch ist der edle Fürst, auf dem allein
Die Hoffnung dieses tiefgesunknen Landes
Beruht. Ein ächter Portugiese, hoff' ich,
Wird unter seinen Räthen sein, der Ehrfurcht
Mit Freiheit eint, indem er zu ihm spricht.
Die Offenheit ist heimisch unter uns,
Und achten muß ein guter König sie.
Er muß sie hören, sei es, wie es sein mag! —
Schon spät ist es — sehr spät! Wir waren Etwas —
Jetzt — sind wir nichts!"

     Die beiden Freunde reden
Noch weiter von des Vaterlandes Lage.
Zu dem, was ihn bewegt, zurück sich wendend,
Nimmt dann der Lusitanier das Wort.
„Freund, eine traur'ge Pflicht legt einen Gang
Mir auf, von dem ich nicht den Ausgang ahne;
Denn undurchbringlich ist der Schleier, der
Ihn birgt. Mein Leben war nur ein Gewebe
Seltsamer Abenteuer, und wer weiß,
Ob dieses nicht mein letztes sein wird? Furcht
Erfüllt in solchem Fall den Schwächling nur;

Doch Vorsicht ist auch dem Beherzten noth.
Mein einz'ges Gut ist mein geschrieb'nes Buch;
Sei es gering von Werth, vielleicht sogar
Von keinem, viele Stunden nächt'gen Wachens
Geweiht doch hab' ich ihm, und es umschließt
Die Arbeit meines ganzen Lebens. Seiten
Sind d'rin, die ich mit meinen Thränen schrieb.
Mit Blut noch andre hätt' ich schreiben können! —
Bald auf dem kahlen Scheitel der Gebirge,
Bald in dem Schooße wonn'ger Thäler, bald
Im Felde ober in den Schilberhäusern
Der Festungen — dann wieder unterm Zelt
Und auf dem Meer im Sturmgetos der Wellen,
Im Kerker bei der Ketten Rasseln rastlos
War ich bei meinem Werk, nicht Frist mir gönnend;
Denn ruhen nicht ließ mich mein kühner Vorsatz,
Dies Buch zu schreiben. Unter wie viel Mühen
Ward es vollendet! Bei dem Schiffbruch dann
An jenes Flusses Mündung, wo ich Alles,
Was ich besaß, verlor, mich in die Wogen,
Die wildempörten, stürzend, und mein Leben
Dem Einen Arm vertrau'nd, hielt mit dem andern
Ich mein Gedicht empor! — Das, o mein Freund,
Ist das Vermächtniß, welches ich Euch weihe.

Wenn Ihr nicht ferner von mir hört — denn denken
Muß man an Alles — wird dem Vaterland
Vielleicht dies mein Geschenk noch Segen bringen.
Mein Lusitanien und meine Liebe
Zu ihm — das einzig wars, was mich begeistert;
Ganz seinem Ruhm gewidmet ist dies Werk! —"
„Weit und gefahrvoll also scheint die Reise,
Zu der Ihr aufbrecht."

    „Weit? — Das ist sie nicht;
Und wohl auch nicht gefahrvoll!"

      „Wann wollt Ihr
Uns lassen?"

    „Diese Nacht."

      „So gebt denn her! —
Doch wollt von Eurem Leben Ihr nicht weiter
Bericht mir geben?"

      „Gern; nicht lang mehr wird
Er sein." —

    Kurz hielt er inne, die Gedanken
Zu sammeln. Dann von Neuem fuhr er fort:

3.

„Ich sprach zuletzt Euch von dem Plan, dem ich,
Als wär' er mir vom Himmel eingegeben,

Mich ganz zu weih'n beschloß. Von ihm erfüllt
War ich, als aus des Tempels Thor ich trat —
Jenseits der Berge, die das anb're Ufer
Des Tajo säumen, sank die Sonne nieder;
Bleich stieg der junge Mond im Himmelsblau:
Auf meines wechselvollen Lebens Fahrten
So schön war mir kein Sonnenuntergang
Erschienen; an des Stromes Ufern hob sich
Ein frischer Abendwind, die Wellen kräuselnd. —
Da unversehens rief mich eine Stimme —
O noch in meinem Herzen hallt sie nach! —
Die traute Stimme, die ich nimmermehr
Auf Erden hören werde! Dorthin wend' ich,
Von wo sie kommt, den Blick. — An einem Hause
War aufgethan ein Gitter und ein Zeichen
Mit einem weißen, weh'nden Schleier gab
Ein Händchen mir, das weißer noch als er. —
Der Schleier fällt im Wind, die Hand verschwindet.

4.

„Mit Herzensklopfen heb' ich auf den Schleier.
Ein Knoten ist darin, ich lös' ihn auf
Und finde ihrer Locke reines Gold
Darin. — Hat reich're Schätze noch die Liebe?

Ein Briefchen liegt dabei. Es öffnend les' ich:
Bewacht von strengen Hütern bin ich. Doch —
Die Thörichten! — wachsamer ist die Liebe
Als sie. Mein Leben, meine Zukunft, dir
Vertrau' ich sie. Zieh hin! — es muß so sein!
Nur diese schmerzensvolle Trennung kann
Uns zwei vereinen. Unter Segel geht
Die Flotte morgen; nimm den Dienst auf ihr!
Der Orient ist ein Feld für große Thaten.
Bring' einen Namen heim, vor dessen Glanz
Sich Jeder beugt. Mit meinen Thränen fristen
Will ich mein Leben — und, wer weiß? vielleicht
An meinen Schmerzen werd' ich sterben. Aber nein!
Du wirst mich wiedersehn. Ein Engel hat
In sel'gem Traum es mir verkündet: Prachtvoll
Mit einem Kranze weißer Rosen war ich
Geschmückt. Zu meiner Seite standest du,
Die Stirn von Gram verhüllt. Warum? Nicht weiß ich's.
Noch Andre waren da in Trauerkleidern.
Nicht staun' ich d'rüber; denn mißgünst'gen Auges
Seh'n Manche unsre Liebe. — Und der Engel
Verhieß mir, daß mit seinem Glanz bereinst
Die weite Welt dein Name füllen werde. —
Leb wohl denn! — Ach, wie furchtbar dies Lebwohl!

Wie bitter dieser Kelch! — Allein was fruchtet
Das Klagen? Zieh hinweg und denke mein!

5.

„Durch eine Thräne war des Briefchens Rest
Erloschen. Warm noch fühlte meine Hand
Auf dem Papier sie. Stumm und leblos fast
Blieb' ich noch lange Stunden in Entzückung,
Den Brief auf meine Brust gedrückt, die Augen
Auf's Gitter hingewandt. Schon finst're Nacht
War es geworden; auf dem Fluß vorbei
Glitt eine Barke. Daß sie landeten,
Rief ich den Schiffern zu; stieg ein und kehrte
Nach Lissabon zurück. Am nächsten Tag
Sah ich von einer Gallione Deck
Den Tajo, seine wonnevollen Ufer,
Und dann die Küste hinter mir entweichen.
Zuletzt — nur Meer und Himmel um mich her
Blieb ich allein mit meinem bittern Gram.

6.

„Der Wind war günstig. Auf dem Ozean,
In den vor unsern kühnen Schiffern nie
Ein Mensch noch vorgedrungen, folgten wir

Der Spur des großen Vasko. Uns zur Linken
Dehnt Mauritaniens weite Eb'ne sich,
Die oft der Portugiesen Blut genetzt.
Wir seh'n das schattenreiche grünende
Madeira, das vor all den andern Inseln
Als erste wir entdeckt — das schönste Eiland
Von jenen vielen, die das Weltmeer birgt.
Nachdem der öden Wüste wir vorbei
Geschifft und jenen sonnverbrannten Sierren,
Von deren Höh'n der schwarze Senegal
Herniederströmt, hinbogen wir ums Cap,
Das wir das grüne Vorgebirge nannten.
Die sel'gen Inseln auch erblicken wir.
Dann ostwärts an der Küste Afrika's,
Bewohnt von den Mandingen und den Jolofs,
Hinziehen wir, von wo der Gambia,
Der vielgeschlängelte, des blitzenden
Metalls Tribut uns sendet. Bald zurück
Dann lassen die Dorcaden wir. Gewendet,
Dringt in Guinea's unermeßnen Golf
Der Schiffskiel vor. Das Vorgebirg der Palmen
Verschwindet hinter uns, und jene Linie,
Die glühende, die in zwei Hemisphären
Die Erde theilt. Vor uns ausbreiten sich

Die unermeßlichen Gestade, die
Das Alterthum selbst nicht im Traum gekannt.
Von unsern Schiffern und von Denen, welchen
Den Pfad sie wiesen, ward in dieser Richtung
Des Weltalls Grenze ausgedehnt. So Großes,
So Unerhörtes zu vollbringen, o!
Die Kraft der Menschen hätt' es überstiegen,
Wenn's Lusitaniens Söhne nicht vollbracht.

7.

„Das neue Sternbild, das die andern Völker
Noch nie erblickt, eh' unsre Schiffer es
Der Welt enthüllt, erleuchtet unsre Pfade
In der Region des Südens schon. Der Himmel
Dort strahlt so hell nicht wie der unsere;
Die Sterne werden seltner. Auf der Spitze
Der Masten, die im fürchterlichen Sturm
Erzittern, seh'n wir eine blaue Flamme,
Ein helles, heil'ges Licht. Euch alles das,
Was ich des Seltnen, Wundervollen sah,
Erzählen kann ich nicht. Jedoch Ihr saht
Das Staunenswerthe selbst ja, da wie ich
Ihr jene grenzenlosen Ozeane
Durchschifftet. Unsre Segel lassen wir,

So weit gelangt, vom Wind des Nordens schwellen,
Der mächtig weht und doch der Gegenströmung
Nur mühsam obsiegt. Einmal vorne, wo
Der Kiel den Schaum der Fluth zertheilt, wacht' ich
Die Nacht hindurch: Da plötzlich birgt den Himmel
Ein schwarzer, furchtbar dichter Nebel uns:
Der Wind hört auf zu wehn. Kein Hauch bewegt
Die tief mit Finsterniß bedeckte Fluth.
Die Segel sinken — fernher stößt das Meer
Furchtbare dumpfe Klagetöne aus.

8.

„Wir waren beim berühmten Felsenberg,
Der erst von uns das Cap der Stürme, dann
Der guten Hoffnung Vorgebirg genannt ward.
Wie fühlt' ich nicht mein Herz bewegt, als ich
Der schweren Mühen, des vergoss'nen Bluts,
Der vielen Todten, der unzähligen
Schiffbrüche und der andern Leiden dachte,
Die's uns gekostet, bis wir dieses Cap
Umschifft, um unter fremden Nationen
Ein mächt'ges Reich, ein neues Portugal,
Zu gründen. Konnte solch' gewalt'ges Werk
Vollbracht von Menschen werden? — Plötzlich hebt

Der Wind mit Macht zu wehen an,. die Wolken
Zerreißen und des Donners furchtbar Rollen
Hallt fernhin auf dem Meer zurück. — Mein Geist,
Ergriffen von des Sturmes Majestät,
Glaubt eines Riesendämons Ruf zu hören,
Der dort das Thor des Orients bewacht.
Die riesige Gestalt des schrecklichen
Giganten glaub' ich zu erblicken, dem
Der Weltherr Asien's Schlüssel anvertraut. —
Dem Ersten, welcher dieses Caps Umschiffung
Versuchte, hatte dieses Ungethüm,
Der Portugiesen ungeheure Kühnheit
Bestaunend, solche Worte zugerufen:
,O freches Volk! Genügt dir alles nicht,
Was du bereits vollbracht? Ist denn die Welt,
Die schon die Menschen kennen, groß genug
Dir nicht zum Schauplatz deiner blut'gen Kriege,
Mit denen du, obgleich nur klein an Zahl,
Die Erde anfüllst? Mußt von fern durch's Meer
Du kommen, meine Schranken zu durchbrechen,
Und, daß du stillest deine Ruhmbegier,
In unbekannte Länder vorzubringen?
Vollführen wirst du, ja! dies kühne Werk —
Und dir den Sieg erringen: aber theuer

Erkaufen wirst du solchen Sieg. Allhier
Auf diesem fürchterlichen Vorgebirg
Erwarten will ich dich, dein ew'ger Feind!
An Denen, die von meinem Haupt den Schleier
Hinweggezogen, will ich Rache üben.
Der Tod, der Tod ja ist das kleinste noch
Der Leiden, die ich euch bereiten werde.
Der Schönheit Thränen nicht und nicht die Seufzer
Der Liebe, noch der angstgequälten Mutter
Verzweiflungsrufe werden mich besänft'gen!
Doch schlimm'res Unheil noch erwartet euch:
Von euren eig'nen Händen wird die schwerste
Der Strafen euch ereilen! Dieses Reich
Durch so viel Blut gekittet, durch so viele
Erhab'ne Tugenden verherrlicht — bald
Verlieren werdet ihr's; entsetzliche
Verbrechen, arge Tyrannei, Unthaten,
Vor denen man erschaudert, Aberglaube —
Das Alles wird den stolzen Bau, den langsam
Es untergräbt, zum Sturze bringen. Ja,
Hinsinken wird dies übermüth'ge Reich,
Das auf der andern Trümmern ihr errichtet.

9.

„So scholl in meiner tieferregten Seele
Das Echo einer wunderfamen Stimme.
Ach, die verhängnißvolle Prophezeiung
Hat sich schon faft erfüllt! — Nachdem wir dann
Das fturmumtobte Vorgebirg umfchifft,
Hin glitten wir in jenem Meer, das Indien
Von Afrika's heißglüh'nder Küfte trennt.
Das wilde Mozambique begrüßen wir,
Das Thor des Orients. Wir nahen uns
Dem langerfehnten Ziele, und das Thor
Der prächt'gen Stadt des Albuquerque nimmt
Mich auf. Mein Herz klopft hoch, wie ich das Land
Betrete, das durch unfers wackern Caftro
Triumph berühmt ward. In der harten Schule
Des Kriegs dort ward ich lang geprüft, und kämpfte
Mit wilden Heiden bald, bald wiederum
Mit lift'gen Mauren. Doch in unfrer Zeit
Ift, was er ehmals war, nicht mehr für uns
Der Krieg. Nicht mehr des Ruhmes halb, nein, nur
Um lachenswerther Streitigkeiten willen,
Und auf's Gebot ruchlofer Tyrannei
Noch ziehen aus der Scheide wir das Schwert!

10.

„Beherrscht noch vom geheimnißvollen Traum
Und der Vision, die in Emanuel's Tempel
Die Seele mir entflammt, stürzt' ich voll Muth
Mich in Gefahr, der Schlachten Wechselfällen
Und den empörten Meereswogen trotzend.
Doch wenn dem Ruhm entgegen auch mein Schicksal
Mich führen sollte, meiner Feinde Haß
Und Eifersucht doch konnt' es nicht besiegen.
Vom Todesstoß ereilt lag unser Reich
Schon in den letzten Zügen. Willst du fragen,
Was es denn sei, das jenen hehren Thron,
Den Albuquerque, Castro und Pacheco
Erbaut, so rastlos schmachvoll untergrabe:
Verderbte Sitten sind's; es ist der Durst
Nach Herrschaft, ist die schmutz'ge Geldgier derer,
Die der Gesetze walten sollten — ist
Die Schändlichkeit der Diener des Altars,
Den sie entweih'n durch blut'ge Menschenopfer,
Indem dem Gott des Friedens und der Liebe,
Anstatt des Weihrauchs unbefleckter Tugend,
Sie schwarzen Dampf verbrannter Leichen bieten,
Und ihm der Wittwen und der Waisen Thränen

Zum Opfer bringen. Was war übrig nun
Von jenem edlen Geist, der unf're Helden
Vordem beseelt? Was von dem glüh'nden Streben
Nach ehrenvollem Ruf, der unser Volk
Ehmals erfüllt, und sie zu solchen Wundern
Von Tapferkeit, zu solchen hohen Thaten
Getrieben? — Diese Flamme ist erloschen;
Zu Ende Alles nun! Des Lusus Söhne
Sind wir gewesen — ja, gewesen! — Bald
Wird unser Ruhm, der einst die Welt erfüllte,
Nur Echo eines langen Seufzers sein:
Der Stimme gleich, die aus vergeff'nen Gräbern
Hervortönt. Fruchtlos ist's, daß für die Nachwelt
Ihr Ruf erschallt; denn diese kennt ihn nicht!

11.

„Was blieb mir also zu vollbringen noch
Inmitten der Erniedrigung, die rings
Ich sah? Was sollt' ich fruchtlos in Gefahren, —
Wozu in Kriege, die fruchtlos wie sie,
Mich stürzen? Was im Kampf mir Narben holen,
Die werthlos in den Augen Deffen sind,
Der das für's Vaterland vergoff'ne Blut
Gering nur achtet? — Tiefempörten Herzens

Erhob ich meine Stimme, um die Frevler,
Die so den Ehrennamen Portugiese
Befleckten, anzuklagen. Wider sie
Beschwor ich der erlauchten Helden Schatten,
Die diese Bastardbrut in ihren Gräbern
Noch schändete — das Reich, das sie gegründet,
Zerstörend. Ach, umsonst war meine Klage:
Das weib'sche Ohr der Zwingherrn konnte nicht
Die harte Wahrheit, die ich sprach, ertragen —
Verbannung wurde meiner Kühnheit Lohn!

12.

„Durch sieben Jahre so von Land zu Land
Irrt' ich dahin — zu jenen Inseln bald,
Die von dem Feuer, welches sie verzehrt,
Ein ew'ger Gluthherd, flammen, nach Malacca's
Halbinsel bald und ihren freundlichen
Bewohnern. Endlich die ersehnte Ruhe
Fand ich inmitten jener öden Felsen,
Wo sich Macao hebt, die blüh'nde Stadt,
Reich durch die Schätze, die zu ihr heran
Der Handel trägt. Dort einsam und allein
Mit meinen traurigen Gedanken — doch
Befreit vom Umgang mit den Menschen, lebt' ich;

Wenn auch nicht glücklich, doch in Frieden, ganz
Mich in des Vaterlandes alten Ruhm
Versenkend und in die Erinnerung,
Die mir das Herz mit holdem Gram erfüllte.

13.

„Im Felsen an der Insel von Macao
Hat eine Grotte die Natur geschaffen,
In deren Frische die Najaden Kühlung
Zur Zeit des Mittagssonnenbrandes suchen.
Am Eingang hängen, einem Vorhang gleich,
Duftreiche Ranken, dem Geschling des Epheu's
Sich mengend. In die Wand des Felsens waren
Geheimnißvolle Lettern eingegraben —
Von welcher Hand, nicht Einer konnt' es sagen.
Vielleicht daß Schüler des Confucius
In grauen Zeiten hier den ewigen
Wahrheiten des Naturgotts nachgesonnen,
Der, wenn die Sage Recht hat, sich den Weisen
Von China früher offenbarte als
Dem Freund des Phädon. Nah dem Fuß der Grotte
Bricht schäumend seine Fluth der Ozean
Und dehnt sich unabsehbar in die Weite —
Dort, weltvergessen und in Einsamkeit,

Die süß zugleich und bitter war, verbracht' ich
Glücksel'ge Stunden, wenn in ihrer Sanduhr
Die Zeit je solche für mich rinnen ließ.
An dieser Zufluchtsstätte sanfter Schwermut
Drang mächtig die Erinn'rung alter Zeit
Auf mich herein. Doch bange Sorgen mischte
Dazwischen mir die Gegenwart, und auch
Der Zukunft mußt' ich oft mit Zagen denken;
Bisweilen wieder sah ich dann die Hoffnung
Aufgrünen, wie ein leichtes Blatt jedoch
Bald wieder wehte sie hinweg der Wind.

14.

„O Vaterland, geliebtes Vaterland!"
Rief ich. ‚Nichts also als ein leerer Traum
War die Erscheinung, die vom Himmel mir
Gesandt ich wähnte — ich, der deinen Namen
Unsterblich machen sollte, der die Welt
Mit meinem Ruhme zu erfüllen ich
Gedacht, daß die Jahrhunderte voll Staunens
Als deiner und als Katharina's werth
Mich priesen! — Schwindet hin, ihr Visionen
Von Ruhm wie Rauch, der auf zum Himmel steigt —
Doch den alsdann der Wind verweht, als Strafe,

Daß er so hoch gestrebt! Was denn vermag
Zu seines Vaterlands Verherrlichung
Ein Unglückseliger wie ich zu thun —
Ein ungerecht Verbannter und Verfolgter?'

15.

„Aus meines Herzens Tiefe hört' ich da
Mir eine Stimme Antwort geben: Mehr
Vermögen Wort und Feder, als das Schwert.
Die Dichtung ist es, die glorreiche Thaten
Unsterblich macht — vor der Vergessenheit
Beschützt die Muse! Fort noch lebt der Ruhm,
Den Rom's und Hellas' Lieder feierten.
Ist eines unvergänglichen Gesangs
Er minder wert, der Held der Lusitanier,
Der in sein Joch den Ozean, und selbst
Den Tod gespannt? Sag' an! Die hohen Thaten
Des tapfern Nunhez, eines Egas, Fuas —
Verschwinden neben ihnen nicht die Fabeln
Von Roland und von Roger, welche nur
Die Phantasie erschuf? Wodurch verdient
Aeneas höhern Ruhm als unser Gama,
Der fest und kühn, beharrlich in Gefahr
So Wunderwürdiges vollbracht und Alles,

Was nur des Menschen Kraft erreichbar schien,
Noch übertraf?

16.

„So mächtige Gedanken
Bemeisterten sich meiner Seele ganz. —
Welch' ein vermeſſ'ner Plan? Mußt' ich empor
Zu Schwindelhöhen mich nicht schwingen? Sei's!
Dem Rufe, der an mich ergangen, folg' ich!
Und zu des Tajo Nymphen flehend, daß sie
In mir des Genius Flamme zündeten,
Begann ich mein Gedicht und schuf mit Eifer
An solchem kühnen Werke jahrelang. —
Als ich's vollendet, ließ ich meine Zuflucht,
Und kehrte in mein trautes Vaterland,
Erhoffend, daß für mein Gedicht mir Dank
Von meinem Volke, meinem König würde,
Der Tugenden und echten Heldengeist,
Wie ich in dem Gedichte sie besungen,
Zu schätzen wüßte. Höher noch ließ Hoffnung
Auf einen andern süßern Lohn das Herz
Mir schlagen. — Aber ach! mein Leben war
Ein langer Traum nur! Nichts auf Erden mehr
Hab' ich zu hoffen. Nehmt denn dieses Buch,

Ehrwürd'ger Vater! Es dem würd'gen Sohn
Des großen Manuel zu bieten, hatt' ich
Gedacht — ja, Einer, welche höhern Lohn
Für das Vollbrachte noch mir bieten konnte,
Hatt' ich geträumt zu Füßen es zu legen!
Doch heute! — —"
      Auf den Lippen stockt das Wort ihm;
Nur noch verworr'ne Töne werden laut,
Dann stirbt in tiefen Seufzern seine Stimme. - -

Fünfter Gesang.

In Cintra.

Auf immer ist im Himmel sie, und ich,
Auf Erden trostlos bleib ich immerdar.

Camoens, Sonette.

———

1.

„Fließt, meine Thränen, rinnt hinab auf diese
Entfärbten Blüten! Netzt sie, denn hinweg
Ist über sie des Todes heißer Hauch
Gegangen! Du, der Liebe schöne Rose,
Du purpurne, wer hat zur Grablevkoje,
Zur bleichen Schattenblume dich verwandelt?

2.

„Vertrocknet ist in Mühsal und Gefahr
Des grausen Krieges meiner Jahre Saft.

Verlassen und in menschenleeren Oeden,
Hülflos, Begleiter einzig mir mein Gram,
Umirrend in den Palmenwäldern, wo
Der Tiger brüllt, durch unbekannte Länder
Und fremde Völker bin ich hingestreift. —
Doch in dem Allen hat mich eine Hoffnung
Aufrecht gehalten, die von neuem stets
Mich floh, wenn eben ich erfüllt zu sehn
Sie glaubte. Du, der Liebe schöne Rose,
Du purpurne, wer hat zur Grablevkoje,
Zur bleichen Schattenblume dich verwandelt?

3.

„Lang auf des blauen Ozeanes Flut
Umhergetrieben, seiner Möwen Krächzen,
Den dumpfen Klagelauten seiner Wogen
Hab' ich gelauscht, und ihnen Antwort gaben
Die Seufzer meines Herzens. In der Nacht,
Der sternenlosen, drangen an mein Ohr
Des Schiffers trauervolle Rufe, der
Nach einem Grab in seiner Heimaterde
Sich sehnt. Und, trüber noch als sie, vermengte
Sich meines Herzens Schluchzen all den Stimmen
Des Wehes. — — Du, der Liebe schöne Rose,

Du purpurne, wer hat zur Grablevkoje,
Zur bleichen Schattenblume dich verwandelt?

4.

„Der Wind pfeift in den Segeln, und der Sturm
In fürchterlichen Stößen reißt die Planken
Des Schiffes los, in die empörten Wellen
Hinab sie schleudernd. Unserm Blick erscheint
Der grause Tod; inmitten des Entsetzens,
Das Aller Blut erstarren läßt, gewahr' ich,
Der Einz'ge, einen Hoffnungsstrahl: allein
Seh' ich durch das zerriss'ne Sturmgewölk
Die milden Strahlen meines Sternes leuchten —
Des Poles, der mich leitet. Aus dem Meer
Erhebt sich halb der fürchterliche Riese
Mit finstern Gliedern, dessen Graungestalt
Ich als der erste sah. Er will mich strafen,
Weil sein Geheimniß ich der Welt enthüllt;
Doch seinem Zorne biet' ich Trotz; ich höre,
Und schaud're nicht, wie bei des Sturmes Wut
Er mit den gelben Zähnen knirscht. Ich schaue,
Wie er im Zorne seinen schlamm'gen Bart
Ausreißt; ich sehe bei der Blitze Flammen —
Sein bleiches fahles Angesicht vor Grimm

In Purpur aufglühn. — Wenn er mich nicht schreckte,
So war's, daß mir aus dem ersehnten Hafen
Der Lichtstrahl eines traulichen Fanals
Entgegenglänzte. Tröstungsreiches Licht.
Leuchtthurm der Hoffnung, — o was trogst du mich,
Als ich den Fuß an dieses Ufer setzte?
Was ließest du mich in der Finsterniß?
Du schönes Traumgebilde, welch Erwachen
Hat grausam dich zerstört — o welche Hand,
Ruchlos beim Mittagssonnenbrande dich
Gebrochen — du, der Liebe schöne Rose?

5.

„Das Echo jener Wildniß, die der Ganges
Benetzt und wo die Palme Indiens ragt,
Ließ ich von deinem Namen wiederhallen.
Dem sanften Klange meiner Leier einte
Der Myrrhenstrauch das Rauschen seiner Blätter.
Aus seinem Stamme, d'rin ich deinen Namen
Eingrub, quoll Balsam vor bei jeglichem
Buchstaben; du, der Liebe schöne Rose,
Du purpurne, wer hat zur Grablevkoje,
Zur bleichen Schattenblume dich verwandelt?

6.

„Du Grotte von Macao, theure Stätte,
In deren Einsamkeit so süße Stunden
Voll sanfter Schwermut ich vollbracht, die du
Mein Seufzen, meiner Liebe Klagen hörtest,
Du frisches, seliges Asyl, wo ich
Mein Weh aushauchte und wo meine Liebe,
Mein Vaterland zu sanften Tönen bald,
Und bald zu Heldenliedern mich begeistert,
Die kühn der Zeit, sowie der Menschen Stumpfsinn
Trost bieten können —, meiner Seufzer Echo
Wirst du in deinem Schoße treu mir hüten,
Und künftigen Jahrhunderten erzählen,
Was ich von meinen Herzgeheimnissen
Dir anvertraut. Den Portugiesen wirst du,
Den undankbaren, sagen, daß kaum Einer
Ein echt'rer Sohn von Portugal gewesen,
Und inniger sein Vaterland geliebt,
Als ich, daß für das teure und die Liebe
Allein ich kämpfte und unsterbliche Gesänge
Aus meiner Leier lockte. — Süße Heimat,
Einst Nebenbuhlerin von Katharina
Warst du mir; — jetzt hab ich nur dich allein.
Verlasse den nicht, der für dich und Sie

Soviel erduldet — der für dich allein
Fortan noch an dem schwachen Faden sich
Festhält, der an dies unglückselige Leben
Ihn bindet. — Du, der Liebe schöne Rose,
Du purpurne, wer hat zur Grablevkoje,
Zur bleichen Schattenblume dich verwandelt?

7.

„Vergessensein, ach, ist mein Schicksal. Hülflos,
Allein bleib ich auf dieser traur'gen Erde
Zurück. — In deinem Schatten nur gedieh,
Gleich einer Ranke, schüchtern meine Hoffnung —
Du schöne Blume. Nun gewelkt ist sie
Im Hauch des eis'gen Nordes. — Königin
Der blüh'nden Flur, wer hat dich unbarmherzig
Geknickt? Warum hat nicht dieselbe Hand
Die schwanke Ranke, welche ohne dich
Nicht leben kann, dem Boden nicht zugleich
Entrissen? — Du, der Liebe schöne Rose,
Du purpurne, ach, nimm an deiner Seite
Mich in der eis'gen Nacht des Grabes auf!"

8.

Das ist die Totenklage, die der Krieger
In Cintra's schattenreichen Bergesgründen

Ertönen läßt. Auf einem kahlen Felsen,
Am stein'gen Hang des Berges, welchen noch
Die Thürme eines Maurenschlosses krönen,
Vertraut dem Windeswehen er sein Leid.
So singt, dem Tode nah, auf dem Eurotas
Der liederreiche Schwan. Es war, als füllte
Der Jnes Seele vor dem Sterben noch
Die Luft mit ihren Seufzern, in das Weh —
Des Dichters, der unsterblich sie gemacht,
Jhr eignes strömend. — Auf sein klopfend Herz
Preßt er den Rosenkranz, der halb verwelkt.
Ach, nie versiegend strömen seine Thränen
Auf die verdorrten Blumen nieder; doch
Das glühende Naß läßt sie noch tiefer welken.
Nie wieder wird in Duft und Glanz die Blume
Sich aufthun, die das Grabgestein berührt!

9.

Jndes erhebt die Sonne sich. Die Wolke,
Die auf der Berge Saum den feuchten Mantel
Gedeckt — beim ersten Tagesstrahl zerrinnend,
Jst nur ein leicht=durchsichtger Schleier noch.
Das Meer strahlt auf, indessen hoch und höher
Das Licht sich hebt. — Am Fuß von Cintras Bergen

Dehnt sich ein herrlich Thal voll duft'ger Bäume,
In deren Wipfeln goldne Früchte leuchten,
Voll dunklen Laubgezweigs, d'rin die Limone
Mit bleichem Schimmer pfangt — voll frischer Wiesen,
Auf denen in der Morgensonne Strahl
Thauperlen blitzen. Wonnig blüht die ganze
Natur dem Lichte, wie es steigt, entgegen,
Dem lebenspendenden, in dessen Bad
Die Welt an jedem Tage sich verjüngt.

10.

Cintra, die schöne, zeigt dem König sich
In ihrem reichsten vollsten Schmuck. So wohl
Tritt eine Fürstin aus des Ostens Reichen
Vor ihren königlichen Gatten hin:
Aus ihren seib'nen wallenden Gewändern,
Mit denen leicht der Hauch des Windes spielt,
Wallt süßer wollustvoller Duft hervor.

11.

O Cintra, traute Stätte, wo des Grams
Wir nicht mehr denken, wohin fern dem Lärme
Der Welt die bange Sorge flüchtet, daß
Im Schooße der Natur der Blätter Rauschen,

Vereint mit dem Gemurmel der Cascaden,
In Schlaf sie wiege — wer, o Cintra, hätte,
Der unter deinen frischen Schatten ruhte,
Nicht Träume künft'gen Glücks geträumt? Wer hätte,
Auf deiner steilen Felsen Moos gebettet,
Mit träumerischem Blick auf diesen Himmel,
Dies Meer, auf diese Hügel, diese Matten
Das Auge gleiten lassen, und befreit
Sich von des Daseins Bürde nicht geglaubt?
Sein Herz nicht über die vergess'nen Sorgen
Und Müh'n mit leichtem Flügelschlag hinschweben
Gefühlt? — O frische Grotten, grüne Hügel,
Gewalt'ge Berge, klagenreiche Quellen,
Rauschende Wälder — soll ich nimmermehr
Euch seh'n, ihr meiner Seele süße Wonnen?
Ihr Stämme, denen ich geliebte Namen
Von Freunden einschrieb, wird mir das Geschick
Nicht gönnen, daß ich einst euch frage, was
Aus ihnen ward? Daß auf des Baumes Rinde
Ich lese, was ich in den zarten Strauch
Einst grub? — Ach, was kann ich von neuem nicht
Euch schau'n und forschen, ob die mächt'gen Eichen,
Die Felsenklippen noch getreu die Namen
Des nun vergess'nen Dichters aufbewahrt —

Die liebe Hände in zu früh geschwundnen
Glückfel'gen Tagen ihnen eingeschrieben!

12.

Cintra, des grünen Frühlings Wohnsitz du,
Wem wärst du theuer nicht? Wer eine Stunde
In beinem Schooße nur geweilt, nie schwinden
Wird ihm die selige Erinnerung
Daran. Unsterblich tönt dein holder Name
In jenen buft'gen Hymnen, welche fort
Und fort aus beiner Blumen Kelchen strömen!
An beines Vorgebirges Felsen bricht sich
Die Wut des sturmgepeitschten Ozeans.
Und selbst, verschlänge dich die wilde Flut —
Dein Name würde unvergänglich fort
Doch von Jahrhundert zu Jahrhundert tönen.
Da bir Unsterblichkeit Britanniens Dichter
In seinem Lied geschenkt — er, bessen Harfe
In Griechenland an eines Lorbeers Zweig
Nun aufgehängt ist, wo des Todes Hauch
An ihr die letzte Saite reißen ließ.

13.

Zurück zu Lusitaniens Dichter nun!
Von seinen Klagen läßt er biese Felsen

Ertönen, die zerstreute Grabbenkmale
Von Riesen oder eingestürzte Tempel
Aus grauer Vorzeit scheinen, deren Kunde
Sich in dem schweigenden Gestein verlor.
Die letzten Töne seines Liedes beben
Noch in der Luft, als plötzlich solche Worte
Zum Ohr ihm bringen: „Einer großen Seele
Geziemt es nicht, dem Unglück zu erliegen.
Wohl seufzen mag das schwergetroffne Herz,
Allein wer weise ist, gebeut zuletzt
Den Thränen Einhalt. Folge mir!"
                                        „Wohin?
Zu wem? Ach, wär't Ihr — —?"
                              „Freund, ich bin's, ich selber.
Kommt nur, der König will Euch seh'n und hören." —
„Mich?"
          „Bis zum Thron gedrungen ist die Stimme
Der Wahrheit. Wer Ihr seid — der König weiß es.
Den Eifer für den Ruhm des Vaterlandes,
Der Euch beseelt, preist er begeistrungsvoll.
Um neun Uhr kommt, denn ungedulbig ist
Der König, Euch zu sehn!"
                      — „Allein das Buch?"
„Um seinethalb begab ich mich hierher;

Ich bracht' es mit. Seit lang hab' ichs gekannt.
Von Euren Freunden ward's in Mozambique
Und Goa mir mit hohem Lob genannt."
„Jedoch mein unbekannter Name, wie
Ist zu des Königs Ohren er gedrungen?"
„Ihr werdet Alles hören, aber Eile
Ist jetzt vonnöten. Eben nur noch Zeit
Habt Ihr, für die Audienz Euch zu bereiten,
Die Euch des Königs Huld bewilligt hat."

14.

Den steilen Berg hinunter steigen Beide;
Der Greis stützt sich auf seinen Knotenstock,
Und in dem Drange seinem Freund zu dienen
Beflügelt er den Schritt. Der Mut des Kriegers,
Schon halb erstarrt, flammt nun von neuem auf:
Die Hoffnung auf den langersehnten Ruhm
Läßt ihn aus seinem Brüten sich ermannen.

Sechster Gesang.

Don Sebastian und sein Hof.

So hoch hielt Alexander nicht die Thaten
Achills im Kriege, wie des Dichters Verse,
Die melodienreichen, der ihn sang:
Den einzig preist er, den erlehnt er sich!
                    Camoens, Lusiaden V, 93.

1.

Emanuels des Großen Scepter hatte
Viel in der schwachen Hand Johann's vom Glanz,
Mit dem es ehmals Siege und Triumphe
Geschmückt, verloren. Jetzt hält in der Rechten
Ein junger König es, von schlechten Räthen
Beherrscht, und fieberisch erzitternd kann
Er schlecht das Reich nur lenken. Lusitaniens
Gestirn neigt sich im Osten wie im Westen:
Bald in Alcazar's sonnverbrannten Flächen,
Wo Frevel und Verrat ein Grab ihm höhlen,
Erwartet seinen Ruhm der Untergang.

Schad, Orient und Occident. II.   7

2.

Sebastian herrscht. Wenn König der schon wäre,
Den Edelsinn und Tapferkeit und Durst
Nach hohen Thaten schmückt: er wär' ein König.
Allein . . . Sebastian herrscht. Der Siege Lorbeer,
Der seine Väter schmückte, gönnt ihm Rast
Nicht auf dem Pfühl. Einmal schon einen Kriegszug
Hat er nach Afrika gewagt und Palmen
Auf jenem Boden sich erkämpft, der einst
Die Wiege unsres Ruhmes war und dann
Zur traur'gen Gruft ihm ward. Berauscht vom Glück
Des ersten Zuges wähnte da der Jüngling,
Gefesselt sei der Sieg an seine Fahnen:
Von Waffen und Gefahren und Triumphen
Nur träumt er, und indessen treibt das Schiff
Des Staats, ein Spiel der Wellen, auf dem Meere. —
Habgier'ge Günstlinge bemächtigen
Des Steuers sich; doch auf die alte Bahn
Nicht das verlass'ne können mehr sie führen.
Bald werden sie in ihrer blinden Habsucht
Das Schiff zum Scheitern bringen! Wenn der Ew'ge
Die Völker zücht'gen will, so giebt er ihnen
Erobrungssücht'ge Könige zu Herrschern.

3.

Verrätherisch in seinem Escurial
Spann Philipp, voll von Ehrgeiz, finstre Pläne
Und lockte durch Sebastians feile Räte
Den jungen König in ein Labyrinth,
Aus dem kein Ausweg. Kaum noch Einer bleibt
Vom alten biebern Adel; ist noch Einer,
In dem der alte Freimut lebt — bald wird
Zum Schweigen er gebracht, wie er auch murre:
Grausame Bonzen stehen an der Spitze;
Auf den erniedrigten Altären fehlt's
An Opfern nicht. Die Scheiterhaufen flammen
Vom Orient zum Occident. Es winden
Im Todeskrampf sich Sterbende. Das ist
Der Weihrauch, den sie lieben; schwarzer Dampf
Von Blut, das aus weit offnen Wunden quillt,
Zu athmen lieben diese Ungeheuer.
Mit wilder Lust aus gold'nen Bechern zechen
Sie satt sich an der Wittwen Thränen, während
Verlass'ner Waisen Seufzer die Musik sind,
Die dieser Teufel Ohr wollüstig kitzelt!

4.

Nur die Erinnerung noch an Pacheco
Und Albuquerque, als ein Widerhall
Aus Lusitaniens alten Ruhmestagen,
Hält noch die Feinde unsres schwanken Reichs
Zurück. Umnebelt von Visionen, die
Das Unheil ihm verbergen, das ihm droht,
Glaubt der unsel'ge König einem Volke
Noch zu gebieten, das vom Tajostrand
Bis an den Congo, von des Ganges Ufern
Bis fern zum Strom der Amazonen herrscht.
Dies weite Reich entschwindet seiner Macht,
Und doch, es auszudehnen, sinnt er noch!
Blind, ahnt er nicht, welch fürchterliches Loos
Sein wartet, daß Triumphe, Hoffnung, Ruhm
Jahrhunderte des Sieges, Seelenadel
Und Tugend mit ihm untergehen werden! —
Ihr, Wüsten Afrika's, all diese Asche
Verschlingen werdet ihr und euren Durst
An allen diesen Strömen Blutes stillen!
Es ist soweit! Am Boden windet sich
Der kühne Drache, der Jahrhundertlang
Das Wappenschild von Portugal geschmückt,

Nicht hebt er mehr, wie sonst, die stolzen Flügel;
Zum erstenmal hat furchtlos ihm der Löwe
Von Spanien in das Angesicht geblickt.

5.

Ein einz'ger Mann, von aller Welt geehrt,
Der in der Brust ein lusitanisch Herz
Noch trägt, hat über Don Sebastian's Seele
Sich einen Schatten noch von Macht bewahrt.
Der eble Don Alexis ist's, durch Tugend
Und Weisheit alle Andern überragend,
Die sonst am Hofe sind. Des Königs Ahnherr
Hat als Berater diesen ihm gegeben,
Und nicht gewagt hat Don Sebastian
Aus seiner Nähe solchen ernsten Freund
Zu bannen, der die Wahrheit zu vergolden
Und die Gerechtigkeit in schnöde Lüge
Zu hüllen nicht versteht. Verhängnißvolle
Irrthümer, schnöde Unbill und Befleckung
Des Purpurs — o wie oft nicht hat der Greis
Das Reich davor bewahrt! Wie oft nicht wich
Vor seinem schlichten Sinn die Ränkesucht
Zurück, und zwang, ob wider Willen auch,
Die Tyrannei, ihr stolzes Haupt zu beugen!

Die Höflinge, ihn hassend, mühen sich
Mit allen ihren Künsten, in der Gunst
Des unerfahr'nen Fürsten ihn zu stürzen —
Allein vergebens war bis jetzt ihr Trachten.
Alexis haßt die niedre Heuchelei,
Der Diener eines Gottes, der ganz Milde,
Ganz Reinheit war, und aus den Evangelien
Sich ihm in Geist und Wahrheit offenbart.

6.

Voll heil'gen Eifers hat der Missionär
Sich an den Hof Sebastians begeben,
Um durch Alexis von dem jungen König
Zu neuer Fahrt in weitentleg'ne Zonen
Die Mittel zu erlangen. Dort geblieben
Bei seinen Neubekehrten ist das Herz. —
Gelesen ohne Zögern das Gedicht
Hat er, das ihm der Sänger anvertraut,
Und hoch bewundert, wie die Herrlichkeit
Homers, der Reiz, die Anmut des Virgil
Hier in des Westens Sprache auferstanden,
Indeß in solcher Eigenheit und Neuheit,
Wie Griechen sie und Römer nicht gekannt.
Entlockt hat ihm die stürmische Begeist'rung

Den Ausruf: „Solch ein wunderbares Werk
Des Genius, so edle reine Liebe
Zum Vaterland — sie sollten keinen Lohn
Empfangen! Wenn um's Volk und um das Reich
Ein Mann sich mit der Feder und dem Schwert
So hoch verdient gemacht, sollt' Undank einzig
Zu Theil ihm werden? Soll er wie ein Bettler
Die Gnade sich von einem gier'gen Kaufherrn
Erfleh'n, daß er solch Werk ihm widmen dürfe
Und wie zum Hohn nur eine winz'ge Summe,
Mit der das tägliche Bedürfniß kaum
Er stillen kann, als Lohn dafür empfangen. —
Das darf nicht sein! — —"

                         Gefaßt ist sein Entschluß,
Er greift zu seinem Pilgerstab und eilt
Nach Cintra, spricht mit Don Alexis, schildert
Des Camoens bedrängte Lage ihm,
Das selten hohe Werk, das er geschaffen,
Die Thaten, die der große Mann vollbracht,
Und wie das Schicksal, das ihn stets verfolgt,
Doch seinen stolzen Sinn nicht beugen kann.
Leicht so gelingt es ihm, in Don Alexis,
Dem so wie ihm der Sinn für Hohes flammt,
Die Glut des eig'nen Herzens anzufachen.

7.

Alexis sprach zum König: „Herr, ein Greis,
Der Euch seit langen Jahren treu gedient,
Und niemals Lohn dafür von Euch begehrt —
Darf er die Hoffnung hegen, daß die Huld,
Vielleicht auch die Gerechtigkeit des Königs
Ihm eine Gunst, bescheiden und gering,
Gewähre?
    „Mag er bitten, was er will,
Nicht weigern werd' ich's. Sprecht!"
        „Nur wenig ist's:
Gehör für einen Mann, der wohl verdient,
Daß Ihr das Ohr ihm leiht."
        „Wo ist er? Laßt
Ihn kommen; aber kurz muß er sich fassen.
Kostbar für mich ist jeder Augenblick
Und meine Absicht — —"
       „Dank! Und möge glücklich
Der Ausgang sein!"
       „Er wird es — zweifelt nicht!
In Afrika's Gefilden harrt der Ruhm
Auf uns mit Ungeduld. Erwarten kaum
Kann ich den Augenblick, entgegen ihm

Zu eilen — — Aber wird auch Don Alexis
Die Absicht seines Fürsten billigen?"
„Im Rath, Gebieter, werd' ich meine Meinung
Euch sagen; jetzt ist meine einz'ge Pflicht,
Euch zu gehorchen."
                    „O wohl kenn' ich Euch, Alexis!
Seit meiner Kindheit lieb' ich Euch; Ihr seid
Mein Freund, wie keinen treueren ich habe."
„Der Himmel gebe, daß Ihr stets so denkt,
Und daß Verräter nicht — — Herr, dieser Mann,
Erbittet nichts von Euch. Ein Portugiese
Ist er und stolz wie alle Lusitanier;
Doch was er für das Vaterland vollbracht,
So glorreich ist's, daß es, mein König, sich
Nicht ziemen will, ihn ohne Lohn zu lassen."
„Wer ist er denn, und was hat er gethan?
Darf er mit Gama, darf mit Albuquerque
Er messen sich?"
                    „Er hat sie übertroffen;
Denn ihm verdanken sie Unsterblichkeit.
Vielleicht einst durch des Schicksals Wandelungen
Und unsre Fehler werden Albuquerque's
Und Gama's mächtige Eroberungen,
Wird unser ganzes Reich im Orient

Verloren gehen. Doch der Ruhm der Dichtkunst
Ist unvergänglich: Trotz jedwedem Wandel
Des Schicksals bietet sie. Drum ist ein Sänger
Den hohen Thaten unsres Volkes nötig,
Der sie der immer ungewissen Zukunft
Erhalte. Von Achill was wüßten wir,
Was von Aeneas' Vaterliebe, wenn
Das Denkmal, ihnen von Homer, Virgil
Errichtet, alle Siegstrophäe und aller
Erstürmten Städte Mauern überbauert
Nicht hätte? Durch das Schwert wohl können Ruf
Und Ruhm erworben werden; doch die Dichtung,
Die Muse der Geschichte einzig kann
In der Erinnerung der Menschen ihn
Verewigen."

       „Nicht zweifeln darf ich, daß
Ihr Wahrheit sprecht."

       „Gehört habt Ihr, Gebieter,
Wie Neid aus Alexanders Augen Thränen
Gelockt hat — Neid nicht auf des Peleus Sohn,
Nein, auf das Lied, das ihn unsterblich machte!
Wie von Augustus Ehre, Würden, Reichtum
An die verschwendet wurden, die den Ruhm
Von Rom gefeiert! Aber sprecht: der Römer

Großthaten, der Hellenen übertreffen
Sie, was die Lusitanier vollbracht?"
„Nein, Freund! und bau' auf mich: verherrlicht werden
Soll mehr durch mich noch, daß durch's ganze Weltall
Er widerhallt, der Portugiesen Name!"
„Das wolle Gott!"
                                    „Er wird es wollen, ja!
Ruhm, wie ihn meine Ahnen sich erkämpft,
Werd' ich erringen, oder glorreich sterben."
„Nicht immer ist's der Krieg, wodurch ein König
Sich Ruhm erringt! Denis, der Friedliche,
Johann der Zweite, der Gerechte ..."
                                    „Nun —
Genug. Laßt jetzt uns von dem Buche sprechen! —"

8.

Dem König drauf berichtet Don Alexis,
Was ihm der Missionär erzählt. Er preist
Die Dichtung, hält dem jungen König vor,
Wie ehrenvoll sein Name strahlen werde,
Wenn als der Dichtkunst Gönner er in Zukunft
Dastehe. Alles, was des Fürsten Seele
Entflammen kann, führt er ihm vor.
                                    „Ich will

Ihn sprechen; geht — laßt ihn zu mir entbieten!
Wenn, was Ihr sagtet, Wahrheit ist, soll seiner
Und meiner wert der Lohn sein, der ihm wird."

9.

Der edle Don Alexis geht, daß er
Dem Freund, der sein schon harrt, die Antwort bringe.
Der Missionär, froh ob der schönen Hoffnung,
Durcheilt die Hügel, Grotten und Gebüsche
Des frischen Cintra, und begegnet endlich
Dem Camoens. Alsbald den steilen Abhang
Hinunter steigen Beide sie vereint,
Und harren voll von schönen Zukunftsträumen
Der Stunde, die Sebastian bestimmt.

Siebenter Gesang.

Camoens liest sein Gedicht vor dem König.

In Versen, reich an Melodie, wirst du
Darin die hohen Thaten unsrer Väter
Berichtet finden — — — — — —
Und sagen sollst du, was erhabner sei:
Ob König sein der Welt, ob solchen Volkes!
Camoens, Lusiaden I, 9 u. 10.

———

1.

Die Zeit ist da. In Cintra's Schloß der Vorsaal
Ist voll von Solchen, die Gehör vom König,
Vielleicht auch nur von seinen Günstlingen
Erbitten. — Zu der Könige Palästen
Stets drängen Viele sich, bie um die Gunst
Der feilen Satelliten buhlen: Diese
Sind hoffnungsvoll, bie Andern bang besorgt.
Der nied're Stellensucher setzt sich zagend
An eines Armen Seite; ihrer keiner

Wagt es, das feib'ne ſtrahlende Gewand
Des ſtolzen Höflings zu berühren. Hier
Begrüßt der hochmutvolle Würbenträger
Mit Gönnermiene einen Lieferanten;
Und dieſer, hochgeehrt, erinnert ferner
Sich nicht der Summe, die ſolch hoher Herr
Ihm ſchuldet. Drückt er ihm ſo freundlich doch
Die Hand! — Dort, von Geſundheit ſtrahlend —
Inmitten ſeiner Müh'n als Seelenſorger
Hat er verſtanden trefflich ſich zu pflegen —
Geht ein Abbé, nicht eines Blicks ihn würd'gend,
An dem beſcheid'nen Pfarrer ſtolz vorüber,
Der ſchlecht genährt von ſeinem kleinen Amt
Als letzter in den Reih'n der Geiſtlichkeit
Daſteht. — Und was verlangt der arme Prieſter?
Ein kleines Scherflein von des Königs Huld
Erfleht er für ein Armenhoſpital,
Das er in ſeinem winz'gen Kirchſpiel ſchuf.
Der And're aber — was iſt ſein Begehr?
Er will den Biſchoffitz, auf den ein Recht
Sein wicht'ges Amt ihm und die Arbeit geben,
Die es ihn koſtet, ſeiner reichen Pfründe
Einkünfte hier am Hofe zu verzehren.

2.

Auf diesen Schauplatz, mannigfach von Spielern
Und dem, wonach ihr Trachten geht, belebt,
Erscheinen Zwei zum erstenmal. Ihr Aussehn
Beweist, daß auf des Hofes Teppiche
Zu treten sie gewohnt nicht sind. Von allen
Bittstellern mit Befremden angeblickt,
Vortritt ein alter Mönch, und ihn begleitet
Ein Krieger, stolz und edel, aber nichts
Von Eitelkeit verratend.
     „Bettler sind's,
Aus Indien angekommen. Diese Flotten
Aus Goa bringen nichts als solche Leute."
So raunt's um sie. Allein die Thür geht auf,
Und aller Augen wenden sich dorthin.
So kehrten wohl der Pilger Blicke sich
In Delphi nach dem goldverzierten Vorhang,
Wenn sich das Zelt des Heiligtums erschloß,
Und in geheimnißvollen Versen nun
Kund werden sollte der Orakelspruch.

3.

Alexis zeigt sich an der Schwelle, Einen,
Der seinem Blick sich im Gewühl verbirgt,

Mit spähn'dem Auge suchend. Wer ist dieser,
Den all die Andern um sein Glück beneiden? —
Den beiden Unbekannten beut der Rat
Des Königs freundlich seinen Gruß; mit ihnen
Nur tauscht er Worte. Das gewohnte Zeichen
Dann geben die Trabanten, und Musik
Erschallt: Platz nimmt auf seinem Thron der König.
Kurz sein wird die Audienz: kriegslust'gen Fürsten
Bleibt wenig Zeit für edle Friedenswerke;
Jedwedes Kleid, das nicht ein Kriegsgewand,
Verachten sie. So auch Sebastian.

4.

Der König sprach zu seinem greisen Rat:
„Inmitten aller hier noch Euren Schützling
Gewahr' ich nicht."
                           „Da ist er — dieser Ritter!
Wollt Ihr ihn sprechen?"
                           „Ja, gespannt bin ich
Auf solchen Mann. Zu schätzen weiß ich wohl
Der Dichtkunst Wert, und einen Genius
Werb' ich in Ehren halten. Mit dem Schwert
Dient der dem Vaterland — der mit der Feder!"
„Ob, was ich schrieb, dem Vaterland zur Ehre

Gereiche, mein Gebieter, den Gelehrten
Stell' ich darüber die Entscheidung heim;
Doch meinem Arm und meinem Schwerte thut
Kein Zeugniß Andrer noth."

                „Mein Freund, Ihr sprecht
Als echter Portugiese. Wacker seid Ihr —
Gern das erkenn' ich an. Dies edle Zeichen
Auf Eurem Antlitz sagt, daß Ihr den Rücken
Dem Feinde nicht zu kehren pflegt." Alsdann
So fährt er fort zum Kreis der Höflinge:
„Von Allen, die aus Asien heimgekommen,
Ist dies der Erste, der von seinen Narben
Mir nicht gesprochen." —

                „Herr, Pacheco hatte,
Ich denke, deren wohl genug."

                „Ich kenne,"
Fällt ungeduldig ihm ins Wort der König,
„Die Thaten des Pacheco zur Genüge."

5.

    Mit Staunen schau'n die Höflinge umher
Auf diesen Krieger, der so frei die Wahrheit
An solchem Ort zu sagen wagt. Schon denkt
Wohl Mancher, den Verwegnen werd' alsbald

Ein finstres Schloßverließ in seine Nacht
Begraben. Doch mit wieder heitrer Miene
Spricht so zu Camoens der König: „Kommt,
Im Schatten von La Penha=Verde sitzen
Laßt uns, auf daß ich Euch mit Muße höre.
Mild ist der Tag und gern der Musen Stimme
Leih' ich mein Ohr im Schooße der Natur."

6.

Der Fürst und sein Gefolg, das Schloß verlassend,
Betreten jenen grünen Abhang, wo
Der Lorbeer blüht, der Castro's Namen noch
Zurückruft, dessen edle Stirn er schmückte.
Platz nehmen Alle unter mächt'gen Bäumen
Auf frischen Sitzen, die der Rasen beut.
Erwartend blickt der jugendliche König
Ins Angesicht dem Dichter, dessen Stirn
Von Ruhm und himmlischer Begeisterung
Zu strahlen scheint. Wer von den Höflingen
Nichts dessen fühlt, was in des Königs Seele
Sich regt, der stellt sich doch, als fühlt' er es,
Und Alle richten sich nach ihm. — Sobann
Beginnt der Dichter; seine Stimme zeigt
Die Ehrfurcht, welche ihn erfüllt, jedoch

Kein Bangen; und die Melodie der Verse
Läßt er erschallen mit erhobnem Ton.
Anhebt er von den Werken und dem Ruhm
Der Portugiesen, die das neue Reich
Im Osten gründen, von den großen Thaten
Der Könige und Helden, deren Name
Auf immerdar der allgemeinen Satzung
Des Todes trotzt. Des Tajo Musen dann
Beschwört er — mächt'ger schwillt sein Redeton:
Gebt Klänge nur von Feuer-Glanz und -Macht;
Nicht von der Flöte oder Hirtenpfeife,
Nein, von der mächtig schallenden Drommete,
Die das Gesicht bei ihrem Laut erbleichen —
Jedoch die Herzen höher flammen läßt!

7.

Sodann in Versen, die von hoher Liebe
Zum Vaterlande leuchten, ladet er
Den jungen König, ihn, auf dem die Hoffnung
Der alten Lusitanierfreiheit ruhe,
Daß er sein Ohr ihm leihe. Lebhaft malt
Er ihm den Werth des Volks, das er beherrscht,
Wie treu es sei, wie tapfer und wie groß;
Und während seiner Ahnen Tugenden

Er ihm vorführt, befeuert er den Jüngling,
Es ihnen gleichzuthun. D'rauf an den Mund
Calliope's Drommete setzt er; stolzer
Schwingt seine Dichtung sich empor. So wie
Ein mächt'ger Strom in Majestät die Wellen
Hinfluthen läßt, daß sie in breiten Wogen
Weit über seine Ufer schwellen, so
Wallt glorreich Camoens Gesang daher.

8.

„Inmitten des gewalt'gen Ozeans,"
Erzählt er, „segeln die verweg'nen Schiffe.
Der Himmelskönig, der erhab'ne Herrscher,
Vereint die Götter, die ihm unterworfen.
Auf seinem diamant'nen Thron zu sehn
Glaubt man den Göttervater; ihm vom Munde
Erschallt der Preis des Portugiesenvolks,
Vor dem der Erdkreis voll Erstaunen zittert.
Noch höhern Ruhm im fernsten Orient
Gedenkt er ihm zu leih'n; doch Eifersucht,
Der Siege wegen, die er selbst in Indien
Erstritt, treibt Bacchus, ihm zu widersprechen.
Wer nimmt für's kühne Lusitanien dann
Das Wort? Die schöne Venus ist's! Sie liebt

Das Volk, das den Heroensinn der Römer
Geerbt hat, und in Sprache ihm verwandt ist.
Das Schicksal hat den Spruch gefällt, und Zeus
Bestätigt ihn: Den Portugiesen wird
Der Orient sein Strahlenthor erschließen."

9.

„Drauf im verrätherischen Mozambique
Gelandet, straft für den begang'nen Treubruch
Gama den falschen Mauren. In Mombaza,
Wo neue Netze der Verrath ihm spinnt,
Hat ihm der jugendliche Gott des Weins
Grausamen Tod bereitet. Aber du,
O holde Aphrodite, Schützerin
Der Tapfern, und des Nereus weiße Töchter,
Ihr rettet ihn aus diesem Hinterhalt,
Indem, o Liebliche, mit eurem Busen
Die harten Kiele ihr im Laufe hemmt!" —
Hier sanft're Töne schlägt der Dichter an;
Aus seinem Liede scheint der süße Duft
Von Amathunt zu wehen; die Jasmine
Von Gnido's, Paphos' Rosen winden sich
Um seine Leyer, während er die schöne
Dione in den sechsten Himmel führt.

Von Freude strahlt der Hörer Angesicht,
Als hier Camoens liest, wozu die Liebe —
Denn sie allein vermag es! — ihn begeistert;
Natur vermag so Hohes nicht zu leisten!

10.

Ihr Marmorwunder des Praxiteles,
Des Phidias, des Canova — o wie dürftig
Gebt ihr die Schönheit wieder, die zum Leben
Ihr wecken wollt! Doch hätten diese Meister
Gewußt auch Leben in den Stein zu zaubern,
So wie Pygmalion — nicht bewältigt hätte
Ihr Meißel solche Himmelsreize doch!
Die herrliche Gestalt — das Firmament,
Die Sterne selbst erfüllt mit Liebe sie!
Und dieser Gang, der leichthinschwebende,
Der ihre Reize so erhebt, die Anmuth,
Der Augen Leuchten! Vor dem hohen Vater
Dort steht sie, wie im Thal des Ida sie
Dem glücklichsten der Trojer sich gezeigt.
O wäre dem Aktäon sie erschienen,
Der, weil er eine mind're Schönheit sah,
Zerrissen ward von seinen eig'nen Hunden —

Noch ehe solches Schicksal ihn ereilt,
Gestorben wär' er durch die eigne Liebe!

11.

„Zu einem Halse, reiner als der Schnee,
Herniederfluthen ihre gold'nen Haare;
Im Gehen wallt ihr weißer Busen sanft,
Auf dem sich ungesehen Amor schaukelt —
Ein göttlich Feuer sprüht aus ihrer Hüfte;
Der Liebenden sehnsüchtiges Verlangen
Umspielt sie rings, den Epheuranken gleich,
Die einer Säule Marmorknauf umwinden."
Wer bis dahin hat also sie gemalt? —
Wer mußte je so wunderbare Anmuth
In ein Gemälde, eine Statue —
In ein Gedicht zu bannen? — Nicht so schön
Gewiß erblickte sie des Priams Sohn,
Als sie von ihm der Schönheit Preis begehrte. —
Ein leichter Flor läßt höh're Reize noch,
Nur halb verborg'ne ahnen, und noch mehr
Entflammt durch solche Hülle, bricht der Wunsch
Sich durch den Schleier Bahn, der dieser Rosen
Und zarter Lilien Pracht nur schlecht versteckt!

12.

Der Göttervater kann nicht widersteh'n,
Das, was der Letho himmlisch-schöne Tochter
Von ihm erbittet, zu gewähren — da
Er ihr in's Antlitz blickt, auf welches sanft
Und wieder doch gebämpft von leisem Lächeln
Die Trauer ihren Schatten hingebreitet —
Besiegt ist Jupiter, mit einem Kuß
Auf ihren Mund giebt er der Venus Antwort.

13.

Das Schicksal wendet günst'ger nun sein Antlitz
Den kühnen Schiffern Lusitaniens zu.
Am Hof Melinda's gastlich aufgenommen,
Giebt Gama ihm Bericht von unsres Volks
Eroberungen. Der Barbarenkönig
Vernimmt erstaunt die Namen all der Völker,
Die unsers stolzen Welttheils weitentleg'ne
Regionen bergen. Gama schilbert ihm
Als Haupt Europa's dieses Portugal,
Wie seit des früh'sten Alterthumes Tagen
Es Sitz der Freiheit und des Heldenmuths
Gewesen — spricht von jenem Hirten ihm,

Der mit der Spitze seines Eisenstabes
Die Adler Roms zu Boden schmetterte —
Vom Grafen Heinrich, der das Joch der Mauren
Abwarf und durch die Siege seines Schwerts
Des Reiches Portugal Begründer ward:
Von dieses Fürsten Sohn, der höh'ren Ruhm
Sich noch errang; — fünf Kronen, die das Haupt
Von Maurenkönigen geziert, zerbrach
Er bei Urique, und aus diesen fünf
Schuf er sich eine, während ihm das Wappen
Der Himmel mit den heiligen „Cuinas" schmückte.
Des Egas Monis' hohe Ehr' und Treue
Hier übergeht er nicht; und nicht, wie barfuß
Sein liebend Weib und seine zarten Söhne
Ihr Leben bieten, um sein Wort zu lösen.
Von Lusitaniens Königen berichtend,
Zu jenem Alfons kommt er auch, der siegreich
Mit kleinem Heer im Flußthal des Salado
Zahllose Maurenschaaren niederwarf —
Doch diesen grünen Lorbeerkranz befleckte,
Als grausam er in ungerechter Wuth
Das Weib des Sohns, die unvergleichliche
Ines de Castro, sterben ließ. Noch heute
An des Mondego trauervollen Ufern,

Am Bord der Quelle, die aus Ines' Thränen
Geboren ward, beweint die Liebe selbst
Das harte Loos der unglücksel'gen Fürstin.
Auf aller Völker Lippen lebt das Lied,
Das wehmuthvolle, das der Dichter sie .
Gelehrt hat. Von der eis'gen Newa Ufern
Bis an die blüh'nde Seine — vom Gestad
Der düstern Themse bis zum glüh'nden Po —
Ertönt auf seiner Leier Ines' Klage.

14.

„Ihr holden Nymphen des Mondego, die
Ihr einst in Tagen sel'gen Glücks im Dickicht,
Wo soviel Liebe, soviel Seligkeit
Sich barg, der Liebenden Geflüster hörtet,
Die Klagen, wonnevoll zugleich und bitter.
Die ihrer träumerischen Schwermuth Seufzern
Das Ohr ihr lieht — als gleich der Turteltaube,
Hinweggerissen von dem Theuern, sie
Im Weh der Trennung weinte, und die Felsen,
Die Thäler des geliebten Pedro Namen,
Der in ihr lebte, widerhallen hörten! —
Ihr, die nach Ines' jammervollem Tode
Durch lange Tage Mitleidsthränen ihr

Aus euern Urnen von Kryſtall vergoſſen,
Und ſie in einer Quelle Bett geſammelt,
Die heute noch der Liebe Quelle heißt:
Ihr habt dem Dichter die Geheimniſſe,
Den Herzensgram, die Liebe und die Klagen
Der Unglückſeligen gelehrt!" —

      Hier ſchluchzt
Camoens' Leier, ſeine Stimme ſtammelt
Nur noch vor Schmerz; in ſeinem Liebe bebt
So tiefes Weh — ſo rührend iſt ſein Klang,
Daß es das Herz bis in das Mark erſchüttert.

      15.

„Fern iſt der hohe Gatte; durch das Feld —
Das blüh'nde irrt ſie einſam auf und nieder,
Auf des Gedankens Schwingen um ſie her
Sieht ſie die Träume ihres Herzens flattern —
Die liebliche Erinn'rung des Vergangnen
Und einer ſchönen Zukunft Hoffnungen —
Ach, daß ſie trüg'riſch ſind! — Wann wird ſie wieder
An ihre Bruſt den Theuern drücken können?
Wann — Dieſes Lärmen von Gewaffneten
Im Hof des Schloſſes, dieſes Roßgewieher! —
Sie lauſcht — er iſt's! Don Pedro iſt's — o Glück!

„Mein Gatte!" ruft sie, „mein geliebter Gatte!" —
Doch fern ist ihr Gemahl. Der König giebt
Statt seiner Antwort. — Pedro wird nicht kommen!
Der König straft als unbarmherz'ger Richter
Die Küsse Liebender, die selbst, wenn strafbar
Sie wären, doch nicht bittern Tod verdienten!

16.

Umringt von ihren lieben Kleinen, weinend
Und seufzend fleht umsonst die holde Ines
Um Mitleid die Barbaren an. Die Wilden
Durchbohren mit den Schwertern ihre Brust,
Die weiß wie Elfenbein. Der Rosenglanz
Erstirbt auf ihren Wangen, während hin
Das Blut aus ihren Wunden quillt. Nicht Klagen,
Nicht Seufzer hallen mehr von ihrem Munde,
Wie in der unschuldsvollen Kinder Armen
Sie ruht: sie preßt die Lippen zärtlich auf
Der Theuern Antlitz, d'rin sie wie im Spiegel
Des vielgeliebten Pedro Züge sieht.
In Küssen süßer Mutterzärtlichkeit
Haucht sie den letzten Odem aus; das Leben
Entflieht von ihren Lippen und erloschen
Ist ihrer Augen mildes Licht. Ein Zittern

Geht hin durch ihre Glieder; ihre Hand
Sucht krampfhaft ihre Kinder noch, wie um
Zum letztenmal dem Bilde ihres Pedro
Noch zu liebkosen. — Nur: „Geliebter Gatte!
Geliebter Gatte!" — Diese Worte noch
Haucht sie, indem die Kinder sie umarmt,
Vernehmbar kaum — und Ines ist nicht mehr!"

Achter Gesang.

Fortsetzung der Vorlesung.

In Kampf und Fährlichkeiten mehr gestählt,
Als Menschenkraft es je vermuthen ließ,
Bei weitentleg'nen Völkern gründeten
Ein Reich sie, das in Herrlichkeit erblühte.
Camoens, Lusiaden I, 1.

I.

Auf manchem kriegerischen Angesicht,
In dem die Müh'n des Kampfes tiefe Furchen
Gezogen, und aus welchem Schmerz und Angst
Kaum eine Thräne noch gelockt, las man,
Als Camoens von Ines Tod erzählte,
Erschütterung und Rührung. Bei den Klagen
Der Liebe, den begeistrungsvollen Klängen
Des Heldenmuths, des Ruhmes feuchteten
Sich ihre Augen, welche unbewegt
Wohl hundert blut'gen Schlachten zugeschaut.
„Heil, Heil dem großen Dichter!" Die Erregung

Der Seele läßt nicht lange Reden zu.
Voll von Begeisterung giebt seinen Beifall
Der junge König kund, und sagt im Stillen
Zu sich: „Einst alle diese hohen Thaten
Noch werd' ich übertreffen und die Dichter
Zu schöneren Gesängen noch entflammen!"

2.

In reichen gold'nen Schalen nun — Geschenken
Der unterworf'nen Könige des Ostens —
Von jungen Pagen werden süße Früchte
Des schattigen Madeira in die Runde
Gereicht. Gewalt'ge Vasen, Wunderwerke
Des fernen China, werden an der Quelle
Mit Cintra's kühlem Naß gefüllt, das mehr
Als der gepries'ne Rebentrank des Rheines
Und als der Thränenwein, der am Vesuv
Auf Lavafeldern reift, den Sinn erfreut.
Fortfährt sodann in seinem Lied der Sänger,
Die Wechselfälle Portugals zu schildern.
„Ihr Felder von Aljubarrota, noch
Hallt euer Echo von den Schreckenstönen
Der castilianischen Drommete wider!
Ich sehe deine Wellen, Guadiana,

Zurück vor Grausen fluthen. Hin von Reih'
Zu Reihe eilt, das Würgerschwert hochschwingend,
Der Todesengel; stromweis fließt das Blut.
Die Erde zittert von der Rosse Hufen,
Der feuerschnaubenden; zum Ueberschwellen
Erfüllt mit Schlachtgetümmel sich das Thal.
Die eh'rnen Schilde können nicht dem Andrang
Der Lanzen wehren, die hindurch sich bohren —
Und todt die Träger niederstrecken.

„St. Georg!"

„St. Jago!"

„Vorwärts!"

Ringsum hallt's: „Triumph!

Gesiegt hat Lusitanien, hat Nunho.
Fortan ist für der Portugiesen Kriegsmuth
Europa nicht mehr weit genug. Gezittert
Hat Afrika vor unserm Schwert, und Ceuta
Erschließt die Thore unsern tapfern Fürsten.
Doch theuer müssen wir den Sieg bezahlen:
Ein Königssohn, ein neuer Regulus,
Erduldet heldenmüthig, nur aus Liebe
Zum Vaterlande, schwere Sklaverei:
Fernando haucht im düsteren Gefängniß
Sein Leben aus. Sein Name mindestens

Besiegt den Tod und glänzt mit hellem Strahle
Zum ew'gen Ruhme für sein Vaterland,
Zur Schmach den kleingesinnten Fürsten, die
Den Tod auf einem Purpurbett erwarten!

3.

Erhabener Johann, ein Morgenrot
Des Ruhmes war dein Reich für Portugal,
Das aus dem fernsten Westen im Triumph
Zu den entlegensten Regionen flog,
Und neue Welten, unbekannte Meere
Mit seinem Glanz erhellte. Niemals hat
Ein König noch so viele edle Söhne
Um seinen Thron gereiht. Nicht weichlich ruh'n sie
Auf dem ererbten Purpur. Nicht genügt's
Für sie ein müßig Leben nur im Schatten
Des königlichen Diadems zu führen.
Dann du Johann der Zweite — mögen And're
Für deinen Kriegsmut, die bezwung'nen Länder
Dich preisen, für die Meere, welche du
Durchschifft, die Caps, die du entdeckt — ich will
Dein Haupt nur mit dem Bürgerkranze schmücken,
Dem immergrünenden, der schöner leuchtet
Als eines Helden Lorbeer! Blut'ge Flecken

Ruh'n auf dem Siegeslorbeer stets, der Weh'ruf
Der Wittwen und der Waisen übertönt
Den Schall der Ruhmbrommete; doch die Stimme
Des Volks, das seinen Herrscher segnet, bringt
Melodisch hin durch die Jahrhunderte,
Die kommenden Geschlechter noch entzückend.

4.

Nun zu Emanuel, dem Glücklichen!" —
Hier den geheimnißvollen Traum erzählt
Der Dichter, wie beim Morgenrot dem König
Der Ganges und der hochberühmte Indus
Erschienen. Von des unerhörten Zugs
Gefahren d'rauf berichtet er, zu dem
Emanuel die Flotten Portugals
Aussandte, von den Müh'n der weiten Fahrt,
Von Mozambique's schwerbestraftem Frevel —
Und von dem fürchterlichen Abamastor,
Dem riesenhaften, der zum Fels verwandelt
Zur Strafe seines frechen Trotzes ward.

5.

Hier endet Gama den Bericht, um den
Melinda's König ihn gebeten hat.

Der ruhmgekrönte Feldherr schließt ein Bündniß
Der Freundschaft mit dem Herrscher Afrika's.
Dann auf den Meeren Indiens weitersegelnd
Gelangt er nach dem heißersehnten Lande.
Vollendet ist das große Werk: der Ganges
Erschließt sich für des Tajo Gallionen.
Umsonst in Calicut sucht ein Verräter
Des Tapfern Arm mit Ketten zu belasten —
Nichts kann den Muth des Unerschrocknen lähmen!
Stolz, daß ben fernen Osten er entdeckt,
Trotzt er noch einmal der Gefahr des Meers,
Und wendet wieder westwärts seine Schiffe.

6.

Der Dichter lenkt bes Liebes Steuer nochmals
Durch üpp'ge Wälder, schattenreiche Gänge.
Des Meeres Tochter hat, bie holde Venus,
Auf einer Zauberinsel unsern Schiffern
Wonnige Rast bereitet. Alle Reize,
Die über Erde, Meer und Himmel nur
Natur verbreitet hat, sind dort vereint:
Begrünte Auen, frische Rasenplätze,
Und Gärten, über welche Flora reich
Das glänzendste, was sie an Schmuck und Schmelz

Befist, verstreut hat — Blumen, schöner noch,
Als sie ihr eignes duft'ges Lager schmücken.
Wenn Zephyr mit dem sanften Kuß die Glut
Der Sonne milbert, silberklare Bäche
Hold murmeln, und auf ihrem Pfade Worte
Der Liebe mit den Waldbryaden wechseln;
Welch wollustvolles Bild! welch Paradies!

7.

Auf einmal sehen unsre kühnen Schiffer
Die Zauberinsel aus dem Wellenschaum
Auftauchen. Dahin lenken sie das Steuer.
Sie landen; und von all der Wunderfülle
Bestrickt, auf schattenreichen Pfaden dringen
Sie in die Wälder vor, sich an der Lust
Des Jagens zu ergötzen. — Doch nicht Wild
Verfolgen sie; holdsel'ge Nymphen sind's,
Die von der Aphrodite Pfeilen schon
Getroffen worden. Wohl entfliehen sie;
Allein sie straucheln, fallen. Und wie hin
Sie auf den Rasen sinken, triumphirt
Die Liebe. — Auf dem blüh'nden Grase, o —
Wie flammt der Küsse Glut! Wie tönt melodisch
Der Lippen Flüstern! Wie berauschend ist's,

Wenn Arm in Arm sich schlingt, und Brust an Brust,
Und Mund an Mund sich drückt! Wie schnell entflieht
Der Tag, wenn solche Freuden ihn verschönen!

8.

Du hehre Harfe, welche auf den Höhen,
Den unersteiglichen, du tönst, auf denen
Der Ruhm wohnt — du geheimnißvolle Harfe
Die beine zukunftkündenden Gesänge
Den kommenden, von Nebeln noch umhüllten
Jahrhunderten du anvertraust, und Laute,
Dem rohen Ohr des Menschen faßbar kaum,
In unbestimmten Klängen nur zur Erde
Gelangen lässest — wunderbare Harfe! —
Der gottentflammte Dichter — dich zu meistern
Verstand er wohl, als er prophetischen
Gesang anstimmte! — Eine Himmelsnymphe
Heißt er die Tapferkeit und künft'gen Thaten
Der Lusitanier im fernsten Osten,
Dem unterworf'nen, zu den Wolken heben.

9.

„Schon überdecken, sagt die hehre Nymphe,
Die hurt'gen Schiffe Portugals allhin

Den weiten Ozean, den Gama ihnen
Erschlossen hat. Die Meere beugen zitternd
Sich ihm als Herrscher. Stolze Könige,
Die keinem Joch den Nacken noch geschmiegt,
Erkennen seines Armes Stärke an,
Der sie nichts anders wählen läßt, als Tod hier —
Dort Unterwerfung. Der gewaltige
Pacheco, der Achilles Portugals,
Bezwingt bei Cambalon das stolze Kriegsvolk
Des Zamorin. Er triumphirt zu Land
Und Meer in diesem blut'gen Kampf. —
Auf denn, ihr Herrscher Portugals, bereitet
Sieg'swagen, Kränze, Ehrenpforten ihm!
Denn er kehrt heim, des Orients reiche Beute
Zu Füßen euch zu legen! — Doch was seh ich?
Ist das der Purpur, der ihn schmücken sollte?
— Ihr Undankbaren! Kaum bedeckt mit Lumpen
In einem Hospitale, ferne nicht
Von seines Königs Schlosse, stirbt Pacheco!

10.

Sodann Almeida und sein edler Sohn:
Er färbt des ind'schen Ozeanes Wogen
Mit unsrer Feinde Blut. Doch auch der Sohn

Vergießt das seine. — Fürchterliche Rache
Nimmt der ergrimmte Vater: Diu, Dabul
Cambaya — Tod bringt und Zerstörung euch
Sein Flammenschwert! Dem hassenswerten Neide,
Der Ränkesucht treuloser Höflinge
Gelingt es nicht, daß sie den Helden stürzen.
Doch Vaterland, du oft so undankbares,
Besitzen sollst du seine Asche nicht!
Furchtbar ist sein Geschick, doch ist's nicht besser,
Den Tod an einer unwirtbaren Küste
Durch wilder Kaffern Mörderhände finden,
Als in der Heimat kläglich Hungers sterben?

11.

Doch welches Licht flammt auf am Horizont? —
Es ist der Widerschein der Freudenfeuer,
Die Albuquerques großen Sieg verkünden,
Durch den er Persiens Stolz zu Boden warf! —
Ergieb dich, Ormus, Gerum und Mascate —
Du Goa auch! Und du, o schätzereiches
Malacca — fruchtlos ist's, daß ferne du
Im Schooß der Morgenröthe dich verbirgst,
Aus dem du einst geboren wurdest — fruchtlos
Auch, daß von deinem Bogen gift'ge Pfeile

Du schleuderst: weichliche Malayen, ihr,
Kampflustige Javaner, alle werdet
Der Portugiesen Sieg'sschwert ihr erliegen!

12.

Bei Suares Heldennamen zittern Mekka,
Medina, das verruchte; es erzittern
Des fernsten Abessynien Küstenlande,
Das stolze Taprobana beugt sein Haupt —
Und auf Colombo's Wall weht unsre Fahne!

13.

Ihr folgt den frühern Helden, Mascarenhas
Sequeira, und ihr, zwei Meneses, ihr
Erhebt den Ruhm des Portugiesennamens
Zum höchsten Gipfel! — Siegreich treibt Sampayo
Arabiens Flotten in die Flucht; die Thore
Thut Bazaim dem tapfern Cunha auf;
Sousa erbaut die hohen Wälle Diu's,
Die der erlauchte Castro dann verteidigt —
Nie auf der Erde wird ein Name tönen,
Der höhern Ruhm und größern Heldenmut,
Und rein're Tugend fündete, als seiner!"

14.

Zuletzt von Aphrodite's Insel segelt
Der niebesiegte Gama nach der Heimat
Und nach dem teuern Tajo, den Tribut
Des Indus und des Ganges ihm zu bringen.

Neunter Gesang.

Der Ehrenhandel.

Den süßen Schlingen, welche Amor flicht.
O wer vermag sich ihnen zu entziehen?
Camoens, Lusiaden III, 142.

1.

Der junge König findet Worte kaum,
Dem Dichter das Entzücken kund zu thun,
Mit dem sein Werk die Seele ihm erfüllt,
Daß er die hohen Namen der Geschichte
Von Portugal, die unvergänglichen
Großthaten seiner Heldenschaar verherrlicht.
Er preist der Ruhmesliebe heil'ges Feuer,
Das b'rin auf jedem Blatte lobert, rühmt
Den Eifer für des Vaterlandes Wohl,
Den Heldensinn, der das Gedicht durchströmt.
Nur weil der König Beifall zollt, thut Mancher
Der Höflinge das Gleiche — Andre aber

Erheucheln nicht, was sie nicht fühlen — nein,
Sie bringen laut dem neuen Troubadour,
Und vollen Herzens, ihren Glückwunsch dar.
Das Herz des edlen Don Alexis strömt
Von Freude über. — Aber nie, ach nie!
Fehlt es an Neidern an den Königshöfen,
An niedern Seelen, welche nie für Ruhm
Erglühten. Allzubald wird Eifersucht
Und Haß um seines Werkes Frucht den Dichter
Betrügen. Niemals wird das Laster sich,
Der Stumpfsinn sich damit zufrieden geben,
Daß Tugend und Verdienst gerechten Lohn
Erhalten, noch daß kund der Welt sie werden.
Nur eine Zeitlang üben sie Verstellung —
Das ist an jedem Hof die Kunst der Künste.

2.

„Mit hoher Freude hab' ich Euch gehört,"
So spricht der König; „nie hat ein Gedicht
Mich so mit mächt'gem Thatendrang erfüllt;
Mit höhern Schlägen klopft in meiner Brust
Das Herz. Fürwahr, des Portugiesen Seele
Muß klein und eng sein, der von solcher Dichtung
Bewegt nicht wird!"

Nun zum Palaste wieder
Wird aufgebrochen. Camoens nimmt Abschied
Vom König, und Sebastian spricht zu ihm:
„Kommt mich zu sehen — der gerechte Lohn
Soll Euch nicht fehlen!"
                        Da er so gesprochen,
Tritt er mit dem Gefolge in das Schloß.

3.

Als sich zum Himmelsrand die Sonne senkt,
Verliert der kriegerische Dichter sich
In der Gebüsche tiefen Schatten. Nicht
Die Eigenliebe, die ihn nach dem Lob
Aus Königsmunde wohl beschleichen könnte —
Auch nicht die Hoffnung eines bessern Schicksals,
Noch die Erwartung des verdienten Lohns
Läßt frohern Schlages seine Pulse klopfen.
Wenn solcherlei Gedanken sich ihm regen,
Bald werden sie von anderen erstickt,
Die sein Gemüt bestürmen. An die Botschaft
Und die geheimnißvollen Worte denkt er,
Die jener Brief enthielt, und an die Art,
Wie er gebracht ihm ward. Nicht zu entziffern
Vermag den Sinn des Schreibens er, nichts bleibt ihm,

Da er vergebens räth, als auf die Lösung
Zu warten, die der Abend bringen soll.

4.

Auf jener Berge Höh'n, die ehemals
Sierra da Luna hießen, stand vordem
Ein Maurenschloß, in Trümmer jetzt gesunken.
Kaum auf dem halbgestürzten Walle zitternd
Steht aufrecht eine Zinne noch, des Kriegs
Verwüstungen, der Zeiten Wechselfälle,
Vernichtender als jene noch, verstreut
Nun haben auf dem nackten Felsengrund
Die Steine sie, die ehemals der Mensch
Emporgethürmt, daß er von oben Mord
Und Brand hernieder in die Thäler trage.
Ein ruchlos Werk; ein Flügelschlag der Zeit
Wirft es zu Boden! — Glauben läßt sich kaum:
Dies ungeheure Babel, jetzt zerstört,
Sei Werk von Menschen, denen gleich, die heut
Auf Erden leben; Riesenarme nur
Vermochten Berg auf Berge so zu thürmen.
Die Kraft von Höllengeistern, scheint's, war nötig
Den Felsen auszuhöhlen und die Blöcke
In Mauern, Thürme, Säulen zu verwandeln:

Des Menschen Kunst und der Natur zum Trotz
Gelang das Werk. Was heute übrig noch,
Zeugt, daß die Mauren es gebaut — umher
Den Doppelwall, der rings das Schloß umgab,
Dann die Moschee mit ihrem Wasserbecken
Für der Moslimen heil'ge Waschungen:
In diesem Tempel Allah's haben, trauernd
Das Angesicht nach Mekka hingewandt,
Die Gläub'gen einmal noch vor der Vertreibung
Gebetet; — aber Allah's Ohr war taub;
Schon hoch zum Himmel hatte sich das Kreuz
Gehoben, und der Halbmond sank von Sturz
Zu Sturze tiefer stets. Aus den Ruinen
Aufragend steht das Gotteshaus noch da
In seinem alten Glauben fest, und an dem Blau
Der Wölbung wie in seines Ruhmes Tagen
Die Sterne Yemens und die Arabesken
Von Hedschas heut noch unversehrt bewachend.

5.

Auf dieser Trümmerhaufen höchstem Punkt
Hat einsam eine Nische in der Mauer
Ein Eremit zum stillen Aufenthalt.
Den Spalten des dahingesunknen Baus

Entsprießen Moos und wildes Schlinggewächse.
Mit grünem Epheu ist bedeckt die Mauer,
Und seine Ranken hängen auf die Thür
Der finstern Klause, sie beschattend, nieder.

6.

Die Sage geht, daß ein berühmter Dichter,
Der eine hohe Dame heimlich liebte,
Dort, weltentlegen, seine Wohnung sich
Gewählt. Der Trauer seines Herzens hing
Er einsam nach. In das Gestein gegraben
Las man die Worte: Schmerzliche Erinnrung
Und süße doch! — Nicht ferne war der Name
Beatrix gleichfalls in den Fels geschrieben.
Die Zeichen waren wie ein Widerhall
Der Liebesklagen des betrübten Sängers.
Es hieß: bisweilen zeige dort der Geist
Des Berges sich, gehüllt in weiße Nebel,
Wie er sein Ohr den Liedern lieh, die Liebe
Und Schwermut Bernardin Ribeyro's Seele
Entlockten. Mit dem Kranz von weißen Rosen
Ward ihm zuerst von allen unsern Dichtern
Das Haupt geschmückt. Zu seinem Unglück flocht
Er diesen Blütenkranz um seine Leier,

Indem er von der hohen Fürstin Liebe
Sie tönen ließ, und von der süßen Neigung,
Die sie ihm weihte, in begeistrungsvollen,
Von Leidenschaft durchglühten Liedern sang.
Noch alte Köhler giebt es, die erzählen,
Sie hätten zwischen jenen höchsten Gipfeln
Ihn irren seh'n, wie in die Lüfte bald
Er Liebesseufzer hauchte, bald inmitten
Der öden Felsen in Verwünschungen
Des Herzens Grimm entlud. Allein zumeist
Quoll ihm vom Mund das Weh in sanften Lauten.

7.

In Pilgertracht einst — in der Hand den Stab,
Läßt er die Berge, wo er lang geweilt,
Und übersteigt die Alpen, um sein Herz
· Zu Füßen dem geliebten Weib zu legen,
Das, denkt er, unter'm königlichen Purpur
Vielleicht nach dem sich sehnt, der in die Lumpen
Des Bettlers sich gehüllt. — Er wird sie sehen! —
Ja sieht sie! sieht sie wirklich! — „Lebewohl!"
Dies Lebewohl ist Alles, was das Schicksal,
Das unerbittliche, ihm gönnt — er kehrt
Ins Vaterland zurück, doch nur zum Sterben!

8.

Erbaut war diese stille Klause also
Von Bernardin. Dorthin war Camoens
Durch jenes Unbekannten Brief beschieden. —
Das Tagsgestirn sinkt endlich in das Meer;
Gleich einem Schleier legt die Dämmerung
Sich auf die Sierra. Tiefversenkt in Sinnen
Gewahrt der Krieger nicht, der ungeduldig
Die Nacht erwartet, wie schon um ihn her
Sich feuchter Nebel lagert. Aus dem Brüten
Wird er erweckt durch jenen frischen Hauch,
Der auf den Gipfeln weht beim Nachtbeginn.
In einer Wolke, die geheimnißvoll
Ihn einhüllt, glaubt er sich zu schau'n; er blickt
Umher, allein gewahrt nichts — von der Wolke
Ist Alles überdeckt. Wenn er nichts sieht,
Vernimmt er deutlich solche Worte doch:
„Der Traum ward Wirklichkeit; gebrochen ist
Der Zauber! — Einmal auf der Erde noch
Sahst du sie wieder — niemals wird ihr Anblick
Dir mehr gegönnt! — Was ward aus jenem Schleier? —
Wo ist die Locke, wo das Liebespfand,
Dem Grab geraubt? —"

„Dies Pfand — hier ist's, ich trag' es
Stets auf der Brust, und wieder in die Gruft
Werd' ich, wenn ich hinuntersteig', es legen.
Nicht Einem sonst gestatt' ich's. Doch wer ist
Der Sterbliche, der mein Geheimstes kennt,
Der also in der Liebe und des Todes
Verborgenstes eindringt? Bist Einer du
Der Erdbewohner, oder hat im Schoß
Der Gräber eine finst're Macht die Asche
Der Toten aufgestört und einen Schatten
Erweckt, daß er mich frage?"
                              „Lebend bin ich
Gleich dir ja, lebend! und du kennst mich wohl!
Ich bin dein Feind, in Zeit und Ewigkeit
Dein Feind! Selbst wenn das Schicksal grausam ewig
Mich leben ließe — kaum genügen würde
Die Ewigkeit mir, meinen Haß an dir
Zu stillen! — Du, du einzig bist's, der mir
Mein Glück geraubt hat und ihr Herz an sich
Gerissen; ohne dich mein wäre sie
Gewesen — mein! — So lang sie lebte, hat
Sie dich geliebt; doch tobt — — Allein wer anders
Ist an dem Tod der Undankbaren schuld,
Als du? Der Kummer, daß du fern warst, hat

Das Leben ihr geraubt! Ein Trost bleibt mir
Zum mindesten, daß du des Liebesglücks
In ihren Armen, ihrer wandellosen Treue
Und ihrer Schönheit nicht genossen hast,
Der Himmlischen; weil ihrer du nicht wert warst.
O nein —, du warst es nicht! Wenn auf der Erde
Ein Sterblicher die Göttliche verdiente,
Ich war's, und nicht ein——"

     „Graf!" rief da der Krieger
Mit Donnerstimme, und er legt' ans Schwert
Die Hand.

    Dann ruh'ger sprach sein Gegner so:
„Wofern ich Euch beleidigt habe, rächt Euch!
Zückt wider mich Eu'r Schwert! Hier biet' ich Euch
Die Brust; doch nach dem Herzen, welches sie
Geliebt — ja, das sie heiß geliebt — führt nie
Mein Schwert den Stoß! Mir hatte Leidenschaft
Den Sinn verwirrt. Das Blut, das Eure Adern
Durchströmt, das Euer Herz zum Schlagen treibt
Und Euch das Leben giebt, hätt' ich getrunken;
Allein ein heil'ger Schwur verbietet's mir,
Und treu werd' ich ihm bleiben! — — O, was ich
Geschworen, ist ein größ'res Opfer noch!"

9.

Ein Bildniß dann hervorzieh'nd heftet er
Die schmerzerglühten Augen d'rauf, aus denen
Ihm Thränen der Verzweiflung rinnen; plötzlich
Dann blickt er auf, und spricht:

„Ich werde thun,
Was ich geschworen. In der Todesstunde,
Seht, übergab sie dies mir. Eures Nebenbuhlers
Großmut vertraute sie, vollstrecken würd' er
Den letzten Willen ihr. Erfüllen ihn
Werd' ich, wie's Ritterehre heischt —
Erfüllen ganz und voll, kost' es mein Leben!
Nehmt denn dies Angedenken an die Teure,
Dies köstliche! Die Liebe läßt es Euch
Durch eines Feindes Hände überreichen!"

10.

Bis in das Innerste erschüttert blickt
Der Dichter das geliebte Bildniß an.
Von streitenden Empfindungen ist ihm
Das Herz bewegt; lang kann er Worte nicht,
Sie auszudrücken finden, endlich ruft er:
„Grausames Pfand der Liebe, trauriges

Geschenk! Und nein doch, hochbeglückendes!"
Hier stockt sein Wort zugleich und sein Gedanke;
Bald aber spricht er also weiter: „Graf,
Ihr zwingt mich, mehr noch als Bewunderung
Für Euch zu fühlen! Nicht hinfort kann ich
Mein Herz dem Hasse öffnen, der das Eure,
Großmüt'ger Nebenbuhler, füllt. Ihr könnt
Mich hassen, aber ich, ich muß Euch lieben! —
Dies Bildniß? — — Oh, nie sagen soll ein Mund,
Daß irgendwer den Luis Camoens
An Großmuth übertroffen hat! Senhor, —
Behaltet es, denn Euch gehört's. Zurück
Vor solchem Feind muß meine Liebe treten!"

11.

Beherrscht von den Gefühlen ihres Innern
Seh'n schweigend sich die beiden Ritter an.
Der Wettstreit, wer an Edelmut den Andern
Besiege, zeugt von ihrem Heldensinn
Und Seelenadel. Auf des Grafen Stirn
Entrunzeln sich die Falten, welche Haß
Und Eifersucht darauf gelegt. Klar wird's,
Daß seines Herzens Grimm durch seines Feindes
Hochsinn'ges Thun entwaffnet ist. Jedoch

Zu widerstehen sucht er noch, und spricht:
„Von Eurer Seelengröße überwunden,
Leg' ich die Waffen nieder. So zu handeln
Wie Ihr — nur Wenige vermöchten es! —
Kein Zweikampf mehr! Im ritterlichen Streit
Bin, edler Gegner, ich Euch unterlegen.
Wohlan, verfügt denn über mein Geschick!"
Die Arme öffnend ruft der Krieger da:
„An meine Brust kommt, großgesinnter Feind!" —
Stumm liegen sie sich Beide in den Armen.

12.

Geschwor'ne Feinde sonst — jetzt treue Freunde
Beweinen sie vereint den Tod des Weibes,
Um das sie sich vordem gehaßt. Zuletzt
Im Scheiden spricht zum Krieger so der Graf:
„Baut allzu sehr nicht auf das Lob, das Euch
Am Hof gespendet wird, und glaubt zuviel
Nicht den Verheißungen, die sicher man
Euch machen wird. Euch ward zum König heut
Zutritt vergönnt. Des Fürsten Gunst ward Euch
Zu teil, und hoher Ruhm. Doch wachsen wird
Dadurch nur Eurer Feinde Uebelwollen,
Der Ignoranten Haß, die Mißgunst Derer,

Die Gift des Neides in der Seele bergen.
Durch Don Alexis seid Ihr bis zum Kön'ge
Gedrungen, schwach ist diese Stütze nur,
Und von den Günstlingen, den wahren Herrn
Des Hofes, werdet Ihr zum Zielpunkt bald
Die Feindschaft Euch erkoren seh'n. Denkt stets,
Wie sie Euch rings umspähn! Sie wissen wohl:
Ihr seid ein Mann von Ehre und Verdienst
Und daß sie's wissen, zeigen wird's ihr Haß!"

13.

Des nächsten Tages Sonne steigt empor.
In den Palast kehrt Camoens zurück —
Der Hof ist nach Lisboa aufgebrochen —
Der Missionär hat ungeduldig ihn
Im Gasthof schon erwartet und vereint
Zur Hauptstadt nehmen Beide nun den Weg.

14.

Verbreitet schnell ist das Gerücht, daß Lob
Der König dem Gedicht gespendet habe,
Und daß er hoch es schätze. Angebote
Ergeh'n an Camoens bald, die Lusiaden
Zu drucken. Alle, ob verständig nun,

Ob nicht, wetteifern, das Gedicht des neuen
Homer zu preisen, der ein hehres Denkmal
Dem Ruhm des Vaterlands gebaut. Von Beifall
Hallt von der einen Grenze bis zur andern
Europa wider. Unzertrennlich werden
Die Namen Camoens und Portugal
Die kommenden Jahrhunderte durchtönen!

Zehnter Gesang.

———

1.

In seinen Meerkraut-überdeckten Grotten
Vernimmt der Tajostrom des Dichters Klagen,
Und seiner Ufer schwermutsvolles Echo
Giebt ihnen Antwort. Von der Nymphen Lippen,
Die ihn zum Sang begeistert, tönen Seufzer.
Zurück auf ihren Wellen spiegeln sie
In düstern traur'gen Farben das Verbrechen,
Die Ungerechtigkeit, den schnöden Undank,
Die unsres Portugal Annalen schänden.

2.

Allein, erschöpft, verlassen von den Freunden,
Von seinem König und dem Vaterland,

Dem undankbaren — liegt im Todeskampf
Der Sänger der Lusiaden. — Wie? und Alles,
Was ihm sein Fürst verheißen, all das Hoffen,
Das ihn umschwebt — was habt ihr d'raus gemacht,
Grausame, nied're Herzen?
          Widerhallt
Im Ohr der heuchlerischen Höflinge,
Der falschen, haben unsres Dichters Verse,
D'rin er die Tyrannei der Günstlinge,
Der Bonzen Trug und List gegeißelt hat,
Und was ihm Eifer für das Volkswohl eingab —
Gefahr für sich erkannten sie darin.
Ein blinder Haß ist in die dunklen Höhlen
Der Herzen dieser Schändlichen gedrungen;
Von Durst nach Rache brannte ihre Seele.
Denn fürchterlicher wurden ihre Frevel
Noch nie enthüllt, als durch die Flammenworte
In Camoens Gedicht.

3.

          Sie wollen Rache —
Und niedrig, schmachvoll, feige ist die Art,
Wie sie sich rächen! Hülflos, arm, verlassen,
Im Elend soll zur Strafe seiner Kühnheit

Der Dichter sterben! Das verlangt der Haß
In ihrer finstern Brust, und sie vollstrecken,
Was er verlangt. Indessen rüstet sich
Der unglückfel'ge Jüngling, den der Himmel
In seinem Zorn dem Volke Portugals
Zum König gab, voll Eifers zu dem Zug,
Der in den Untergang ihn führen soll.
Er denkt an nichts als an das Waffenwerk.
Er träumt von Siegen einzig, und sein Volk
Seufzt wie in dunkler Ahnung des Geschicks,
Das seiner harrt. — In Cintra ward beschlossen,
Daß bald die Fahrt, auf welche ungeduldig
Der König wartet, angetreten werde.

4.

　　Der Dichter, als er nach Lisboa kehrte,
Hat nichts von dem Entschluß gewußt. Er geht
In den Palast, doch kein Empfang wird ihm
Zu teil. Er fragt nach Don Alexis, doch
Der Edle wohnt im Königsschoß nicht mehr.
Er hat mit solchem Freimut, solchem Abel
Den unheilvollen Zug nach Afrika
Bekämpft, daß, einer Zornesregung weichend,
Sebastian ihn von sich entfernt. Besiegt

Ist von der Ränkesucht die Tugend worden.
Empörer haben seine Feinde ihn,
Verräther vor dem König ihn genannt
Und trauernd hat er seines Herrschers Wohnung
Verlassen, d'rin er ein Jahrhundert fast
Gelebt, nicht um im Widerschein des Purpurs
Sich Glanz zu leih'n — nein, um die Majestät
Des Throns durch seine Tugend zu erhöhen!

5.

Die Kunde des, was vorgegangen, läßt
Den Dichter Schlimmes ahnen, und vernichtet
Ist seine Hoffnung. Fruchtlos bleibt's, daß er
Sich in das Schloß begiebt — der Thron ist leer!
Und an Sebastian's, des Königs, Stelle
Leiht ein Minister hochmutsvoll den Bitten
Des Volks ein halb Gehör, und in der Menge
Der Flehenden wird nicht des göttlichen
Camoens Acht gegeben.

6.

Unterdeß
Bedeckt mit weißen Segeln sich die Flut
Des Tajo. Unerschrock'ne Krieger drängen

In langen Reihen sich an seinen Ufern.
Und ihre Mütter, ihre Gattinnen
Umgeben sie, im Schmerz des Abschieds seufzend.
Sie heben ihre Kinder auf den Armen,
Und zeigen sie den Vätern, die das Antlitz
Verzweiflungsvoll abwenden, um sie nicht
Zu sehen — denn ihr Herz zerreißt der Anblick.

7.

Wer sind die beiden Männer, welche dort,
Am Ufer steh'nd, so zärtlich sich umarmen?
Feucht, ob auch sonst an Thränen nicht gewöhnt,
Sind ihre Augen. Gerne drängten sie
Das Lebewohl in's tiefste Herz zurück;
Allein es kann nicht sein. „So leb' denn wohl,
Geliebter Sohn! Nochmals leb' wohl! Das Leben
Ist schwerer als das Sterben! Zeige ihnen,
Daß du ein Mann und Christ bist, und verzeih!" — —
— „Verzeihen ich? Niemals — — Verflucht sei'n Die,
Die solchen Freund mir rauben! Keine Stütze
Hatt' ich als ihn, und mit dem Vaterland
Zugleich, dem ganzen Volke senden sie
Zu jammervollem Tode ihn hinweg.
Nein, nie vergeb' ich ihnen das! Ein Fluch,

Auf ihre Frevlerstirn geschleudert, sei
Mein letzter Athemzug!"

„Ich wiederhol's:
Verzeih! Bei Kränkungen, die selber wir
Erdulden, sind wir wohl verdächt'ge Richter."
— „Die eig'nen Kränkungen vergeb' ich gern,
Doch nicht was sie am Vaterland verbrachen. —
Leb' wohl! leb' wohl!"

Der König ist erschienen,
Und das Signal zum Abschied tönt. Der Dichter
Muß schmerzvoll von dem Missionär sich trennen. —
Dem Mönch war in der Nacht Befehl geworden,
Nach Afrika den Heerzug zu begleiten.
Die niedern Ränke, welche das bewirkt,
Erkannt hat Camoens; allein geduldig
Fügt sich des Evangeliums frommer Diener
Dem, was der Himmel über ihn verhängt.

8.

Es war der Haß der Höflinge, durch den
Der Schützer und der Freunde Camoens
Beraubt sich sah. Sie waren's, die den edlen
Alexis stürzten; sie auch sind es, die
Den Missionär zu sicherm Tode treiben.

Sie senden ihn in jenes Grab, das sie
Im glüh'nden Sande Afrikas dem König,
Der Blüte seines stolzen Heeres, ja
Dem Vaterlande selbst bereitet haben!

9.

Doch abzusegeln nun beginnt die Flotte.
Zahlreiche Heerreih'n sieht man an den Borden;
In diesem Augenblick verdoppeln sich
Die Weherufe. — Aufgezogen wird
Der Anker, in die Segel haucht der Wind.
O Freiheit, Ruhm und Größe Portugals,
Mit dieser Flotte tragen euch für immer
Die Winde fort!

10.

„Was ist mir nun geblieben?"
Spricht zu sich selbst der Dichter, während er
Die Schiffe mit dem Blick verfolgt, die fern
Am Horizont und immer ferner schwinden. — —
„Was bleibt mir auf der Welt der Lebenden? —
Ein Freund! Ein Freund fehlt mir in dieser Wüste
Des Daseins. Hätt' ich einen, mich auf ihn

Auf diesem rauhen Pfad zu stützen! Nah
Bin ich dem Ende meiner Lebenstage,
Die nach den Leiden, welche ich erduldet,
Ich zählen konnte: ihrer jeden hat
Mit einem schwarzen Stein das arge Schicksal
Für mich bezeichnet! Zweifeln muß ich, ob
In aller Menschen Herzen hier auf Erden
Auch nur ein leiser Schlag für mich sich rege!
Ach, sagen kann ich wohl — —!"
      Da sich zur Seite
Vernimmt er Seufzer. Sein Malaye ist's,
Der trauervoll ihm lauscht. Indeß er hört,
Wie bitter über sein Geschick sein Herr
Wehklagt, bricht Jammer ihm das Herz. Die Thränen
Nur sprechen, welche seinem Aug' entstürzen;
Doch stumm bleibt seine Lippe. „Wär' ich nicht
Ein armer Sklav — gewiß, er würde denken:
Ein Menschenherz doch klopfe warm für ihn!"

11.

Du, sein großmüt'ger Herr, verstehst sie wohl,
Die stumme Sprache der beredten Zähren.
„Recht hast du — klagen hätt' ich so nicht sollen —
Noch einen Freund hab ich! — —"

Ein langes Schweigen
Folgt diesem Wort. Antonio, welchem Gram
Die Brust beklemmte, athmet freier auf.
In seinen Augen, welche feucht noch glänzen,
Blitzt Freude durch den Gram. Der Herr, gerührt
Und tief bewegt von solcher Liebe Zeichen,
Fühlt Balsam auf die Wunden seiner Seele
Hernniederrinnen. Seine matte Hand
Legt er auf dieses treuen Dieners Schulter
Und seines teuern Freundes Brust drückt er
An seine. — „Ja, ein Freund! ich wiederhol's —
Ein Freund! — Verdrießt es euch, ihr stolzen Menschen,
Daß Freund ein Sklav genannt wird? Habt vielleicht
Ihr höhern Wert, als er?"

Ein Anblick ist's,
Wohl würdig, daß dies schändliche Geschlecht,
Das sie die Menschheit heißen, ihn betrachte —
Wie dieser edle Krieger, dessen Stirne
Des echten Stolzes und der Seelengröße
Gepräge trägt, den armen niedern Sklaven
In seinem Lumpenkleide so umarmt: —
Darüber spotten mag die Welt, wer selbst
Ein edles Herz im Busen trägt, wird weinen!

12.

„O mein Antonio, mein teurer Freund,"
Spricht Camoens, sein ernstes Angesicht
An seines Sklaven treuer Brust verbergend,
„Wo werden diese Nacht wir Obdach finden?"
— „Mein guter Herr, gesorgt schon für ein Lager
Hab' ich, denn wohl ahnt' ich, daß ihr zurück
Nicht mehr ins Kloster kehren würdet. Nicht
Geziemend ist für Euch solch schlechtes Lager;
Allein Ihr wißt — —"
                    — „Ich weiß, mein Freund, nichts bleibt
Auf dieser traur'gen Erde ferner mir,
Als du nur — und das Grab!"

13.

Langsamen Ganges.

Hinschreiten beide an des Tajo Ufer. —
Die Nacht ist schön, der Mond scheint hellen Strahles.
O wie viel bittere Erinnerungen
Weckt dies Gestirn, weckt diese Abendstunde,
Und dieser Ort in unsres Dichters Seele!
An jenem Fenster gehen sie vorbei,
Wo er vordem zu seinen Füßen hin

Die süßen Liebespfänder gleiten sah,
Und den verhängnißvollen Brief. — Allein
Wie anders Alles nun! Wie ganz verschieden
Von dem, das einst er sah, bedünkt ihn nun
Dies stille Ufer! Dort erhob sich einst
Ein dichtbelaubter Ahorn; o wie oft
An seinen Stamm nicht hat er sich gelehnt,
Sei's, um die späte Stunde zu erwarten,
Die Stunde der Zusammenkunft, die stets
Zu lange auf sich warten ließ — sei's daß
Er unter dieses Baumes Schatten sich
Vor seiner Feinde und der Späher Blicken,
Die stets den Liebenden ihr Glück mißgönnen,
Verbarg. Jetzt ach! gestürzt am Boden liegt er,
Des Blätterschmucks beraubt, der teure Baum.
So ist von ehedem nichts übrig mehr,
Nichts mehr, als nur der Gram, der ihn verzehrt.

14.

In ihre kleine Wohnung gehen beide.
Wie es das Schicksal Unglückfel'ger ist,
Verrinnen Tage, Monde, Jahre ihnen
Langsam und trauervoll. Das Schicksal bringt
Für sie nicht Wandlung; ihre Trübsal bleibt

Und ihre echte Freundschaft stets die gleiche:
Allein auf ihre Stirne mehr und mehr
Legt sich die bleiche Hand der Dürftigkeit,
Die hag're, zitternde. — Der Hunger schleicht
Heran! —
     O großmutvoller Sklav, Antonio!
Daß meines Liebes schwacher Klageton
Den Hymnen, den unsterblichen, sich eine,
Die durch das Weltall beinen hohen Namen
Erklingen lassen!
    Sehen kann man ihn
Im Schatten der mitleid'gen Nacht, die ihm
Der Wangen Schamrot deckt, von Thür zu Thür
Hinschleichen, wie um eine Kupfermünze
Er schüchtern bettelt, daß ein Stückchen Brot
Er dafür kaufe.
     „Gebt für Camoens,
Ihr Portugiesen, eine milde Gabe!"
Für Portugal ein unauslöschlich Brandmal
Auf ew'ge Zeit sei dieser Worte Schmach!

15.

Das Leben schwindet mehr und mehr dem Dichter,
Und langsam bringt der Tod in seine Abern,

In denen dürftig nur das Blut noch schleicht.
Er mißt die Zeit, wie lang er noch auf Erden
Sich mühen soll. Das Ende seiner Laufbahn
Das Grab ist nah. — — Willkommen sei, du Zeit
Des Schlafengehns! Mit seiner matten Hand
Berührt er noch die Saiten jener Leier,
Auf der die Liebe seufzte und der Ruhm
Ertönte, und die trauervolle Seele
Ihr Weh aushauchte, jene Leier, die
So oft mit ihren himmlischen Akkorden
Das Vaterland verherrlicht hat — o welch
Ein Vaterland ward nach des Himmels Willen
Dem Camoens zu teil!
     Zum letzten Mal
Läßt seine Hand die Saiten noch erklingen
Und mit gebroch'ner Stimme, denn nur schwach
Noch gehen seine Athemzüge, richtet
Er an sein Vaterland dies Lebewohl:

16.

„Du Boden meiner Heimat, öffne mir
Befreundet deinen Schooß — und wär's auch nur
Nach meinem Tode! Wenig Raum bedarf
Dein Sohn — und ich, war ich denn nicht dein Sohn?

Worin, geliebtes Vaterland, war ich
Denn deiner unwert? Hat mein Arm für dich
Nicht Lorbeer'n auf dem Feld der Schlacht erkämpft?
Ist's nicht zu deinem Ruhm, daß mein Gesang
Sich klangreich zur Unsterblichkeit erhoben?
Und du, herzlose Mutter, hast mich doch
Verleugnet! — — Nein doch! undankbar will ich
Dich niemals schelten — denn ich bin dein Sohn!
Du Boden meiner Heimat, mein Gebein
Zum mindesten nimm auf in deinen Schooß!

17.

„Zu Ende ist mein Leben, und was bleibt
Mir nun von ihm? Kein Stachel im Gewissen!
Auf die zurückgelegte Bahn kann ich
Die Blicke werfen, ohne zu erröten.
Voll Seelenfriedens darf ich sagen mir:
,Gelebt hab' ich!' und minder ruhig nicht
Füg' ich hinzu: ,Ich sterbe!' — Aber ruh'n
Im Grab nicht die Gebeine auch des Freolers?
Nein! Ruhe finden sie nicht in der Gruft!
Sie zittern von den Flüchen, die auf sie
Geschleudert werden. Solche Erbschaft lassen
Die Bösen auf der Erde hinter sich!

Doch ich — Den letzten Schlaf werd' ich in Frieden
Im teuern Lande meiner Väter halten!

18.

„Die Zeit verrann, schon steh' ich an der Grenze
Der Ewigkeit. Der Schleier, der im Leben
Den Blick der Sterblichen verhüllt, zerteilt sich.
In der geheimnißvollen Zukunft Tiefen
Läßt, auseinanderwallend, er mich schau'n.
Was ist aus dir geworden, Portugal?
Bist du es noch, die Königin der Meere?
Wer sind die Unterdrücker, die den Strom
Des Guadiana überschreiten? Tod,
Knechtschaft und blutbefleckte Ketten bringen
Sie dir, o unglückfel'ges Lusitanien!

19.

„Wer sind die Schiffe, welche stolz die Meere
Gama's durchsegeln? Fremde Flaggen flattern
An ihren Masten, und der Ocean,
Bestürzt — ach, sucht vergebens uns're Fahne,
Die ehmals dort geweht, zu schau'n. Umsonst!
Denn die zerbroch'ne Stange hat das Banner
Von Portugal zerrissen sinken lassen!

20.

„Vom Ruhm der Portugiesen bleibt die Asche —
Die kalte Asche nur! — — Doch diese Asche
Birgt einen schwachen Funken insgeheim,
Den nicht die Unterdrücker schau'n. Allein
Wie matt ist, Portugal, der Lebenshauch,
Der dir noch bleibt. Wohl einen Augenblick
Klopft hoch das Herz in deiner Brust — doch ach!
Erliegend deinen Leiden richtest du
Von deinem Schmerzensbett dich nur empor —
Um in Erschöpfung drauf zurückzusinken!

21.

„Wohin, nach welchem Ocean nun wälzest,
O Tajo, du die goldsandreichen Wellen?
Der Gott des Meers kennt nicht mehr beinen Namen —
Er, der so stolz einst war, ihn zu vernehmen!
Glorreicher Strom! wirst du denn Keinen finden,
Der wieder dir den einst'gen Ruhm erstreitet?
Nicht einen Erben deines alten Glanzes?
Ja, diese Erbschaft deines frühern Ruhms —
Der edle Amazonenstrom wird sie
Antreten und bewahren: nimmer wird

Die Sprache und der Name Portugals
Verschwinden! — Lusitanier, schämt ihr euch
Des Namens eurer Ahnen? — Was beginnt ihr? —
Wenn eurer Väter Dach in Trümmer sinkt,
Ihr undankbaren Söhne, werdet ihr
Zum mindesten von der Vergessenheit
Nicht eurer Ahnen hehren Namen retten?

22.

„Mein Vaterland, mein theures Vaterland!" —
Die Worte, nur noch leis gemurmelt, werden
Durch eines Fremden Ankunft unterbrochen,
Der, anfangs von dem Dichter unerkannt,
In seine kleine Wohnung tritt, indem
Er also spricht: „Verzeiht, wenn ich so kühn bin,
Hierherzukommen; doch — —"
            „Wer seid Ihr denn?
Giebt es auf dieser Erde noch ein Wesen,
Das eines Sterbenden elendes Lager
Zu finden weiß?"
            „Schon seit der Frühe hab' ich
Nach Euch gesucht; von Afrika bin ich
Erst heut zurückgekehrt!"
            „Vergebung, Graf —

Ihr seib's! — Und welche Kunden bringt Ihr mit?"
„Trüb sind sie — ach, sehr trübe! — Dieses
                                      Schreiben,
Das ich Euch reiche, wird Euch Alles sagen."
Er spricht's und giebt dem Dichter einen Brief. —
Vom Missionär, der ihn in seinem Kerker
Zu Fez geschrieben, ist er. Tief betrübt,
Allein gefaßt und ruhig, richtet Worte
Der Güte und des Trostes und der Hoffnung
Der Greis an ihn. Dies ist des Briefes Inhalt:
„Hienieden in der Welt des Wehs, der Thränen
Ist Alles — Alles aus! Allein dort oben
Das ew'ge Vaterland — der Böse nur
Verliert's. Gott bleibt Euch und die Tugend! —
So tröstet Euch!"

                    23.

              „Mich trösten!" ruft er aus,
Und seiner Hand, der zitternden, entsinkt
Das Blatt — — „So ist verloren Alles denn!" —
Die Stimme stockt ihm. Die Stirn zu Boden senkend,
Vernichtet von dem fürchterlichen Schlag,
Schließt langsam er die Augen zu, aus denen
Unsäglich tiefes Weh spricht. Angstvoll naht

Der Graf dem Bett — — Zu spät nun, Menschen=
hülfe,
Kommst du! Die Augen, halb gebrochen schon
Gen Himmel hebend, seufzt der Sterbende
Im letzten Todeskampf: „O Vaterland — —
Eins tröstet mich: mit dir vereinigt sterb' ich!"

24.

Wo, Portugiesen, ist das Monument,
Das dieses hohen Sängers Asche birgt? —
Gewiß habt ihr ein spätes Denkmal ihm
Gesetzt! — Nicht das einmal, ihr Undankbaren!
Kein Grab, kein Stein mit einer Inschrift nur! —
An dich, o Volk, das die fünf Teile du
Der Welt erfüllst, ist dies mein Wort gerichtet,
Das die Empörung auf den Mund mir legt:
Die letzten Töne, die auf meiner Leier
Erklingen werden, sind's. Die Stimme will ich
Erheben, um so ungeheuren Frevels
Euch anzuklagen — dann auf immer soll sie
Auf meinem Mund zu Eis erstarren! — Leier,
Du meines Vaterlandes Leier, drauf
Ich Portugals, ach nun gesunk'nen Ruhm
Besungen — eh' ich hier im fremden Land

An öber Felsenklippe dich zerbreche,
Noch laff' ich biesen letzten Ruf ertönen:
Die Portugiesen wissen nicht einmal,
Wo ihres großen Dichters Asche ruht!

Orient und Occident.

III.

Raghuvansa.

Ein indisches Gedicht

von

Kalidasa.

In deutscher Nachbildung

von

Adolf Friedrich Graf von Schack.

Stuttgart 1890.

Verlag der J. G. Cotta'schen Buchhandlung

Nachfolger.

Druck der Union Deutsche Verlagsgesellschaft in Stuttgart.

Vorwort.

Kalidasa ist unter allen Dichtern der Inder derjenige, dessen Werke in Europa am meisten bekannt geworden sind. Nachdem seine Sakuntala schon im vorigen Jahrhundert von William Jones aus dem Sanskrit ins Englische übertragen worden, übersetzte Georg Forster dieselbe nach dieser Version ins Deutsche, später Hirzel, Böthling, Rückert und noch einige direkt aus dem Sanskrit, denen dann noch andere folgten, welche nach der bei uns beliebten Manier aus den vielen schon vorhandenen Uebersetzungen neue machten. Auch desselben Autors Drama „Urwasi", seine beschreibenden Gedichte „Der Wolkenbote" und „Versammlung der Jahreszeiten", die man mit

ben einſt berühmten Jahreszeiten des Engländers
Thomſon vergleichen könnte, ſind bei uns überſetzt
worden. Befremdend ſcheint es daher, daß ein an=
deres Werk eben dieſes Kalidaſa, welchen man bald
den Virgil, bald den Sophokles der Inder genannt
hat, bei uns bisher nur im ganz engen Kreiſe der
Gelehrten bekannt geworden iſt. Ich meine das
Epos Raghuvanſa. Dennoch iſt dieſes Gedicht in
ſeiner Heimat von jeher als eine der Hauptzierden
der indiſchen Literatur angeſehen worden und ver=
dient wegen der Schönheiten, an denen es reich iſt,
auch bei uns bekannt zu werden.

Es ſtellt in einer Reihe von Bildern die hervor=
ragendſten Momente im Leben der Raghuiden, d. h.
der Nachkommen des Königs Raghu dar, und macht
den europäiſchen Leſer in kürzerer Faſſung mit den
wichtigſten Begebenheiten bekannt, welche den Haupt=
inhalt des umfangreichen alten Epos Ramayana bil=
den, bringt jedoch auch noch vieles andere und einiges
von beſonderer Schönheit, was in dieſem nicht ent=
halten iſt. Wie Firbuſi's Schah = Name führt es

statt eines Helden eine Reihe solcher in ihren hervor=
ragendsten Thaten sowie den merkwürdigsten Begeben=
heiten ihrer Zeit vor. Man mag bies tabeln, ober
nach Schlegel's Lehre loben, nach welcher ein Epos
einem Basrelief gleichen soll, bas sich ins Unenbliche
fortsetzen läßt, auf jeben Fall wird man zugeben,
baß Kalibasa's Epos reich an mannigfaltigen Schön=
heiten ist, unb ben Leser balb burch Situationen von
ibillischer Anmuth fesselt, balb burch solche von mäch=
tiger Tragik erschüttert. Der Reiz des Gebichtes wird
erhöht burch ben exotischen Blüthenbuft, ber über bem
Ganzen liegt, unb bie Pracht ber Bilber, bie sich oft
burch frappante Neuheit auszeichnen. Doch hat bas
Raghuvansa auch Partien, welche ben europäischen
Leser wegen ihres speziell inbischen Charakters fremb=
artig berühren müssen, inbem sie an bie von Bopp
übertragene unb von Heine verspottete Episobe des
Maha=Bharata vom König Visvamitra erinnern,
welcher burch Kampf unb Büßung Vasischta's Kuh
erringen will. Diese Partien habe ich, so weit es
ohne Zerreißung des Zusammenhanges bes Ganzen

möglich war, ausgeschieden, während ich im Uebrigen dem Original Schritt für Schritt folgte. In der Skandirung der Namen konnte ich mich nicht an die Silbenmessung des Originals binden, da in diesem oft so viele Längen auf einander folgen, daß sie in keinem europäischen Versmaß unterzubringen sind.

Erster Gesang.

Welche Kluft von meinem engen Geiste
Zu der Raghuiden sonnentsproß'nem
Stamme! — Und auf schwankem Nachen wag' ich
Dieses Meer, zu dessen Jenseitsstrande
Keiner noch gelangt, zu überschiffen?
Wie der Zwerg, wenn eine Frucht zu brechen
Er versucht, die eines Riesen Hand nur
Pflücken kann, Gelächter werb' ich ernten.
Dennoch ruhen läßt mich jener hohen
Fürsten Tugend nicht. Von der Geburt an
Ihre Thaten zu besingen drängt's mich,
Wie bis hin zum Ocean die Erde
Sie beherrschten, wie bis zu des Himmels
Sternen sie die Räder ihrer Wagen
Aufwärts lenkten; wie sie Schätze häuften,
Um in Fülle Andern sie zu spenden;

Wie den Jammer sie gestillt, den Frevel
Schwer gestraft, wie in der Kindheit emsig
Sie dem Lernen sich geweiht, im Alter
Als Anachoreten ihrer Sinne
Trieb gebändigt, und am Lebensende,
Ihres Körpers Bürde von sich werfend,
Mit dem höchsten Wesen sich vereinigt.

Manu, der Vivasvatide, welchen
Alle Weisen ehren, war der erste
In der Kön'ge Reihe, wie die Vedas
Mit dem hehren Worte Om beginnen.
Und aus seinem heil'gen Stamme wurde,
Heil'ger noch als er, ein Sohn geboren,
Gleich dem Mond, der aus dem Meer emporsteigt.
Er, der Stolz der Fürsten, hieß Dilipa.
Kräftig war an Brust er und an Armen,
Hochgewachsen wie die Bergeseiche.
Dem gewalt'gen Erdbeherrscher Meru,
Welcher über aller Länder Gipfel
Sich erhebt, war er vergleichbar; Alle
Uebertraf er so an Muth und Stärke,
Wie an riesiger Gestalt. Sein Geist auch
War geringer nicht. Um Wissen mußte

Er sich eifrig, und entworf'nen Plänen
Nie entsagt' er, bis er sie vollendet.
Furchtbar und begehrenswerth zugleich war
Er für alle Völker. Also fürchtet
Man den Ocean der Ungeheuer
Wegen, die in seiner Tiefe wohnen,
Und der Perlen halb geliebt doch wird er,
Die er birgt. Von seinen Unterthanen
Nahm er nur Tribut, um hundertfältig
Wieder ihn an sie zurückzugeben,
Wie die Sonne die Gewässer, die sie
Aus den Meeren, aus den Flüssen aufsaugt,
Wieder segnend auf die Erde ausströmt.
Da er nicht den niedern Trieben fröhnte
Und in der Erfüllung ernster Pflichten
Seine Wollust fand, entschwand das Alter
Ohne Krankheit ihm. Zur Gattin wählte
Er sich eine Fürstin von Magabha,
Sudakschina. Neben dieser Edlen
War durch eine andere Gemahlin,
Lakschmi, er beglückt noch, und durch beide
Dünkt' er reich sich, als ob einen ganzen
Harem er von Frau'n besessen hätte.
Aber Sudakschina galt als liebste

Ihm von beiden, und sein höchster Wunsch war
Daß sie einen Sohn ihm schenken möchte.

Lange Zeit war schon dahingeflossen
Und sein sehnlichstes Verlangen immer
Ihm noch nicht erfüllt. D'rum seinen Räthen
Uebergab das Steuer er zur Lenkung
Seiner weiten Länder, um in Andacht
Sich dem heil'gen Dienst zu weih'n, durch den er
Von den Göttern zu erlangen hoffte,
Daß sie den ersehnten Sohn ihm schenkten.

So dem Weltenschöpfer ihre Ehrfurcht
Vor dem Aufbruch noch bezeigend, wandte
Sich der fromme König mit der Gattin
Nach der Sieblerklause des Wasischta,
Der Erzieher ihm vordem gewesen,
Auf demselben Wagen saßen Beide,
Dessen Räder leisen Tons hinrollten.
Um dem Eremiten keine Störung
Zu bereiten, führt' er wen'ge Diener
Nur mit sich. Indeß er mit der Gattin
Auf der Fahrt war, fächelten die Winde
Ihnen sanft die Stirn, der Salah-Bäume

Harzduft und den Blüthenstaub der Blumen
Ueber sie ergießend. Sie vernahmen
Hier und dort von Pfauen, die beim Nahen
Ihres Wagens schnell das Haupt erhoben,
Herzerfreu'nde Rufe. Beide sahen
Ihrer eig'nen Augen Ebenbilder
In den Blicken lieblicher Gazellen,
Die, nicht fern dem Weg, erstaunt den Wagen
Schauten, der herankam. Oft ertönte
Der Gesang von Kranichen zu ihren
Häupten, wo in ihrem Flug die Vögel
Bogen, blumigen Gewinden ähnlich,
In den Lüften schlangen. Süße Düfte
Quollen aus den Lotosteichen, wo sich
Mit der Blüthenkelche Hauch der Wellen
Frische mengte und sie sanft umwehte.
In den Dörfern, welche sie gegründet,
Boten Opferer bei jedem Schritte
Ihnen Spenden, auf ihr Haupt der Götter
Segen niederfleh'nd. Die Landbewohner
Brachten ihrer Heerden Milch als Gabe.
Was der König auf der Fahrt des Schönen
Schaute, wies er der Gemahlin, daß sie
Sich mit ihm daran erfreuen möchte.

Und so kamen bei der Sonne Sinken
Beide zu des frommen Eremiten
Klause. Eben ganz erfüllt war diese
Von den Sieblern, welche aus dem Walde
Heimgekehrt mit Kusagras und Früchten.
Um die Thür der Hütte hingelagert
Ruhten reizende Gazellen. Kaum noch
Hatten des Anachoreten Töchter
Auf die sonnverbrannten Sträucher Wasser
Hingesprengt, so traten sie zur Seite,
Daß die scheuen Vögel an dem Naß auch
Sich erquicken könnten. Aus der Klause,
Wo die heil'gen Flammen nie erloschen,
Stieg dem König Opferduft entgegen,
Und er fühlte sich dadurch geheiligt.
Als mit der Gemahlin dann den Wagen
Er verlassen, boten, tief sich neigend,
Ihm die Siedler alle Ehren, deren
Würdig war der hohe Weltbehüter.

Eben war gebracht das Abendopfer,
Als Dilipa den Anachoreten
An Arundhati's, der Gattin, Seite
Sitzen sah. Hin zu des Frommen Füßen

Warf der König sich mit der Gemahlin,
Und das heil'ge Paar begrüßte Beide
Sie mit Freundlichkeit. Sobald Dilipa
Sich erholt von seiner Reise Mühen,
Fragte, ob das Reich erwünschter Wohlfahrt
Sich erfreue, ihn der fromme Siedler.
Antwort also gab ihm da der weise,
Redekund'ge König: „Dir verdank' ich's,
Daß in blüh'ndem Glücke meine Herrschaft
Fort und fort gedeiht. Das Unheil, welches
Mir von Göttern oder Menschen drohte,
Hast du abgewandt. Die Opferspenden,
Trefflicher, die du auf die Altäre
Gießest, haben sich in Regenschauer
Umgewandelt, um auf meine Felder
Fruchtbarkeit zu schütten. Deiner Tugend
Einzig danken meine Unterthanen,
Daß von der Geburt bis zu des Greises
Alter keine Krankheit ihre Tage
Trübt. — Wie, o Brahmane, da ich deiner
Obhut mich erfreue, mag's geschehen,
Daß ich dennoch sorgenloser Freude
Nicht genieße? — Diese weite Erde
Beut mit all' den prächt'gen Diamanten,

Die in ihrem Schooß sie birgt, mit allen
Inseln ihres Oceans kein Glück mir,
Wenn mir deine Tochter, meine Gattin,
Einen Sohn nicht schenkt. Nach diesem Leben
Wohl erwartet Glück uns, wenn die Seele
Wir gereinigt, wenn durch milde Gaben
Wir das Leib getröstet. Doch ein Sprosse,
Der aus hohem Stamm geboren worden,
Schafft in diesem Leben, wie im Jenseits
Uns noch größ'res Heil. Sprich nun, mein Vater,
Weil du siehst, wie solch ein Sohn mir mangelt,
Bist du nicht betrübt, wie wenn du schautest,
Daß ein Baum, den selber du gepflanzt hast
Und mit Liebe Tag für Tag begossen,
Ohne Frucht bleibt? — Diese Schuld, die letzte,
Die, o Heiliger, ich einzulösen
Nicht vermag, drückt mich so unerträglich,
Wie wenn in der schwülen Gluth des Sommers
Ich ins frische Bad nicht tauchen dürfte.
Sorge d'rum — denn du, mein Vater, kannst es —
Mich von dieser Trübsal zu befreien!"

Nach des Königs Worten blieb der Siedler
Kurze Zeit in brütende Betrachtung

Tief versunken, wie ein See am Mittag,
Wenn darin die Fische schlummern.   Endlich
Gab er so dem Weltbeherrscher Antwort:
„Daß Erfüllung deinem Wunsche werde,
Hoff' ich von den Göttern zu erlangen.
Dreimal sieben Morgen, wenn am Himmel
Sich die Sonne hebt, werd' ich, ein Opfer
Zündend, andachtsvoll zu ihnen flehen.
Du indessen mußt im Büßerwalde
Dreimal sieben Tage, sieben Nächte
Dich in Einsamkeit mit deiner Gattin
Frommen Uebungen, Dilipa, weihen.“
„Also sei es!“ sprach erfreut der König:
Und die Gattin stimmte bei.   Der weise,
Wahrheitstreue Eremit bot Abschied
Vor dem Schlummer drauf dem hohen Gaste,
Der am Himmelsrand sein neues Glück schon
Steigen sah.   Allein den Werth der Buße
Wohl erkennend, schrieb der heil'ge Siedler
Nochmals streng dem König vor, im Walde,
Fern der Welt, die Tage zu verbringen.

Im Geleit der tugendhaften Gattin
Trat Dilipa in den schatt'gen Bußwald,

Um auf Kufagras die Nacht zu ruhen,
Während sich des Eremiten Schüler,
Eh' die nächt'ge Finsterniß herabsank,
Noch der heil'gen Schriften Lesung weihten.

In der ersten Frühe stand vom Lager
Auf der König. Seiner Herrscherwürde
Zeichen trug er keins mehr. Wer ihn schaute,
Wie ums Haupt er rankende Lianen
Sich gewunden, dem erschien als Hirt er.
Statt der Höflingsreden, die im Schlosse
Ehmals ihn umtönt, drang nun zum Ohr ihm
Lieblicher der Waldeszweige Rauschen
Und der Vögel Zwitschern. Wo er nahte,
Streuten in des Windes Hauch die Wipfel
Auf ihn nieder ihre duft'gen Blüthen.
Furchtlos sah'n die schüchternen Gazellen
Ihm in's Antlitz. Aus dem Rohr des Waldes
Scholl es wie ein Chor zu seinem Preise,
Und das Laub des Hains, bewegt vom Winde,
Sprengte feuchten Staub der Wasserfälle
Ihm erfrischend in's Gesicht, da heiß ihm
Auf das Haupt die Mittagssonne brannte.
Wo der Weltbeschützer in des Haines

Dickicht weiter vordrang, sah man plötzlich,
Ungelöscht von Wasser, sich des Waldbrands
Flammen legen, sah die Blumen schöner
Aufblüh'n und die Früchte pracht'ger reifen.
Auf dem Wege ward gewahr der König,
Wie im Wald die ersten nächt'gen Schatten
Dämmerten; er schaute Pfaun, die aufwärts
Nach der Bäume Aesten spähten, um sich
Für die Nacht ben Schlummerplatz zu suchen,
Und sah Eberheerden, welche schwimmend
Ihrem Sumpf entstiegen. Da der Hütte
Wieder sich Ajobja's Herrscher nahte,
Warf die Gattin sehnsuchtsvolle Blicke
Ihm entgegen und an ihrer Seite
In die Klause des Anachoreten
Nahm er seinen Weg und beugt' in Demuth
Sich vor ihm, sowie vor dessen Weibe.
Als sodann des Abends fromme Bräuche
Sie vollzogen, kehrte mit der Gattin
Er zurück in seine Waldeshütte;
Und mit ihr auf seine Schlummerstätte
Streckt' er sich, nachdem er eine Lampe,
Ihm bei Nacht zu leuchten, angezündet.
So verrannen dreimal sieben Tage,

Während mit der Gattin streng Dilipa
Alle Bräuche nach der Vorschrift übte,
Um das hohe Glück sich zu erringen.
Aus dem Walde dann begaben Beide
Sich zur Wohnung des Anachoreten.
Und mit freudestrahlendem Gesichte
Trat entgegen ihnen dieser: „Alle
„Eure Wünsche, Hochbeglückte," sprach er,
„Werdet bald gekrönt ihr seh'n; die Götter
Haben gnädig meine Opfergaben
Angenommen. Einen Sohn, o König,
Werden sie dir schenken, der auf Erden
Deinen Stamm verewigt, und unsterblich
Seinen Ruhm auf kommende Geschlechter
Forterbt."
　　　　Dankend vor dem Frommen knieten
Diese Beiden, sich zum Abschied rüstend.
In der nächsten Frühe drauf, nachdem er
Ein Gebet gesprochen, das des Himmels
Segen auf die Reisenden herabfleht,
Bot der Eremit dem Gattenpaare
Lebewohl zur Heimkehr. Und Dilipa
Neigte vor dem Feuer und dem Opfer,
Vor dem Siedler auch und seiner Gattin

Sich in Ehrfurcht und bestieg zur Seite
Der Gemahlin seinen Wagen, dessen
Räderrollen lieblich scholl, als theilte
Er des königlichen Paares Freude.
Wie der Menschen Blick den Mond, so oft er
Am Gewölb des Himmels aufsteigt, gerne
Stets begrüßt, frohlockten auch der Hauptstadt
Wohner, als das Herrscherpaar zurückkam.
Wenn betrübt er fortgezogen, leuchtend
Nun von Wonne wegen des verheiß'nen
Sohnes kam er heim zu seinem Volke.
Fahnen flatterten auf seinem Wege,
Und der Städter tausendstimm'ger Jubel
Hallte um ihn her. In ihrem Schooße
Drauf empfing die Königin des Knaben
Keim, der früh bereits an sich die Zeichen
Wies, daß künftig auf dem Herrscherhaupte
Er des Weltalls Krone tragen werde.

Zweiter Gesang.

———

„Gleichwie Indra in des Himmels Wonnen
Schwelgt, so wird der Sprosse meines Gatten
Sich am Vollbesitz der Erde freuen,
Und nicht eh'r, als an des Weltalls Grenzen,
Wird er seinem Wagen Halt gebieten."
Stets erfüllten solcherlei Gedanken
Die beglückte Königin. — „So schweigsam
Immer ist mein theures Weib, Magabha's
Tochter. Fruchtlos, daß sie ihre Wünsche
Mir vertraue, bat ich sie schon oftmals.
Wonach sehnt sie sich?" so sprach Kosala's
König zu den Freunden seiner Gattin
Tag für Tag. Wenn sie gewünscht sich hätte,
Was der höchste Himmel allen Andern
Unerreichbar birgt, Dilipa's Bogen

Hätt' es ihr herabgeholt. Doch eben
Ward auch schon der Herrscherin Erfüllung
Ihres höchsten Wunsches, als ein Söhnchen
In der Stunde ihr geschenkt ward, da sich
Fünf Planeten bei der Sonne Sinken
Einigten zu günst'gem Horoskope.
Milde athmete der Wind, der Himmel
Glänzte hell; die Flamme stieg beim Opfer
Rechtshin auf. Von Glück sprach Alles, kündend,
Daß der Neugebor'ne Heil den Menschen
Bringen werde. Von dem Bette, wo er
Lag, ging sanft der Glanz hin durch die Halle.
Wie das Meer sich bei des Mondes Steigen
Ganz mit Helle tränkt, so ward des Königs
Seele voll von unermess'ner Freude.
Unbeweglich gleich den Lotosblüthen,
Wenn kein Windhauch ihre zarten Kelche
Schüttelt, waren seine Augen einzig
Auf des Sohnes Angesicht gerichtet.

Aus dem heil'gen Bußhain kam der Siedler,
Um die Bräuche zu vollzieh'n, die üblich
Sind bei der Geburt von Königssöhnen.
Und als sie vollbracht, erglänzte herrlich

Des Dilipa Sprößling, dem Rubin gleich,
Wenn er, aus dem Schacht emporgestiegen
Und von eines Meisters Hand geschliffen,
Leuchtend aufstrahlt. Horch' und freud'ge Töne
Lieblicher Musik, und Schall von Harfen,
Flöten, Lauten, die zu schöner Frauen
Tanz erklangen, zogen durch die Säle,
Und selbst oben auf der Himmelswohner
Aetherpfaden. In der hohen Freude
Ueber die Geburt des Sohnes wollte
Alle, wie sich selbst, der König glücklich
Wissen. Kein Gesang'ner sollte ferner
Mehr im Kerker schmachten. „Daß die Veden,
Voll und ganz, bis auf der Bücher letztes,
Sich mein Sohn zu eigen machen möge,
Und zugleich den letzten seiner Feinde
Niederschmettern!" rief er aus. Und Raghu —
Also ward genannt der Neugebor'ne —
Wuchs in seines Vaters Pflege täglich
Höher auf in Kraft und Gliederstärke;
Also wächst der Mond, je mehr der Sonne
Licht sich hin auf seine Scheibe breitet.
Freudvoll sah'n der König und Maghaba's
Tochter, seine Gattin, wie der Knabe

Mehr und mehr gedieh. Der Beiden Liebe,
Innig so wie die von zwei Flamingo's,
Ließ das Herz des Einen in des Andern
Busen wohnen und obgleich ein Sohn jetzt
Zwischen ihnen stand, ward doch sie höher
Nur durch ihn gesteigert. Von der Amme
Lernte Raghu nach und nach die ersten
Worte lallen; wie sie ihm es zeigte,
Beugt' er seinen kleinen Leib zum Grüßen.
Und durch Alles, was er that, vermehrt' er
Seines Vaters Freude. Dieser hob ihn
Auf sein Knie; wie da der Kleine sanft ihm
Um den Hals die Aermchen schlang, die Lippen
Auf die seinen drückte: all die Wonnen
Ließ, die langersehnten, er ihn kosten,
Die bei der Berührung seines Kindes
Eines Vaters Herz durchglüh'n. Umgeben
Von gleichaltrigen Gespielen, denen
Schon das schwarze Lockenhaar wie Flügel
Eines Raben um die Schultern wallte,
Weihte Raghu frühe sich dem Lernen.
Und sowie man aus der Flüsse Mündung
In das Meer vordringt, bald in des Wissens

Fülle drang er ein. Von der Brahmanen
Trefflichsten ward sorglich ihm geboten,
Was den Geist zu bilden ihm vermochte.
Wie der Sonnengott mit seinen Rossen
Die vier Himmelsfelder, so durchmaß er
Die vier Wissenschaften. Mit dem Bogen
Seines Vaters Zauberpfeile schleudern
Lernt' er bald. Nachdem das Jünglingsalter
Er erreicht, ward Raghu von dem Vater
Schönen Frau'n vermählt, und freudig strahlte
Deren Antlitz wegen der Verbindung.
Ob der Hohe, stark von Brust und Schultern,
Auch den Vater überragte, dennoch
Den Geringsten gleich bescheiden war er.

Als Dilipa sah, wie die Erziehung
Das, was die Natur begonnen hatte,
Wohl vollendet, kam er zum Entschlusse,
Ihm des Wagens Lenkung zu vertrauen,
Den er lang allein geführt. Er theilte
So fortan die Herrschaft mit dem Sohne.
Wie das Feuer, das vom Wind getrieben,
Wie die Sonne, wenn von keiner Wolke
Sie umhüllt ist, war die Macht Dilipa's

Nun unwiderstehlich. Doch des Alters
Bürde fühlt' er nach und nach, und mahnte
D'rum sich, Zeit sei's, von der Sinne Herrschaft
Endlich seine Seele zu befreien.
D'rum den weißen Sonnenschirm, des Reiches
Zeichen, übergab er seinem Raghu
Und zog selber an der Gattin Seite
In den Bußhain sich zurück, um einsam
In der Bäume Schatten dort zu leben.

Als der Jüngling nach des Vaters Rücktritt
Herrscher so geworden, strahlte heller
Auf sein Glanz, gleich wie das Feuer Abends
Höher aufflammt, weil beim Untersinken
Ihm die Sonne all ihr Licht gelassen.
Kaum erblickten nun die fremden Kön'ge
Ihn, wie er den Thron des Reichs bestiegen,
Den Dilipa eben erst verlassen,
Da begann in ihrer Brust des Neides
Gluth, die noch von Rauch bedeckt gewesen,
Heiß empor zu lobern, während freudig
Seine Unterthanen auf ihn blickten
Und so stolz auf seine Thronerhöhung
Schauten, als ob aufgepflanzt die Fahne

Sie des Gottes Indra selber sähen.
Nicht den Herrscherstuhl nur seines Vaters
Nahm nun Raghu in Besitz — nein, alle
Länder seiner Väter auch. Er hatte
Kaum die Herrscherweihe noch erhalten,
Als auch unsichtbar die Göttin Lakschmi
Ein Gewinde duft'ger Lotosblüthen,
Lieblich schattend, über's Haupt dahin ihm
Breitete; Sarasvate, der Dichtung
Und Beredtsamkeit erhab'ne Göttin,
Auch erschien und pries aus junger Sänger
Munde, die um seinen Thron sich reihten,
Raghu's Tugenden. Der Kön'ge viele
Hatten schon seit Manu an der Erde
Sich erfreut; ihm aber lachte dennoch
Sie in jungfräulichem Reiz entgegen.
Alle Wesen, selbst die seelenlosen,
Wußt' er sich in Liebe zu verbinden.
Alles war erfüllt von seinem Ruhme,
Hingetragen ward er auf der Erde
Durch der Schwäne Reihen in den Seen,
Durch die Lotosblüthen in den Teichen
Und am Himmel durch der Sterne Chöre.

Als im Herbst der Ströme Wasserfluthen
Sich gelegt, so daß der Heere Durchzug
Sie nicht länger hemmten, gab Befehle
Raghu seine Krieger zu versammeln.
Dann im Tempel bracht' er dar ein Opfer,
Und da er ein Roß den Göttern weihte,
Gab die Flamme, welche rechtshin aufschlug,
Ihm ein sich'res Zeichen künft'gen Sieges.
Durch den Trieb gestachelt, alle Zonen
Dieses Weltalls sich zu unterwerfen,
Stellt' er sich an seines mächt'gen Heeres
Spitze. Gleich dem Gotte, der des Himmels
Ostgebiet beherrscht, lenkt er nach Morgen
Anfangs seinen Zug, und seine Fahnen,
Wie vom Windeshauch geschwellt sie wallten,
Drohten schon von ferne seinen Feinden.
Durch den Wirbelstaub, der von der Wagen
Rädern aufgewühlt ward und gleich Wolken
Vor der Elephanten Fuß in Massen
Sich erhob, zur Erde ward der Himmel
Und zum Himmel wiederum die Erde
Umgewandelt. Aus dem Sand der Wüsten
Ließ durch seine Macht der König Quellen
Wassers sprudeln. Auf der Ströme Wogen

Hieß er Schiffe an das Jenseitsufer
Seine Heere tragen; dunkle Wälder
Ließ er lichten, daß hindurch sie zögen.
So den Weg zum Meer des Ostens nahm er.
Könige, gestürzt von ihren Thronen,
Zeichneten die Spuren seines Weges,
Sowie Bäume, die der Sturm entwurzelt.
Hin von Volk zu Volk im Siegeszuge
Drang er stolz bis in des Morgenrothes
Länder vor, und kam bis an des großen
Ozeans Gestade, die der Palmen
Wälder wie mit dunklem Mantel deckten.

Drauf nachdem die Völker von Bengalen
Er bezwungen, die der Schifffahrt kundig
Sind, wie sonst der Völker keins, erbaute
Auf den Inseln in des Ganges Fluthen
Er die Säulen, welche seiner Siege
Ruhm den kommenden Geschlechtern künden.
Demuthsvoll sich ihm zu Füßen werfend
Boten dem Erob'rer ihres Landes
Früchte die Bewohner. Elephanten
Jochend, daß sie eine Brücke formten,
Ließ den Strom Kapissa er die Krieger

Ueberschreiten. Von Kalinda's König
Ward mit einem Hagel von Geschossen
Raghu, als er näher kam, empfangen.
Aber dem Orkan von Eisenpfeilen
Bot er Trotz, bis ihn der Sieg bekrönte.
Dort in Hütten, die aus Palmenzweigen
Sie sich bauten, zechten froh die Krieger
Und berauschten sich zugleich am Ruhme,
Sowie am gegohr'nen Saft des Kokus.
An des Meeres Ufer siegreich weiter
In das Land, auf das der Stern Agastja
Niederstrahlt, zog dann er. Dort das Lager
Für die Krieger schlug er auf der Eb'ne,
Ueber welcher der Himalaya sich
Steil erhebt, und wo sich grüne Tauben
Auf der Pfefferbäume Zweigen schaukeln.
Dicht hob von des Cardamomstrauchs Früchten,
Die der wilden Rosse Fuß zerstampfte,
Sich der Staub, und um der Elephanten
Schläfen wirbelnd, mehrt er ihre Brunst noch).
Von des Raghu Heer den mächt'gen Anprall
Nicht ertragen konnten Pandyas Kön'ge:
Demuthsvoll sich ihm zu Füßen werfend,
Boten ihm sie ihrer Perlen Schätze,

Welche sie nebst ihrem Thatenruhme
Dort gehäuft, wo sich die Tamraparni
Mit dem großen Ozean verbindet.
Saugen konnt' er aus den beiden Bergen,
Dem Himalaya und dem Arbura,
So wie aus zwei riesenhaften Brüsten
Dort der schattenkühlen, düstereichen
Sandalhaine Hauch. Dann weiter wälzten
Des gewalt'gen Weltbeherrschers Heere
Sich gen Westen nach der Erde Grenzen.
Von dem Rasseln ihrer Eisenpanzer
Wurde übertönt der Wälder Rauschen,
Deren Wipfel in des Windes Brausen
Auf und nieder wogten. In den Schlachten,
D'rin die Völker an des Abends Saume
Sie bekämpften, wirbelten die Säulen
Staubes hoch empor, die Luft verfinsternd,
So daß Feind den Feind allein am Schwirren
Seiner Bogensehne kennen konnte.

Raghu thürmte der Erschlag'nen Häupter
Hoch empor, daß sie den Honigwaben
Glichen, welche in den Felsenspalten
Wilde Bienen häufen. Unterwürfig

Flehten Solche, die dem Tod entronnen,
Bogen sowie Köcher von sich werfend,
Um des Siegers Gnade, und die Krieger
Streckten sich auf Rebenhügel nieder,
Nach des Kampfes Müh'n am Saft der Trauben
Sich zu laben. Ihre Wangen glühten
Nach dem Tranke, gleich den Morgenwolken,
Wenn mit ihrem Purpurroth die Sonne
Sie im Aufgeh'n tränkt. Dann zu des Indus
Ufern ging es weiter, und es schollen
Von der Weiber Weheruf die Städte
Und die Dörfer wegen ihrer Gatten,
Die zu Boden Raghu hingewettert.
Gold und Silber, Fülle edler Rosse,
Fiel dem Sieger zu. Doch nicht nach Reichtum,
Trug er, nein, allein nach Ruhm Begierde.

Wie er weiter zog auf seinem Pfade,
Fächelte mit mildem Hauch der Wind ihn,
Der im Baumgeäste sich zu sanftem
Murmeln brach und von der Wasserfälle
Staub das Naß ihm auf die Stirn hinthaute.
Im Gebirg mit den Bewohnern hatte
Raghu manche Kämpfe zu bestehen;

Flammen sprühten aus den Wurfgeschossen
Und den Eisenpfeilen, wie im Flug sie
Hin- und hergeschleudert an einander
Prallten. Dort ein unvergänglich Denkmal
Seines Ruhmes hinterlassend, stieg er
Wieder vom Gebirg hinab. Mit Schande
Ueberdeckt blieb hinter ihm die Erde,
Die bezwungene, zurück. Die Fürsten,
Die sodann er traf auf seinem Zuge,
Wagten selbst den Staub nicht anzublicken,
Der sich unter seines Wagens Rädern
Wirbelnd hob, das Sonnenlicht verfinsternd.
And're beugten sich vor seiner Füße
Schatten ehrfurchtsvoll und boten Blumen,
Perlen, Edelsteine ihm als Spenden,
Gleich als ob sie Göttern Opfer weihten.

Als der Sieger so die Weltregionen
Ueberwältigt, nahm zu seinem Reiche
Heimwärts er den Pfad. Und auf der Kön'ge
Diademen, die er hingeschmettert,
Ließ den Staub er ruh'n, den seines Wagens
Räder aufgewirbelt. Dann ein Opfer
Hielt er, und der mitgebrachte Reichthum

Ward von ihm im Tempel an die Priester
Ausgetheilt. Denn große Seelen häufen,
Gleich der Wolke, welche ihres Wassers
Fülle rings verschwendet, ihre Schätze
Nicht für sich, nein, um sie zu verschenken.

Dritter Gesang.

Wie die Weltbeherrscherin, die Sonne,
Ihres Lichtes Fülle auf die Erde
Breitet, also spendete der Himmel
Dem erlauchten Raghu seinen Segen:
In der Stunde, die dem Brahma heilig,
Ließ er einen Sprößling im Palaste
Ihm geboren werden, den er Ajas
Nannte; nicht an Schönheit, nicht an Anmuth,
Noch an Stärke wich der Sohn dem Vater.
Denn die Fackel ist an Glanz der Fackel
Gleich, an welcher sich ihr Licht entzündet.
In der Schule weiser Meister nährt' er
Seinen Geist mit Wissen. Kraft der Glieder
Gab der Waffen Uebung ihm, und herrlich
Wuchs er so zum Jüngling auf, daß Aller

Blick er auf sich zog. Im König Bhaubja,
Der ein Nachbarreich beherrschte, regte
Da sich die Begier, bei sich im Schlosse
Ihn als Gast zu seh'n, wo seine Schwester
Indumati nächstens sich den Gatten
Wählen sollte. Einen Boten sandte
Er an Raghu d'rum. Willkommen dünkte
Diesem die Verbindung, und er schickte
Seinen Sohn mit stattlichem Gefolge
In des Reichs Vidharba stolze Hauptstadt.
Auf dem Weg erbauten die Bewohner
Zwischen grünen quellburchrauschten Gärten
Prächt'ge Zelte, um ihn zu empfangen.
Wie er in des Reichs Vidharba Hauptstadt
So gelangte, schritt der König Bhaubja
Demuthsvoll entgegen ihm. Dort wies er
Glänzende Paläste ihm zur Wohnung.
Langsam schlang gleich einem schönen Weibe
Dort um ihn der Schlaf die weichen Arme;
Doch vermocht' er lange nicht die Augen
Ihm zu schließen, da ihn das Verlangen,
Wach hielt, sich die Schöne zu erringen,
Die den Gatten sich erwählen sollte,
Und um die der Königssöhne viele

Im Palaste schon versammelt waren.
In der Frühe dann erweckten Sänger,
Jung wie er, den königlichen Jüngling,
Ueber dessen breiten Schultern, wie er
Schlummernd lag, die goldenen Gehänge
Seines Ohres ruhten. Mit der Lieder
Holden Tönen sangen sie: „Verschwunden
Ist das Dunkel. Raff' dich auf vom Lager,
Du Erlesenster der Erdensöhne!
Eben durch der Bäume Wipfel säuselnd
Streift der Morgenwind die zarten Blüthen
Von den Stielen und entsaugt den Kelchen
Der Nymphäen Düfte, die er süßer
Noch von deinen Lippen rauben könnte.
Tropfen kalten Frühthau's, in der Knospen
Schooß hinabgesunken, gleich den Perlen
Eines Halsbands, leuchten drin und blitzen,
So wie deines Mundes weiße Zähne.
Eh' des Lichtes Heerd, die hohe Sonne,
Aufgestiegen, scheucht die Morgenröthe
Vor sich her die nächtig dunklen Schatten:
Also, junger Held, eh' auf dem Schlachtfeld
Selber du die Feinde niederwetterst,
Uebt der Vater jetzt das Werk der Schlachten.

Aus dem Schlaf der Nacht erheben langsam
Mit den Sänften, die sie auf dem Rücken
Tragen, sich die Elephanten. Ihrer
Mächt'gen Zähne Elfenbein strahlt weithin
Bei des Morgens Purpurlicht und leuchtet,
So wie Barren Goldes in den Schluchten
Der Gebirge. In den Tempeln harren
Die Altäre, deren Blumen welkend
Niederhängen, daß du kommst mit neuen
Sie zu schmücken. Matten Scheins nur flimmert
Noch der Lichtglanz in des Schlosses Lampen.
Und dein Papagei in seinem Käfig
Ahmt mit seiner Stimme unser Lied nach,
Um dich aufzuwecken."
                          Von des Prinzen
Augen scheuchten so die Dichtersöhne
Durch ihr Lied den Schlaf. Von seinem Pfühle
Rang er sich empor. Nachdem des Morgens
Andacht er vollbracht, in prächt'ge Kleider
Hüllte sich sodann der Raghuide
Mit den schöngewölbten Augenbrauen,
Und begab sich in des Schlosses Halle,
Wo den Gatten aus der Zahl der Freier
Indumati sich erwählen sollte.

Dort umringt von dem Gewühl der Diener,
Fand er Könige und Fürstensöhne
Schon in Reih'n versammelt. Alle saßen
Sie zum Fest geschmückt auf Purpurthronen;
Und das Spiel der Fächer hauchte ihnen
Kühle Lüfte zu. Wie sie den Ajas
In den Saal eintreten sah'n, nicht länger
Hofften sie, daß noch auf sie das Auge
Indumati's fallen werde. Aufwärts
Stieg die Stufen er zu einem Thronsitz,
Welchen ihm Vibarbha's König anwies.
Als er auf dem teppichüberhängten,
Edelsteinbesetzten Stuhle droben
Platz genommen, war dem Kartikeya
Er an Schönheit gleich, dem Götterjüngling,
Wenn auf seines Pfauen farbenreichem
Rücken hingestreckt er ruht. Dem Blitz gleich,
Der herniederzuckend auf die Wolken
Seinen Schimmer breitet, glitten zitternd
Seiner Schönheit Strahlen durch der Fürsten
Dichtgedrängte Schaar. Nicht auf die Kön'ge,
Einzig auf den Raghuiden wandte
Sich der Menge Blick. In der Versammlung
Dieser Sonnenstamm=entspross'nen Kön'ge

Wallte Myrrhenrauch aus golb'nen Schalen,
Scholl Musik von Harfen, Flöten, Leyern
Himmelauf, so daß bei ihren Klängen
In des Schlosses Gärten sich die Vögel
Fröhlich auf der Bäume Aesten wiegten.
Und beim Liede, das aus sagenkund'ger
Dichter Mund erscholl, kam Indumati,
Hochzeitlich geschmückt, im Festgewande
In den Saal auf einem prächt'gen Wagen,
Welchen Diener zogen. Ihr entgegen,
Die als Meisterschöpfung der erhab'nen
Götter dastand, flogen aller Fürsten
Seelen, nur auf sie gerichtet waren
Hundert Augen. Blüthen ähnlich, wenn sie
Ihre Knospenhülle sprengen, brachen
Die Gefühle vor aus ihrem Herzen,
Die in ihnen Indumati weckte,
Und in Mienen gaben und in Zeichen
And're kund, was sie bewegte. Dieser
Ließ auf seiner Hand sich eines Lotos
Stengel kreisend wiegen, daß die Lüfte
Sich mit seinem Blumenstaube füllten
Und die Bienen, welche um die Kelche
Schwärmten, ihnen sich zu nahen, fruchtlos

Sich bemühten. Auf dem golb'nen Schemel
Hin und her ließ jener voll von Unruh'
Seine Füße gleiten, während trunken
Nach der Schönen seine Augen schweiften.
Vor den Herrscher von Magabha führte
Dann des Schlosses Hüterin Sunandha
Die Prinzessin: „Dieser ist Magabha's
König," sagte sie zu ihr. „Die Liebe
Seiner Unterthanen sich errungen
Hat er, sowie viel des Ruhms. Mit Recht heißt
Parantapa er, der Feindvertilger.
Tausend Kön'ge leben auf der Erde;
Doch Ersatz vermöchte für sie Alle
Dieser Eine ihr zu bieten. Also
Wird der Himmel, ob auch viele tausend
Sterne an ihm prangen, von dem Einen
Monde doch erleuchtet. Wenn dem Hohen
Deine Hand zu reichen du gewillt bist,
Tritt mit ihm an's Fenster, daß die Frauen
Dieser Stadt, die voll von Neubegierde
Rings versammelt sind, euch Zwei erblicken."

Also sprach sie; doch die Schöngeaugte
Gab, hinweg sich wendend, kund, sie wähle

Diesen nicht. Sunandha aber führte
Sie zu einem zweiten Erdenherrscher,
Wie die Welle, wenn vom Wind geschaukelt,
Fort zu einer anderen Lotosblume
Den Flamingo trägt. „Der Fürst von Ampa,
Sieh! ist dies," so sprach sie. „Liebe flößen
Selbst den Götterfrauen seine Schönheit,
Seine Jugend ein. Ob auf der Erde
Auch sein Reich gelegen ist, an Reiz doch
Kommt es gleich dem Himmelsparadiese.
Mit den Thränen, die er seiner Feinde
Weiber bei dem Tode ihrer Gatten
Weinen macht, sowie mit Perlenschnüren
Schmückt er ihren Busen." — Doch sogleich sich
Fort von dem Herangetret'nen wendend
Sprach Sunandha: „Komm!" zur Königstochter.
Und zu einem andern Fürsten führte
Diese sie, der noch in höh'rer Schönheit
Strahlte. „Hier den Herrscher von Avanti
Siehst du," sprach sie. — „Stark von Brust und Armen
Ist er und der Sonne gleich an Glanze,
Wenn im Frühling nach der Wintertrübe
Neu geboren sie emporsteigt. Zieht er
In der Allmacht seiner Heeresstärke

Aus, so hüllt der Staub, der vor den Hufen
Seiner Rosse aufsteigt, die Demanten
In der andern Kön'ge, seiner Nachbarn,
Diademen tief in Nacht. Im Sommer
Wonnevolle Nächte in den Gärten
Seines Schlosses bringt beim Mondesscheine
Er mit seinen Frauen hin. Sprich, Holde,
Hast du Lust, an dieses Herrschers Seite
Dich auf Blumenpfaden zu ergehen,
Während durch's Gezweig der Nachtwind säuselt
Und am Strand der Sipra Wellen rauschen?"
Doch wie Lotosblumen ihre Kelche
Nicht der Sonne öffnen, so erschloß auch
Die noch kaum erblühte Fürstentochter
Nicht ihr Herz dem Werber. Und Sunandha,
Sie zum König von Anupa führend,
Sprach zu ihr: „Ein König, Kartavirja,
Der auf zwanzig Inseln seiner Siege
Säulen pflanzte, lebte einst. Sobald er
Seinen Unterthanen sich, den Bogen
In der Rechten, zeigte, ließ sein Anblick
Jede Uebelthat in ihren Seelen,
Wenn noch kaum gedacht, auch schon ersterben.
Dieser Fürst hier ist von seinem Stamme,

Und Pratipa heißt er. Hohe Ehren
Spendet er den Veda-Kennern. Als er
In die Schlacht zog und ihm Schwert und Feuer
Bund'sgenossen waren, sank in jeder
Hand die Lanze matt wie eines Lotos
Stengel."

    Aber Indumati's Wahl fiel
Nicht auf diesen Herrscher, ob in stolzer
Schönheit er auch prangte. Der Prinzessin
Zeigte d'rauf Sunandha den Gebieter
Surasena's, dessen Ruhm in dieser
Nicht allein, nein! auch in and're Welten
Wiberhallte. Und sie sprach: „Den hier du
Schaust: der edle Fürst, ein Sprößling Nipa's
Ist er. Was sonst stets sich wiberstreitet,
Lebt in ihm gesellt zu schöner Eintracht,
Wie die Thiere, die sich sonst befeinden,
In des frommen Eremiten Klause
Frieblich bei einander leben. Sanftmuth
Mit den holden Augen wohnt, des Mondes
Stillen Strahlen gleich, in seiner Seele.
Aber in der Feinde Städten läßt er
Seine Kriegswuth hausen, und das Unkraut,
Auf der Könige Paläsiten wuchernd,

Die er stürzte, zeugt von seiner Wildheit.
In der schönen Zeit, wo man der Bäder
Lust genießt, verleiht das Holz des Sandals,
Das auf ihrer weichen Brust die Frauen
Seines Harems tragen, der Yamuna
Wellen süßen Duft. Wenn als Gemahl du
Diesen wählen willst, genieße freudig,
Holde, neben ihm auf seiner Gärten
Blumenbeeten Wonnen, wie sie höher
Selbst das Paradies nicht beut. Dort sitze
In der Zeit der milden Frühlingsregen
Auf dem Felsen, um den Tanz der Pfauen
Zu betrachten, wie sie in den Grotten
Längs des Flusses sich der Kühle freuen."
Aber sie, die einen andern Gatten
Zu erwählen dachte, die Prinzessin,
Eilte weiter, wie ein Wellenstrudel,
Der dem Meere zustürzt, einem Felsen,
Der ihn hemmen will, vorüberfluthet.
Hin zum Herrscher von Kalinga trat sie,
Und Sunandha sprach zu ihr: „Mahendra's
König ist er und des Ozeanes.
Sein Palast liegt an des weiten Weltmeers
Ufern, und anstatt der Instrumente,

Welche durch Musik in and'rer Fürsten
Schlössern Nachts der Stunden Flucht verkünden,
Hört er nur der Wogen mächt'ges Brausen,
Du, in seinem Arm, an jenes Meeres
Strande magst du fröhlich dich ergehen
Und der Palmenwälder Rauschen hören,
Während Winde dir die Gluth des Sommers
Kühlen und herüber von den Inseln
Der Lavanga Blüthendüfte tragen."

Doch die junge Schwester des Gebieters
Von Vibarbha ward durch diese Worte
Nicht verlockt. Zu einem Fürsten trat sie
Hin, der einem Gotte glich; Sunandha
Aber sprach: „Blick hin nach dieser Seite,
Schöne Jungfrau mit den Rebhuhnaugen!
Hier den Herrscher Pandu's sieh! an Glanze
Mißt er sich dem König des Gebirges,
Wenn im Strahl der Sonne alle Quellen
Funkeln, die aus seinen Höhlen brechen.
Diesem Fürsten, edlen Stammes, biete
Deine Hand; stolz wird als seine Gattin
Dich das Land, das er beherrscht, begrüßen,
Wie das perlenreiche Meer, das fluthend

Es umspült. Vergönn' ihm, daß er immer
In den Thälern des Himalaya dich
Spielen sehe, wo Lianenranken
Um der Bäume riesiges Geäst sich
Winden und Ein farb'ger Blumenteppich
Rings den Boden deckt. Umarmt euch Beide,
Gleich der Wolke und dem Blitz; und schöner
Werdet ihr durch die Umarmung werden."

Wie der Mondstrahl nicht des Tageslotos
Kelch erschließen kann, der sich der Sonne
Einzig aufthut, konnte nicht Sunandha
Der Prinzessin Herz der Liebe öffnen.
Alle Kön'ge, denen Indumati,
Gleich dem flücht'gen Schimmer einer Lampe,
Welche nächtlich durch das Dunkel gleitet,
Ihrer achtend nicht, vorüberschwebte,
Blieben trauernd und enttäuscht. Und Raghu's
Sohn, als sie sich nahte, dacht' im Stillen:
„Wehe, wenn sie nun mich nicht erwählte!"
Doch zu fürchten brauchte nicht der Jüngling:
Wenn ein Bienenschwarm den Blüthenwipfel
Eines Mango schaut, zu andern Bäumen
Fliegt er nicht. Kaum ward gewahr Sunandha,

Daß des jungen Helden Anblick mächtig
Jndumati an sich bannte, nahm sie
So das Wort: „Der hochberühmte Raghu
Führt, Dilipa's Sohn, des Weltreichs Herrschaft
Heut. Die ungeheuren Schätze alle,
Die ihm als Tribut die Erdenländer
Zollen, hat er großmuthsvoll als Spenden
Ausgetheilt und nichts für sich behalten,
Als nur einen Thonkrug, d'raus mit Wasser
Seinen Durst er löscht. Sogar den Himmel
Ueberfliegt sein Ruhm, des schlangenreichen
Meer's geheimster Abgrund ist so tief nicht,
Daß dahin nicht seines Namens Kunde
Dränge. Seinen Sohn hier, Ajas, siehst du;
Mit dem Vater trägt des Reiches Last er.
Seine Jugend, seine Schönheit, gleich sind
Deiner sie: so ist's auch seine Tugend
Und Bescheidenheit. D'rum wähl' ihn, Holde,
Daß in Einem Ring der Edelstein sich
Mit dem Gold vermähle!"
                                    Als Sunandha
So gesprochen, wählte Jndumati
Liebeglüh'nden Blicks den edlen Jüngling.
Bange Scheu ließ von der Jungfrau Lippen,

Leis gestammelt, nur die Worte tönen:
Daß ihr Herz dem Einzigen gehöre.
Doch daß Liebe völlig sie bewält'ge,
Zeigte sie, als ihrer selbst nicht mächtig
Sie mit halbgeschwund'nen Sinnen dastand.
Wie Sunandha so sie reglos steh'n sah,
Sprach sie, ihr ein blumiges Gewinde
Reichend: „Um den Hals des Ajas schlinge
Diese Blüthenranken!" Und die Fürstin
That, was Jene sagte; aber Ajas
Glaubte, daß ihm des Vidarbher-Königs
Schwester um den Hals die Arme schlänge.
„Hier vermählt die näcft'ge Lotosblume
Sich dem wolkenlosen Mond des Himmels,
Hier die Ganga mit dem Ozeane,
Der so rein wie sie ist!"
                            Solche Worte,
Welche nur für die verschmähten Kön'ge
Bitter klangen, schollen von den Lippen
Aller Bürger. Des beglückten Prinzen
Freunde waren fröhlich, doch die Freier
Voll von Unmuth. — Also öffnen Morgens
In den Seen sich die Tag-Nymphäen,
Während sich die näcft'gen Lotos schließen.

Vierter Gesang.

Voll Verdruß in ihre Länder kehrten
Heim die Kön'ge. Wie bei Tagesanbruch
Der Gestirne Strahl erlischt, so war auch
Ihrer Kronen Glanz von Nacht umdunkelt,
Und den Ingrimm über die Verschmähung
Bargen tief sie in den dunklen Herzen.
Ajas aber hielt mit der Geliebten,
Die er sich errungen, in die Hauptstadt
Festlich Einzug. Reich geschmückt mit Blumen
Wie mit Siegesbogen und mit Fahnen,
Welche vor der Sonne Schatten gaben,
War die Straße. An der Häuser Fenstern
Drängten sich die Frau'n, den Prinzen Ajas
Zu betrachten. Und vom Haupte glitten
Und vom Hals die blumigen Gewinde

Manchen, da, um näher ihn zu schauen,
Neugier sie hinaustrieb. Von den Schultern
Sanken Andern, wie sie durch die Menge
Bahn sich brechen wollten, die Gewänder,
Und zerrissen wurden ihre Gürtel.
Da man an den Fenstern all' der Schönen
Angesichter schaute, Lotosbeete
Glaubte man zu sehen, deren Blüthen
Ihre Kelche öffneten. Von ringsher
Nur nach Ajas flogen, Bienenschwärmen
Gleich, die Blicke Aller. „Wenn der Weltherr" —
Also ward geflüstert — „diese Beiden
Miteinander nicht verbunden hätte,
Fruchtlos wäre alle seine Mühe
Ja gewesen, solch ein Paar von höchster,
Unerreichter Schönheit zu erschaffen.
Unter tausend Kön'gen diesen Einen
Hat sie sich erkoren, da ihr eig'nes
Bildniß wieder sie in ihm erkannte,
Dem in einer andern Welt vor diesem
Dasein sie vereinigt schon gewesen."

Während solche Worte, von der Schönen
Mund gehaucht, zu Ajas' Ohre drangen,

Kam zu des Vidarbha=Königs Schloß er,
Das in Festpracht strahlte. Am Altare
Bracht ein Opfer dar der Oberpriester,
Rief das heil'ge Feuer an als Zeugen
Der geweihten Handlung und vermählte
Das beglückte Paar. Die Hand der Fürstin
Hatte kaum der Jüngling mit der Rechten
Noch erfaßt, so strahlt' er auf und glänzte
Gleich dem Mango, dessen Frühlingslaub sich
Mit den jungen Blättern des Asoka,
Seines Nachbarn eint. Ein Freudenschauer
Bebte durch des Prinzen starke Glieder,
Ließ vor Wonne Indumati zittern;
Gleich verteilt durch Beider Wesen strömten
Hin der Liebe selige Gefühle.
Wie das schöne Paar des Gottes Agni
Opfergluth umwandelte, dem Tage
Und der Nacht vergleichbar war's, wenn Beide
Um das Gipfelhaupt des Meru kreisen.
In die Flamme warf die Jungfrau Körner,
Wie man sie den Göttern weiht, und hochauf
Schlug die Lohe, ihr Gesicht erhellend,
Daß es höhern Rots, als sonst wohl strahlte.

Dann auf einen Thron von Golde setzten
Sich die Beiden. Und der König streute
Mit des Hofes Frau'n und Männern Blumen
Auf ihr Haupt. Nachdem Vibarbha's Herrscher
So vollzogen seiner Schwester Hochzeit,
Ließ er an die Räthe jener Kön'ge,
Die zur Gattenwahl gekommen waren,
Prächtige Geschenke rings vertheilen.
Aber nur zum Scheine zeigten diese
Freude wegen der empfang'nen Ehre.
Klaren Seen gleich, die in ihrem Abgrund
Krokodile bergen, ihren Ingrimm
Unter heitern Mienen zu verstecken
Suchten sie. Geheim ein Bündniß schlossen
Die verschmähten Fürsten. An dem Pfade,
Den der junge Gatte ziehen mußte,
Lauerten die Tückischen voll Arglist,
Um die günst'ge Stunde zu erspähen,
Wo sie Indumati rauben könnten.

Als vollzogen nun des jungen Paares
Heirath worden, bot Vibarbha's Herrscher
Seinem Schwäher eine reiche Mitgift,
Und gab drei der Tage auf dem Heimweg

Das Geleit ihm. Dann des Weges wieder
Kehrt' er in sein Land. Doch die Verschwor'nen,
Wüthend schon auf den Vidarbher=König,
Weil er sie zur Gattenwahl geladen,
Die doch fruchtlos für sie blieb, ertrugen
Den Gedanken nicht, daß aller Frauen
Perle sich der Prinz errungen habe.
Ihre hochmuthvollen Dienerschaaren
Hatten auf dem Pfade sich gelagert,
Wo das Paar vorüberziehen mußte.
Ajas, der erlauchte Prinz, vertraute
Einem Großen, der in seines Vaters
Rath der erste war, der Gattin Obhut;
Einen Kriegerschwarm auch zur Beschützung
Ließ er ihr. Alsdann das Heer der Fürsten,
Das ihn zu bekämpfen kam, empfing er,
Wie der Ozean den Strom der Ganga
In der Wogen Fluth empfängt. Der Reiter
Prallte an den Reiter da, das Fußvolk
An das Fußvolk, Wagen an den Wagen,
Elephanten an die Elephanten.
Vor dem Lärm der Kriegsmusik vermochte
Man der Streiter Rufe nicht zu hören,
Nicht der Kämpfer Stimmen, die einander

Ihre Namen kündeten. Die Pfeile,
Die von Heerschaar hin zu Heerschaar flogen,
Sprachen einzig. Von dem Wirbelstaube,
Der zum Himmel von der Rosse Hufen,
Von den Wagenrädern aufstob und sich
Wolkenähnlich um der Elephanten
Rücken hinzog, wurde bleich die Sonne.
Hin und her vom Sturm der Schlacht getrieben,
Flatterten die Fahnen. Und gleich durst'gen
Vögeln, die des Herbstes Regen schlürfen,
Tranken sie den Staub des Kampf's. Verhüllt war
Rings die Luft so von des Sandes Wirbeln,
Daß man an dem Läuten ihrer Glöckchen
Nur die Elephanten noch erkannte,
Und die Wagen am Geroll der Räder.
Durch den Dunst, der einer tiefen Nacht gleich,
Alles deckte, glomm als Morgenröthe
Nur das Blut, das stromweis aus der Krieger,
Aus der Rosse und der Elephanten
Wunden brach. Die Kämpfer, die zu Boden
Hingewettert lagen, rafften neu sich
Auf, und trieben ihre Roßgespanne
Auf die Feinde, welche sie verwundet,
Daß die Wagen krachend aneinander

Prallten. Wenn auf ihrem Flug die Pfeile
An den andern Pfeilen, die sie kreuzten,
Auch zerbrochen wurden, immer Tod noch
Brachten sie. Wenn auf den Elephanten,
Durch der eh'rnen Scheiben Wurf zerschnitten,
Sich der Reiter Häupter trennten, fielen
Sie zu Boden nicht; denn Geier packten
Sie mit ihren Krallen. Vor der Krieger
Schwerterhieben sprühten Flammenblitze
Aus der Elephanten Schneidezähnen,
Wenn die Klingen auf sie niederfielen.
Aber mit dem Naß aus ihren Rüsseln
Löschten bald den Brand die klugen Thiere.
Wenn mit all den Köpfen man den Boden
Ueberstreut sah, die vor den Geschossen
Hingesunken und sich gleich des Herbstes
Früchten thürmten; wenn wie Ströme Weines
Man das Blut ringshin sich sah ergießen,
Glaubte man sich in des Todes Gasthaus
Zu befinden. Gier'ge Schakals stritten
Sich um der Erschlag'nen blut'ge Glieder,
Die sie hin und her am Boden zerrten.
Doch die Seelen der im Kampf Gefall'nen
Fuhren durch die Luft auf lichten Wagen

Im Geleit von Himmelsnymphen aufwärts.
Sieg und Niederlage schwankten wechselnd
Zwischen beiden Heeren, und im Kampfe
Wogten gleich dem sturmgepeitschten Meere
Auf und nieder sie. Als Ajas schaute,
Daß der Feinde Anbrang seines Heeres
Reih' durchbrochen, stürzt' er ganz allein sich
Ihrer Wuth im kühnen Kampf entgegen,
Hoch von seinem Wagen mit dem Köcher
Und dem Bogen, stolzen Angesichtes
Und in Erz gepanzert, Halt gebot er
Den gebrängten Kriegerschaaren. Wenn er
Seines Bogens Sehne angezogen,
Schien's, als hätt' auf sie er seiner Feinde
Tod gespannt. Und Untergang verbreitend
Sausten hin durch ihren Schwarm die Pfeile.
Ueberdeckt mit Gliedern Hingesunk'ner
Warb durch ihn der Boden und von Häuptern,
Deren Stirnen noch von Zorn gerunzelt,
Deren Lippen von den droh'nden Worten,
Welche sie voll Ingrimm ausgestoßen,
Noch geröthet waren. Ungestüm nun
Brachen, alle ihre Schaaren sammelnd,

Ihre Todeswaffen nach dem Gegner
Schwingend, im Verein die Kön'ge alle
Wider den Verhaßten vor. Begraben
Ward er unter einem Hagelschauer,
Daß man seinen Wagen an der Spitze
Einzig seiner Lanze kennen konnte,
Die daraus hervor noch ragte. Also,
Wenn der Himmel bei des Morgens Grauen
Tief mit Nebeln überdeckt ist, sieht man
Einen Strahl der Sonne nur durch's Dunkel
Sich erheben. Wie der schöne Jüngling
Rings herum den grausenvollen Tod sich
Wälzen sah, zu einem Talisman nahm,
Einem schlummerbringenden, er Zuflucht,
Den ihm Prijanveda einst gegeben.
Plötzlich über alle seine Feinde
Kam ein tiefer Schlaf. Sie lehnten rückwärts
An den Fahnenstangen; ihre Hände,
Die den Bogen eben spannen wollten,
Waren regungslos; die Helmvisire
Ruhten auf den Schultern. An die Lippen,
Die noch jüngst von der Geliebten Munde
Süßen Duft gesogen, drückte plötzlich
Da sein Muschelhorn der junge Ajas;

Und es schien als ob den Trank des Siegsruhms
Er in vollem Zuge schlürfte. Schmetternd
Drangen zu den Ohren seiner Krieger
Seines Hornes Töne. Und sie kehrten
Bei der Mahnung um. Erstaunt erblickten
Sie den jungen Helden nun inmitten
Seiner Feinde schlummernd; gleich dem Monde
War er anzuschauen, wenn im Kreise
Von Nymphä'n er schimmert, deren Kelche
Unter'm Kuß der Nacht sich zugeschlossen.
Dann erwachend schrieb mit eines Pfeiles
Blutgetränkter Spitze auf der Kön'ge
Fahne er die Worte: „Heut geraubt hat
Euch den Ruhm des Raghu Sohn, ihr Fürsten!"

Wieder dann zu Indumati kehrend
Trat, den Arm gestützt auf seinen Bogen,
Er zu ihr, die noch von Schrecken bebte.
„Sieh, Vidarbha's Tochter, diese Kön'ge,
Die selbst einem Kinde Widerstand nicht
Leisten könnten! Das war ihre Stärke,
Ihre Tapferkeit, mit der sie dich mir
Rauben wollten."
                            Als aus der Gefahr sie

Sich gerettet sah, erstrahlte wieder
Hell der Neuvermählten Antlitz. Wieder
Glänzt ein Spiegel so in alter Helle,
Wenn von ihm hinweggetilgt die Trübung
Wurde, die ein Hauch auf ihn gebreitet.
Doch ob hoch erfreut auch, allzu schüchtern
War das junge Weib, als daß dem Gatten
Selber Antwort sie gegeben hätte.
Die Begleiterinnen ließ, statt ihrer,
Reden sie. So nach dem Regenschauer,
Welcher sie erquickt hat, sagt die Erde
Ihren Dank den Wolken durch die Stimme
Ihrer Pfauen. Auf das Haupt der Herrscher
Setzte noch den linken Fuß, bevor er
Weiter eilte, Ajas. Und die Gattin,
Deren Lockenhaar vom Staub der Rosse
Und der Wagen überdeckt war, führt' er
Fort am Arme. Wie er vor den Vater
Raghu mit ihr hintrat, grüßte dieser,
Der die Siegesbotschaft schon vernommen,
Freudig Beide. Da die Last der Herrschaft
Auf des Ajas Schultern er zu legen
Nun vermochte, dacht' er selbst in Ruhe
Seine Tage zu beschließen. So ja

Ist es Sitte bei den Sonnenkindern;
Wenn zu Jahren ihre Söhne kommen,
Daß die Herrschaft ihnen sie vertrauen
Können, lassen sie das Schloß der Väter,
Um in Waldeseinsamkeit zu wohnen.

Fünfter Gesang.

———

Raghu übergab, der Weltgebieter,
Jetzt die Erde seinem Sohn, dem Ajas,
Welcher eben in beglückter Ehe
Sich mit der Vibarbherin geeinigt.
Nicht aus Sucht nach Ehre oder Wohlsein,
Nein, gehorchend nur des Vaters Willen,
Schlang der Sohn das Diadem um's Haupt sich,
Das nach Recht und nach Gesetz ihm zufiel,
Während es durch Frevelthaten Manche
An sich reißen. Reiner, also schien es,
Ging der Erde Athem, seit das Reich ihm
Zugefallen. Denn was lang sie wünschte,
Ward ihr so erfüllt. Die Königsweihe
Gab ihm ein Brahmame, in der Vedas
Kunde wohl erfahren und verlieh ihm
Unbesiegbarkeit. Für Raghu selber,

Der zur Jugend neu zurückgekehrt sei,
Hielt das Volk ihn. Jede Tugend, welche
Diesen schmückte, war ihm eigen; glücklich
Im Besitz der schönen Erbe, die ihm
Zugefallen, wie in dem der Gattin,
Fühlt' er sich. Sogar für den geringsten
Seiner Unterthanen trug er Sorge,
Wie das Meer die Hunderte von Strömen,
Welche sich in seinen Schooß ergießen,
In sich aufnimmt, ohne deren einen
Zu verachten. Mit der Strenge wußt' er
Milde zu vereinen. Gleich dem Winde,
Der die Bäume beugt, doch nicht entwurzelt,
Zwang die Herrscher er, daß seinem Willen
Sie sich fügten, ohne gegen sie doch
Grausamkeit zu üben. — Als der greise
Raghu nun vernahm, wie sich des Volkes
Herz der Sohn gewonnen, riß er los sich
Von der Sinnenwelt, um auf dem Pfade
Jenen frommen Sieblern nachzuschreiten,
Die im Walde wohnend, mit der Bäume
Rinde einzig sich bekleiden. Nieder
Beugte da die diademgeschmückte
Stirne Ajas vor dem hohen Vater

Und beschwor ihn, daß er ihn nicht ließe;
Tief gerührt von seines Sohnes Bitten
That mit thränenüberströmtem Antlitz
Dieser ihm den Willen. Aber niemals
Nimmt die buntgefleckte Schlange wieder
Ihre Haut an, die sie abgestreift hat;
Und so hüllte Raghu auch sich nie mehr
In den Königsmantel. Vor der Stadt nahm
Er in einer Hütte seine Wohnung,
Und die strengste Bußeübung war ihm
Doch zu strenge nicht. Der Raghuiden
Hehrer Stamm, da so sein letzter König
Sich in Einsamkeit zurückgezogen,
Während seine Kraft der junge Herrscher
Vor der Welt bewährte, bot ein Schauspiel
Wie der Himmel, wenn der Mond verschwindet,
Während hell die Sonne aufsteigt. Ajas
Las sich kund'ge Männer aus zu Räthen,
Raghu aber suchte fromme Büßer
Als Gefährten sich, auf daß mit ihnen
In des Unvergänglichen, des Ew'gen
Reich er sich erhöbe. Auf dem Richtstuhl
Saß der junge König, um des Rechtes
Ernst zu walten; doch der alte wählte

Einen Sitz von Kusagras sich, b'rauf er
Sinnend in Betrachtung sich versenkte.

Jahre hatte Raghu so gerungen,
Zu der Stufe sich empor zu schwingen,
Wo er mit dem unerschaff'nen Urgeist
Sich vereinen könne. Auf der Höhe
Angelangt, wo die erhab'ne Seele,
Die jenseits des Dunkels wohnt, erreichbar
Für ihn war, verließ er da die Erde.

Trauernd und mit thränenüberströmtem
Antlitz übte Ajas an des Vaters
Leiche in der Mitte der Brahmanen
Alle Bräuche, welche bei Bestattung
Todter durch die Satzung vorgeschrieben.
Wohl bewußt war ihm, daß die Geschied'nen
Nicht des Mahls bedürfen, das die Söhne
Ihnen bieten und aus Kindesliebe
Einzig des gestorb'nen Königs Manen
Ehrt er so. Verkünden ließ im Volk er:
Nicht beweinen sollten sie der Herrscher
Besten, der auf lichtem Pfad zum Himmel
Eingegangen. Als nach dem Verlust sich

Seine Seele dann getröstet hatte,
Nahm aus seiner Ahnen Waffenhalle
Er den mächt'gen Bogen, daß die Völker
Er zu seiner Herrschaft Anerkennung
Zwänge. Die durch ihn beglückte Erde
Ließ aus ihrem Schooß in reicher Fülle
Edelsteine, wie so reinen Glanzes
Man sie nie geseh'n, zu Tage kommen;
Seine Gattin Indumati aber
Schenkte aus dem ihren einen Sohn ihm,
Den die Weisen Dasaratha nannten,
Und der herrlich bald erwuchs zum Helden.
Dieser war es, der den Rama zeugte
Und des Raumes zehn Bezirke allhin
Mit des Ruhmes Sonnenglanz erfüllte.
Ajas selbst, nachdem mit solchem Sohne
Er die Welt beglückt, an den Altären
Pflichtgemäß vollbracht die heil'gen Opfer
Und ein tiefer Vedakund'ger worden,
Leuchtete dem hehren Taggestirn gleich,
Wenn sein Glanz durch kein Gewölk getrübt ist.
Kraftvoll wußt' er jedes droh'nde Unheil,
Das am Himmel aufstieg, von den Häuptern
Seiner Unterthanen zu verscheuchen.

Ehrfurchtsvoll vor seinem Wissen neigten
Die Gelehrten sich. Nicht seinen Reichthum
Nur, nein, alle Gaben, die ihn schmückten,
Wandt' er an, um Anderen zu helfen.

Eines Tags lustwandeln ging der König
Neben Inbumati in den Gärten
Des Palastes. Eben durch die Lüfte
Eilte Naraba, der Götterbote,
Da zu Siwa, der am Südmeer weilte,
Ihn durch Spiel der Laute zu ergötzen.
Doch indeß er so des Weges hinschritt,
Riß ein Wind den Kranz von Himmelsblumen,
Von der Laute, die damit umschlungen
War, hinweg. Mit Duft berauschen wollte
Sich die Luft, so schien es. Auf die Erde
Aber niedersank der Kranz, der Alles,
Was der schönsten Gärten Blüthen bieten,
Durch die Fülle seiner Wohlgerüche
Uebertraf. Auf Inbumati's Busen
Fiel das blumige Gewinde. Kurz nur
Sah die Fürstin, wie es auf der Brust ihr
Ruhte, und in Ohnmacht ihre Augen
Schloß das junge Weib, so wie der Lotos

Bei der Mondverfinst'rung. Auf ben Boden
Gleitend, zog sie mit sich ihren Gatten:
Wenn verschüttet wird das Oel der Lampe
Folgt die Flamme nach. Das Hofgesinde
Stieß, als es die Zwei gewahrte, Rufe
Des Entsetzens aus, und aufgeschreckt flog
Ringsum das Gevögel aus des Gartens
Nestern auf. Die Ohnmacht, b'rin der König
Hingesunken, schwand, als die Begleiter
Luft ihm fächelten. Doch Indumati
Blieb, gleichwie entseelt am Boden liegen;
Denn nur da, wo noch ein Lebensfunke
Unerloschen glimmt, ist Rettung möglich.
Einer Leyer, welche man mit Saiten
Nun bespannen will, glich die Erblaßte,
Die ihr Gatte, ganz durchglüht von Liebe,
Zärtlich hielt an seiner Brust umfangen.
Und in lauten Klageruf ergoß er
Seinen Schmerz; selbst Eisen muß ja schmelzen,
Wenn im Feuer rothgeglüht — wie könnten
Menschen ihre Starrheit denn bewahren?
„Ach!" so rief er, „wenn durch die Berührung
Eines Blumenkranzes so das Leben
Welken muß, was Alles kann dem Schicksal

Nicht zum Todeswerkzeug dienen, wenn es
Uns verderben will? Ein mildes Wesen
Wird durch milde Hauche schon gebrochen;
Eine Lilie sah ich unlängst sterben,
Weil auf sie des Morgens Reif gefallen.
Diesen Blitzstrahl hat, der uns getroffen,
Unbarmherzig so ein Gott geschleudert,
Daß die zarte, zitternde Liane
Er zerschmettern mußte, doch den Baum nicht,
D'ran die schüchterne sich aufwärts rankte!
Da du, wenn ich dich gekränkt, mir freundlich
Oft verzieh'n, wie plötzlich so erzürnt nun
Bist du, daß du keines Worts mich würdigst?
Lieblichlächelnde! für einen Unhold,
Scheint es, hältst du mich, daß ohne Abschied,
Ohne letzten Gruß von mir hinweg so
In die and're Welt du gingst? Mein Leben
War schon auf dem Weg, dich zu begleiten;
Ach! warum auf diese Erde mußt' es
Ohne dich nun, Theure, wiederkehren?
Noch auf deiner Stirn die feuchte Perle
Seh' ich hier, die beim Genuß der Liebe
Sie beträuft. Zergangen in dir selber
Bist du, Hehre! O der Erbenkinder

Traurig Loos! Wie schnell dahin sie schwinden!
Niemals that ich auch nur in Gedanken
Etwas, um dir wehzuthun; warum denn
So verlässest du mich? Wie der Windhauch
Hin durch deine Blumenkranz=durchflocht'nen,
Von der Bienen Schwarm umsummten Locken
Säuselt, glaub' ich, daß zum Leben wieder
Du zurückkehrst. — O erwache, Theure,
Und verscheuche meines Herzens Kummer,
Wie auf dem Himalaya die Blume,
Die zur Nachtzeit Glanz ausstrahlt, das Dunkel
Durch ihr Licht zerstreut! Doch Schmerz erfüllt mich,
Dies dein bleiches Antlitz zu betrachten,
Das von schwarzem Haargelock umflossen,
Diese schönen Lippen, die verstummt sind;
Gleich dem Lotos, wenn in seinem Kelche
Nicht die Frühlingswinde länger murmeln.
Ist das Schattenheer der Nacht entwichen,
Kommt geflogen das Flamingoweibchen,
Sich dem Gatten wieder zu vereinen.
Wohl der Trennung Zwischenraum ertragen
Können sie. Doch du, auf ewig willst du
Mich verlassen! Wie in Weh vergehen
Sollt' ich nicht? O, deine zarten Glieder,

Denen selbst ein Blumenbeet zu hart war,
Um darauf zu ruhen — wie nun sollen,
Sollen sie's ertragen, auf dem rohen Holzstoß
Sich zu betten? Hier dein Gürtel, Schönste,
Welcher uns'rer wollustvollen Liebe
Erster Zeuge war, da deines Ganges
Zarter Tritt nun schweigt und seiner Glöckchen
Ton nicht ferner schallt: scheint nicht vor Kummer
Ueber deinen Tod auch er gestorben?
Hinterlassen hast du deine Reize
Dieser Welt: den feur'gen Blick dem Rehe,
Deinen Liebesruf dem Kukuksweibchen,
Deinen schwanken trunk'nen Gang der Schwanin,
Deiner Glieder liebliche Bewegung
Den Lianenranken, die im Windhauch
Leicht erzittern. Meiner hast gedacht du
Und mir diesen Trost gegönnt, Geliebte,
Als dich himmelwärts dein Sehnen forttrieb.
Daß du alles dies nicht mit hinwegnahmst,
So Ersatz mir dachtest du zu bieten;
Doch mein tiefgebeugtes Herz von neuem
Wieder aufzurichten, nicht vermagst du.
Blüthen treiben wird, durch die Berührung
Deines Fußes, Herrliche, befruchtet,

Der Asokabaum hier; doch den Duftkranz,
Den ich um das Haupt dir flechten wollte,
Wie, zu einem Todtenkranz verwandeln
Soll ich ihn, um ihn an deinem Grabmal
Aufzuhängen? — Selbst von diesem Baume
Wirst betrauert du; anstatt der Thränen
Weint er Blumen, da er denkt, wie leise
Bei dem Klingen deiner Silberringe
Die Bewegung deiner holden Glieder
Ihn erzittern ließ. Noch nicht vollendet
Hatten wir das blühende Gewinde,
Das wir zwei vereint aus der Bakulas
Durch der Liebe Hauch der Luft erschloss'nen
Kelchen wanden — und gebettet hast du
Nun dich schon in diesen tiefen Schlummer?
Hattest du nicht Freundinnen, die zärtlich
Deine Freuden, deinen Kummer theilten?
Und dein holder Sohn hier, ist dem Mond er,
Der im Wechseln, ähnlich nicht? Ich selber,
Lebt' ich nicht in meiner Liebe einzig?
Und wo Alles so dich hier zurückhielt,
Hast du grausam dich hinweggewendet?
Meines Glückes Sonne ist in Dunkel
Hingesunken, meines Daseins Wonnen

Sind geschwunden und verstummt die Lieder,
Die ich einst gesungen; keine Festzeit
Hat für mich das Jahr mehr; und für wen noch
Sollt' ich schmücken mich, leer und veröbet
Ist mein Lager. Vielgeliebte Gattin,
Weise Ratherin, du meiner Seele
Innigste Vertraute! du, die gern du
Mich zum Lehrer in der Tonkunst wähltest,
Sprich! ist etwas noch zurückgeblieben,
Das der Tod mir nicht in dir geraubt hat?
Himmlisch Weib! nachdem so oft den Trank du,
Den berauschenden, von meinen Lippen
Schlürftest, den die Liebe dir kredenzte,
Wie nun soll der bitt're Trank bir munden,
Den, gemischt mit Thränen, man den Schatten
Der Dahingeschiedenen im Jenseits
Als die letzte Opferspende bietet? —
Nur Ein Glück, ein einz'ges ist auf Erden
Noch für Ajas: deiner zu gedenken;
Neben dir in deinem Grabe wohnen,
Indumati, alle meine Freuden!"

Um den Tod der vielbeklagten Gattin
Also trauernd ließ Kosala's Herrscher

Rings des Gartens Bäume Thränen weinen,
Die in Tropfen Harzes von den Zweigen
Niederrannen. Seine Diener nahmen
Tiefbetrübt von seiner Brust die Schöne
Fort und schmückten mit der letzten Zierde
Ihren Leib. Auf einem Holzstoß, dessen
Flamme sie mit Aloë und Sandal
Nährten, drauf verbrannten sie die Leiche.
Ein Gedanke nur hielt noch den König
Auf der Erde fest: die Menschen würden
Sagen, fürchtet' er, Verzweiflung habe
Ihn getrieben, seiner Pflicht vergessen,
Der Geliebten in den Tod zu folgen.
Gern des Daseins Bürde von sich werfend,
Mit der Theuren auf dem Scheiterhaufen
Hätt' er sich verbrannt.
               Zehn Tage schwanden. —
Dann in eben jenem Gartenhaine
Ließ der König unter seiner Hauptstadt
Mauern eine prächt'ge Todtenfeier
Zu der Hingeschied'nen Ehre halten.
Ohne sie zurück zu seinem Schlosse
Kehrt' er drauf mit so gebleichtem Antlitz
Wie der Mondgott, wenn die Nacht geschwunden.

In der Städterinnen thränenfeuchtem
Angesichte seines eig'nen Kummers
Widerschein ward er gewahr. Sein Lehrer
Aber, der in andachtstiller Weihe
Seine Siedelei bewohnte, sandte
Einen Schüler ihm zu seinem Troste:
„Pflicht, daß er die heil'gen Bräuche übe,
Gönnt es deinem Lehrer nicht, dich selber
Aufzusuchen, um in deinem Jammer
Dich emporzurichten. Doch, Erhab'ner!
Seinen Gruß durch meinen Mund dir schickt er,
Sowie seinen Rath; vernimm von mir ihn,
Und bewahr' ihn tief in deinem Herzen,
Du, der alle Welt mit deinem Ruhme
Du erfüllst! Er, wisse, in des höchsten
Unerschaff'nen Geistes Reiche heimisch,
Sieht mit ungehemmtem Seherblicke
Das Vergang'ne, Seiende und Künft'ge.
Einst, um eines frommen Eremiten
Schwere Büßung voll Besorgniß, schickte
Haris, jener güt'ge Gott, die schöne
Himmelsnymphe Harinin. Der Siedler
Aber fluchte ihr, die zu umstricken
Ihn durch ihre Liebesreize suchte,

Und gebot ihr, daß ein Menschenweib sie
Werden solle. ‚Würd'ger Mann,‘ sprach Jene,
‚Eines Höher'n Willen nur vollführ' ich,
Doch vergieb, wenn ich zum Zorn dich reizte!‘

„Als sie also flehte, einen Bann doch
Legt' er auf ihr Haupt: gebunden solle
An die Sinnenwelt so lang sie bleiben,
Bis sie Himmelsblumen auf der Erde
Schauen würde. So geboren wurde
Als ein irdisch Weib in königlichem
Stamm die Hehre. Wie zur schönsten Jungfrau
Sie erblühte, ward sie deine Gattin.
Endlich da, als sie die Himmelsblumen
Niedersinken sah, die ihr vom Fluche
Die Erlösung brachten, hat von hinnen
Sie der Tod genommen. — Und des Grames
Sei es nun genug um ihr Entschwinden!
Was geboren wird, muß untergehen.
Auf die Erde richte deine Blicke;
Denn sie ist der Kön'ge wahre Gattin.
Der du weise dich bisher erwiesen
Und im Glück nicht übermüthig wurdest,
Jetzt auch, wo dich schweres Leid betroffen,

Zeige dich als Mann, als fest und standhaft!
Reiße los vom Kummer deine Seele;
Denn der Hinterblieb'nen stetes Weinen
Ist wie sengend Feuer für die Todten.
Ehre deine Gattin durch die Spenden,
Die man an der Abgeschied'nen Grabe
Darbringt! Für die Seelen ist das Leben
Eine Krankheit und ihr wahres Dasein
Ist der Tod, so lehren uns die Beden.
Nur dem schwachen Geist erscheint das Sterben
Als ein Pfeil, der schmerzhaft uns verwundet;
Aber als der Balsam, welcher Heilung
Bringt, gilt es den Weisen: sie erkennen,
Daß der Tod das Thor ist, das in's wahre
Leben erst uns einführt. Da die Seele
Und der Leib — verkünden die Brahmanen —
Einzig wider Willen sich vereinen,
Sprich, wie kann der Weise darum trauern,
Wenn sich von der Außenwelt zu trennen
Ihr verhängt ist? — Laß denn, hoher König,
Dir den Geist vom Gram nicht unterjochen,
Gleich den niedern Erdensöhnen. Wie noch
Unterscheiden Berge sich von Bäumen,
Wenn im Hauch des Windes beide schwanken?"

„Wahrheit sprichst du!" — Also gab dem Schüler,
Der ihm seines Lehrers Gruß geboten,
Ajas Antwort. Doch in des Betrübten
Seele fand die Tröstung keine Stätte.
Acht der Jahre brachte mit der Pflege
Seines zarten Sohnes hin der König,
Und die Bilder seiner Indumati
Zu betrachten war ihm süßes Labsal.
Wenn in seinen Träumen die Geliebte
Zu ihm niederstieg, wich kurz die Trauer,
Welche seinen Geist mit Nacht umhüllte.
Doch allmälig wuchs und wuchs sein Kummer
Und zerspaltete sein Herz, dem Stamme
Eines Baumes gleich, der eine Mauer
Bersten läßt. Nicht Aerzte konnten
Heilen dieses Weh. Und er, willkommen
Hieß er es aus Sehnsucht, bald der Gattin
Nachzufolgen. Als in Waffenübung
Seinen Sohn und in Gesetzeskunde
Er erzogen, daß des Volkes Lenkung
Ihm vertrau'n er konnte, aus der Wohnung
Seines kranken Leibes zog der König
Aus, freiwill'gem Hungertod sich weihend.
Wo am heil'gen Wallfahrtsorte, Ganga

Und Saraya ineinander fluthend
Ihre Wellen mischen, legt' er nieder
Seines Körpers Bürde, um der Götter
Chore sich zu einen. Mit der Theuren,
Schöner noch als je, fortan dort spielt er
In des Paradieses Wonnesitzen.

Sechster Gesang.

———

Kaum daß er den Thronsitz seines Vaters
Im Kosala=Reich bestiegen hatte,
Herrschte Dasaratha, der als Jüngling
Schon der niedern Sinne Trieb gebändigt,
Weis' und heldenkräftig. Seiner Väter
Scepter längst gehorsam, beugt' in Ehrfurcht
Sich der Erdkreis seiner Herrschertugend.
Unter Ajas' Sohne, welcher herrlich,
Den Unsterblichen vergleichbar, blühte,
War die Erde überreich an Früchten,
Und nie wagte Krankheit sich verheerend
In sein Land. Nie trugen seine Feinde
Einen Sieg davon. Sobald der Herrschaft
Zügel er ergriffen, hochauf strahlte
Wiederum sein Reich, in des Gedeihens
Fülle, wie vor Zeiten unter Raghu,

Welcher zu der Erde zehn Regionen
Seinen Ruhm getragen. Nicht des Spieles,
Nicht der Jagd Vergnügen, nicht der Schönen
Reize, wenn in Festeszier sie mondgleich
Prangten, hemmten ihn in seinem Eifer
Für des Volkes Wohl. Von nieb'rer Rede
Niemals ward, selbst wenn am Weingenuß er
Sich gelabt, sein Mund befleckt. Mit Milde
Denen selber, die sich bitt'rer Worte
Gegen ihn vermessen, gab er Antwort.
Ob die Erdenkönige Umnachtung
Treffen, oder ob ihr Reich in Lichtglanz
Schimmern sollte, hing von seinem Willen
Einzig ab. Den Ungehorsam beugte
Er mit Eisenkraft. Doch allen Denen,
Welche den Gesetzen Achtung zollten,
War er Freund. Auf seinem Kriegerwagen,
In der Hand den Bogen mit dem Pfeile,
Unterwarf als Sieger er den Erdkreis
Bis zum Ozean, dem flüss'gen Gürtel,
Welcher ihn umgiebt. Trotz all der Rosse,
All der Elephanten, die zum Kampfe
Seine Feinde führten, wagten anders
Sie sich nie vor seinem Blick zu zeigen,

Als daß ihm sie, ihrem Ueberwinder,
Demuthsvoll sich beugten. Des Gewitters
Wolken und die sturmdurchwühlten Meere
Tönten paukengleich, um seine Siege
Zu verkünden. Wenn er seinen Bogen
Spannte, strömte eine Fluth von Pfeilen
Ueber seine Gegner, sie vernichtend.

Hundertfältig nahten, ihm zu huld'gen,
Ihre Diademe vor ihm neigend,
Sich die Kön'ge. Und wenn der Bezwung'nen
Frauen mit gelösten Lockenhaaren
Ihn um Gnade baten, wenn die Aermchen
Flehend ihre Kleinen ihm entgegen
Streckten, übt' er Huld. In seine Hauptstadt
Heim vom Kriegszug und vom Strand des Meeres
Kehrt er dann. Der Mittelpunkt der Erde
War durch ihn sein Herrscherthron geworden,
Und kein Scepter sah er höher ragen,
Als das seine. Wenn er sagen hörte:
„Dieses Königs Land ist noch besiegt nicht,"
Schnell zu ihm, dem Mondgott gleich an Glanze,
Ließ er seinen Kriegeswagen rollen.
Dasaratha, der des ganzen Erdballs

Reichthum sich erobert und voll Demuth
Doch die Krone vor den Göttern senkte,
Ließ aus lauterm Golde Opferfäulen
Bauen, die mit ihrem Flammenglanze
Das Geftad der Sarayu erhellten
Und der Tamafa: Gleichwie der Berge Quellen
Sich der Fluth des Ozeans vereinen,
So vermählten sich die Fürstentöchter
Von Rosala, Raikaya, Magarha,
Welche ihren Gatten einem Gott gleich
Ehrten, mit dem König, deffen Pfeile
Nie den Feind verfehlten.
                        Aus der Mitte
Dieser schönen Frau'n erhob sein strahlend
Haupt der König. Eben hielt der Frühling,
Reich bekränzt mit Laubgrün und mit Blumen,
Seinen Einzug auf der schönen Erde.
Am Himalayagebirge thaute
Schnee und Eis im Licht der wärmern Sonne,
Und die Stirn der Tage wurde klarer.
Wiederum begann der Bienen Summen
Und der Kokilas Gesang. Die Fülle
Seiner Gaben nach einander streute
So der Lenz aus, wie er in die Thäler

Niederstieg, wo dichtgezweigte Bäume
Tief der Wälder Schattendunkel machen.
Milder war die Luft, doch noch so warm nicht,
Daß die schönen Frauen von den Hüften
Die Gewänder lösten.   Ihre Knospen,
Ihre zarten Sprossen, in des Windes
Hauchen schaukelnd, machten junge Mangos
Derer Seelen selbst von Wonne trunken,
Welche nichts von Liebe wissen.   Leichthin
Schwebten Wasservögel auf der Seen
Spiegel, um den Blüthenstaub der Lotos
Zu erhaschen.   Nicht die frischen Blumen
Nur, die an den Aesten der Asokas
Sich erschlossen, strömten in die Herzen
Liebesgluth; nein, auch die duft'gen Stengel,
Die als Ohrgehäng die Frauen schmückten,
Gossen in der Jünglinge Gemüther
Sel'gen Rausch.   Mit den Nymphäenbeeten
Und den Vögeln, welche liebestrunken
Sich auf ihnen wiegten, glänzten herrlich
In den Häusern alle Wasserbecken,
Zarten Mädchen gleich, um deren Lippen
Holdes Lächeln spielt, indeß die Lüfte
Sie von ihrer leichtbewegten Gürtel

Glöckchen wiberhallen laſſen.   Klarer
Durch den Nachthauch, den noch frühlingskühlen,
Leuchtend gab der Monb bem Liebesgotte,
Der erſchöpft von Wolluſt war, von neuem
Wonn'ge Stärke.   Junge Weiber pflückten,
Um in ihre Locken ſie zu flechten,
Jene Blumen mit ben golb'nen Blättern,
Die wie Opferflammen des Altares
Leuchten unb bei Nacht der Wälber Dickicht
Sanft erhellen.   Ihre auf unb nieber
Flatternden Gewänder, unb ber Blüthen
Büſchel, bie auf ihrem Haupte wallten,
Unb bes Kokila Geſänge gönnten
Keine Raſt ben Jünglingen unb zogen
Mit Gewalt ſie an ber Schönen Buſen.
In ber buft'gen Wälber Schatten hörte
Man zuerſt bes Vogels Stimme, wie er
Leiſe, abgebroch'ne Klänge ausſtieß,
Gleich bem Laut ber ſchmachtenden Geliebten,
Die in Wolluſt ſtammelt.   In ber Bienen
Summen, welche ihren Kelch umflogen,
Hob ein Lieb, bas milb bas Ohr beſtrickte,
Die im Haine rankenbe Liane
An zu ſingen, unb ber Bäume Zweige

Schlugen Takt dazu, im Winde schwankend.
Auf dem Schlingkraut, das von Ast zu Aesten
Leicht herabhing, wiegten Arm in Arme
Mit den Freunden sich hinauf, hinunter
Schöne Mädchen, wie in einer Schaukel.
„Laßt die Sprödigkeit! denn wenn die Jugend
Einmal erst entfloh'n, nie kehrt sie wieder!"
Rief der Kokila, und seinem Rathschlag
Folgten gern die sehnsuchtskranken Frauen.

Auch der Herrscher Dasaratha hatte
An des Frühlings und der Liebe Wonne
Sich erlabt. Des Jagens sich zu freuen
Brach alsdann er auf. Wohl war bewußt ihm,
Wie durch Jagen man die Kraft sich stähle
Und die Trägheit überwinde. Also
In den Wald, wo wilde Thiere hausten,
Brach er auf, den Bogen um die Schulter,
Füllt' er rings die Luft mit Wirbeln Staubes,
Wie mit ihm dahin sein Wagen rollte.
Einen Laubkranz um das Haupt geschlungen,
In ein Kleid gehüllt, das gleich den Blättern
Grün war, seine gold'nen Ohrgehänge
Bei jedwedem Sprunge seiner Rosse

Zitternd, zog er hin des Wegs, der ringsum
Von Gazellen wimmelte. Des Waldes
Götter sahen ihm beim Weiterziehen
Voll Bewund'rung zu. In's Dickicht tiefer
Drang er ein, umringt von seiner Meute.
Antilopen fand er dort in Menge,
Und auf Teichen schwammen Wasservögel.
Wo er nahte, scholl der grimmen Löwen
Wuthgebrüll, doch unerschrocken vorwärts
Brach er Bahn sich. Sieh! und beim Verfolgen
Eines Wildes fand von einem Rudel
Antilopen er sich dicht umgeben,
Die umsonst vor ihm zu flüchten suchten,
Da die Jungen, an der Mütter Brüsten
Säugend, jeden ihrer Schritte hemmten.
Als der König Hand an seinen Köcher
Schon gelegt und in des Schwarmes Mitte
Einen Pfeil zu schleudern dachte, sah er,
Wie mit ihrem Leib die Antilopin
Ihren Gatten zu beschützen suchte.
Und von liebevollem Mitleid plötzlich
Ward erfüllt das Herz ihm, daß den Pfeil er
Rasch zurückzog, als das Seil ihn eben
Schnellen sollte. Noch gespannt den Bogen

Hielt er; doch auf keine der Gazellen
Mocht' er schießen; denn das Augenzittern
Der erschreckten Thiere rief im Geiste
Ihm zurück die Blicke manches schönen
Weibes, dessen Liebe er genossen.
Weiter einer Heerde wilder Eber
Setzt' er nach, die eben einem Sumpfe
Er entsteigen sah. Auf ihrer Fährte,
Leicht erkennbar durch der feuchten Füße
Spuren, folgt' er ihnen. Und die Borsten
Sträubend, wandten wider ihn die Eber
Plötzlich sich voll Wut; doch seine Pfeile
Nach den Wüt'gen schleudernd, sah zum eignen
Staunen er, wie an der Bäume Stämme
Er sie nagelte mit den Geschossen.
Einem Büffel, der zu grimmem Angriff
Wider ihn heransprang, bohrte kühn er
Einen Pfeil tief in die Augenhöhle,
Daß das Eisen bis hinab in's Hirn ihm
Tödtend drang. Mit seinen Wurfgeschossen
Den Rhinoceros von ihren Häuptern
Schmettert er die schweren Hörner, daß sie
Leichter nun die Bürde ihres Panzers
Tragen konnten. Unerschrock'nen Muthes

Manchem fürchterlichen Tiger, welcher
Mordbegierig ihm entgegen stürzte,
Bot er seine Stirn, und Pfeil' auf Pfeile
Nach ihm schnellend schuf dem Ungethüme
Er das mächt'ge Haupt zu einem Köcher
Um, da' ganz von seinen Eisenspitzen
Er durchbohrt ward. Grau'nvoll, dem Orkan gleich,
Füllte seiner Bogensehne Sausen
Das Gesträpp des Waldes mit Entsetzen,
Wo die Löwen scheu versteckt sich hielten,
Denen er den Untergang geschworen.
Diese rief'gen, hundertfach dem Tode
Weiht' er, daß sie als des Thiergeschlechtes
Kön'ge sich nicht ferner preisen ließen.
Solcher Art den Elephanten, welchen
Ewig Kampf die Bergesleuen bieten,
Sagt' er Dank für all die treuen Dienste,
Die in manchem Krieg sie ihm geleistet.
Aber wenn der Waldespfauen einer
Seinem Roß im Flug vorüberschwebte,
Nie zum Ziele seiner Wurfgeschosse
Wählt' er ihn; denn seines farbensprüh'nden
Schweifes Anblick mahnt ihn an die Theure,
Deren Lockenhaar bekränzt von Blumen

Ihn so oft umwallt, wenn er mit ihr sich
An der Liebe Wollustspielen labte.
Frischen Hauches aus den Wäldern herweh'nd
Und der Blüthen Knospenhülle brechend
Trocknete der Wind die Perlen Thaues,
Welche von des königlichen Jägers
Stirne nach den Müh'n des Jagens rannen.

Einst, als vom Gefolg' er abgekommen,
Bracht' im Walde König Dasaratha
Einsam seine Nacht zu. Statt des Mondes
Strahlten ihm die leuchtenden Gestäube,
D'rauf er sich zum Lager niederstreckte.
Wenn er sonst in seinem Prachtpalaste
Bei der Perserflöten Klang erwachte,
Ward er durch der Vögel lieblich Zwitschern
Hier erweckt. Dann sich auf's Roß von neuem
Schwingend, ungewahrt von dem Gefolge,
Sprengt' er auf dem Pfade der Gazellen
An des Flusses Tamasa Gestade,
Wo die frommen Eremiten hausen.
Plötzlich aus den Wellen scholl zum Ohre
Ihm ein Rauschen, wie von einem Kruge,
Welcher mit des Stromes Fluth gefüllt ward.

Aber nicht sein Auge dahin wendend,
Glaubt' er, daß ein Elephant dort Wasser
Schlürfe, und behend nach jener Richtung
Schleudert' er den Pfeil.*) Da einen Seufzer
Hört' er: „Ach, mein Vater!" — Und erschüttert
Von dem Klagerufe, nach des Flusses
Bambusrohre ging er, um zu forschen,
Was geschehen. Hier nächst seinem Kruge
Sah, die Brust durchbohrt von seinem Pfeile,
Eines Eremiten Sohn er liegen.
Als er das gewahrte, lieber hätte
In die eig'ne Brust sich Dasaratha
Das Geschoß gebohrt. Von seinem Renner
Niedersteigend, fragte dann der König
Den zum Tod Getroff'nen, wer die Eltern
Sei'n, von denen er entstammt. Und dieser
Gab ihm, in gebroch'nen Tönen stammelnd,
Antwort: daß er eines Büßers Sohn sei,
Aber nicht von der Brahmanenkaste.

---

*) Es gilt bei den Indern als die höchste Kunst eines
Schützen, den Pfeil nach der Richtung, von welcher ein Ton
kommt, zu schnellen und ohne Beihülfe seiner Augen
das Ziel zu treffen. Ein solcher Schütze kann seine Kunst auch
in der finstersten Nacht üben.

Auf des Jünglings Bitte trug der König
Dann den Unglückſel'gen, dem der Pfeil noch
In der Wunde ſtak, zu ſeinen Eltern,
Deren Augenlicht ſchon durch das Alter
Ausgelöſcht war. Er geſtand den Beiden
Sein Vergeh'n, doch ſchwur, daß wider Willen
Ihren einz'gen Sohn mit ſeinem Pfeile
Er getroffen. Lang in ſtummem Seufzen
Saßen da die troſtberaubten Eltern.
So nahm dann das Wort der blinde Alte:
„Mag der Mörder aus der Todeswunde
Meines Sohnes das Geſchoß zurückzieh'n,
Das er ihm bis tief in's Herz gebohrt hat!“
Kaum daß das geſcheh'n, ſo ſtieß der Jüngling
Seinen letzten Klagruf aus; der Siedler
Aber, ſeine Hände mit der Augen
Thränen netzend, ſchleuderte voll Schmerzes
Auf den König dieſen Fluch: „Am Ende
Deiner Laufbahn ſollſt du ſelber ſterben,
So wie ich, und wegen beines Sohnes
Soll dein Herz in Todesjammer brechen!“
Da er das vernommen, gab der König,
Der dem Siedler ſolch ein Weh bereitet,
Antwort ihm: „Selbſt unter dieſem Fluche,

Den du, Heil'ger, wider mich geschleudert,
Läßt sich das Erbarmen ahnen, das du
Mit mir fühlst! Das Feuer, das den Baumstamm,
Den gesunkenen, verzehrt, befruchtet
Durch die Asche, die es auf den Boden
Hinstreut, so die Erde, daß der Aecker
Saaten ihr entsprießen. Keines Mitleids
War nach der verübten That ich würdig.
Welchen Dienst — sprich, daß ich ihn dir leiste! —
Heischest du von mir, dem Schuld'gen, der ich
Anb'res nicht als Tod von dir verdiene?" —
Kaum noch sprach's der König, so verlangte
Der Anachoret, der seinem Sohne,
Dem erblich'nen, in den Tod zu folgen
Dachte, nichts als Holz und eine Fackel,
Um es anzuzünden. Dasaratha
Ließ, da sein Gefolge dem Gesuchten
Wieder sich gesellt, des Sieblers letzten
Wunsch vollstrecken; tiefgebroch'nen Geistes
Kehrt' er heim dann. Wie das Meer die Flammen,
Die verzehrenden, in seiner Wogen
Schooße fortwälzt, so in seiner Brust trug
Dasaratha diesen Fluch von bannen,
Der ihm endlich Tod bereiten sollte.

Siebenter Gesang.

Visvamitra kam, der fromme Büßer,
Weil bei seinen Opfern die Dämonen
Immerdar ihn störten, einst zum König,
Ihn zu bitten, daß den jungen Rama,
Seinen Sohn, er ihm vertrauen möge,
Um die bösen Geister durch den Knaben
Zu verscheuchen. Dasaratha gab ihm
Die Erlaubniß, neben seinem andern
Sohne, Lakschmana, den holden Liebling
Seines Herzens, den er von den Göttern
Als Geschenk empfangen, fortzuführen.
Er gebot, die Straßen seiner Hauptstadt
Für den Abzug seiner beiden Söhne
Prächtig auszuschmücken. Doch die Winde
Kamen dem Befehl zuvor und streuten
Wie aus einer Wolke einen Regen

Duft'ger Blüthen auf die Häuſer nieder.
Dem Gebot des Vaters folgſam warfen
Sich die jungen Helden ihm zu Füßen,
Und die Zähren Daſaratha's ſanken
Tropfenweiſe auf die Vielgeliebten,
Daß ſie in die Fremde ſcheiden ſollten.
Visvamitra wollte nur den Rama
Nebſt dem Bruder ohne Kriegsgefolge
Mit ſich nehmen. Darum gab der König
Ihnen ſtatt des Heeres ſeinen Segen
Einzig zum Geleit. Dem Siebler folgten
D'rauf die beiden jugendlichen Helden,
Denen in den Locken noch die Thränen
Aus des theuern Vaters Augen blitzten.
Solche Kraft war durch den Eremiten
Ihnen zuertheilt, daß auf dem Pfade
Sie ſo wenig ſich ermüdet fühlten,
Als ob an der Seite ihrer Mutter
Sie im Garten des Palaſtes ſchritten.
Sonſt gewohnt zu Wagen nur zu reiſen,
Schuf es ihnen Wonne nun, zu Fuße
Hinzuwandeln, während fromme Greiſe,
Der Geſchichten grauer Tage kundig,
Ihnen Mären früher Zeit erzählten.

An der Seen Wogen, die zum Tranke
Ihnen ihre frischen Wasser boten,
An der Vögel wunderholbem Zwitschern,
An den Winden, die der Lüfte Duftstaub
Hin zu ihnen trugen, an den Wolken,
Die mit ihren Schatten sie erquickten,
Fanden sie Ergötzen. Doch dem Büßer
Schuf der reinen Lotoseiche Klarheit,
Schuf der Wälder Kühle minb'res Labsal,
Als der beiden holben Knaben Anblick.
Schön, so wie ein Bild des Liebesgottes,
Trat der Sprößling Dasaratha's, Rama,
In den Büßerhain mit seinem Bruder.
Daß dort böse Geister hausten, wußten
Wohl die jungen Helden, und sie stemmten
Ihre Bogen auf den Grund des Waldes,
Um zum Schuß die Sehne anzuspannen.
Bei des Seiles Schwirren plötzlich zeigte
Da sich, einer finstern Wolke ähnlich,
Tadaka, das fürchterliche Scheusal.
An den Ohren trug, statt der Gehänge,
Sie zwei Menschenschädel. Leichentücher
Deckten ihren Leib. Mit Sturmessausen
Näher kommend und der Bäume Wipfel

Vor sich beugend, stürzte sie voll Ingrimm
Auf den ältesten der Raghuiden.
Ein Orkan, aus eines Todtenackers
Schlund zur Weltverheerung vorgebrochen,
Schien das grause Weib zu sein. Als Rama
Sie erblickte, die der Arme rechten
Hoch in Lüften streckte, schoß er einen
Pfeil auf sie. Das Ungethüm sank nieder,
Vom Geschoß durchbohrt. Dem Fall erbebte
Allumher der Boden, und die Wunde,
Welche in der Brust des Scheusals klaffte,
Brachte den Rakschasas auch, den grimmen
Riesen, und dem Ravana Verderben,
Dem gewalt'gen, welcher auf den Trümmern
Dreier Welten seinen Thron errichtet.
Durch den Schuß, der Tabaka getroffen,
Selbst verwundet, brach der nächt'ge Unhold
Nach dem Reich auf, wo der Seelen Herrscher
Seinen Sitz hat. Ob der That des Rama
Hoch erfreut, bot da dem jungen Helden
Visvamitra einen Pfeil, durch dessen
Zauberkraft den wüthenden Rakschasas
Sichern Untergang er senden konnte.

In den Hain, wo seiner Buße Schauplatz,
Trat der Eremit, wo seine Schüler
Ihn zu festlichem Empfang umringten,
Wo erhob'nen Haupts die Antilopen
Ihn mit ihren hellen Augen ansah'n,
Und, als falteten zum Ehrfurchtsgruße
Sie die Hände, selbst des Waldes Bäume
Ihre Zweige ineinander fügten.
Dort, nachdem sie zu der heil'gen Handlung
Fromm die Vorbereitungen getroffen,
Rüsteten die beiden Raghuiden
Sich mit Pfeilen, um von Visvamitra's
Opfer jede Hemmniß abzuwehren.
So indem bald dieser und bald jener
Sich erhebt, vertheidigen die Sonne
Und der Mond die Welt mit ihrem Lichte
Vor der Finsterniß. Auf einmal rannen
Blut'ge Tropfen aus den Lüften nieder
Und befleckten den Altar. Voll Schrecken
Floh'n die Schüler des Anachoreten;
Die Geräthe, schon bereit für's Opfer,
Sanken den Entsetzten aus den Händen.
Da gewahrte Rama, als das Haupt er
Hob, um sich zum Bogenschuß zu rüsten,

Der Rakschasas Heer, das hoch in Lüften
Schwebte, während Geier mit der Flügel
Schlage ihre Fahnen zittern machten.
Schnell zu seiner Pfeile Ziel erlas er
Aus der Schaar der grimmen Opferfeinde
Ihre beiden Häuptlinge. So schoß er
Die gefeite Waffe sichern Fluges
Auf den Sohn der Tadaka; und nieder
Stürzte der Gewalt'ge einem Blatt gleich,
Das vom Aste sinkt, obschon an Wuchs er
Wie ein Bergkoloß zum Himmel ragte.
Einen andern Unhold, der Subahu
Hieß und hierhin bald, bald dorthin flatternd
Sich durch Zauber unerreichbar machen
Wollte, schnitt der junge Bogenschütze
Durch die Schärfe seiner hurt'gen Pfeile
Flugs in Stücke, daß dem Raubgevögel
Ihre Leichen reiche Aßung boten.

Die Brahmanen, die sich von den argen
Störern ihrer Bräuche so befreit sah'n,
Priesen dankerfüllt die jungen Helden
Und vollbrachten am Altar in Andacht
D'rauf die heil'ge Handlung. Visvamitra

Gab, nachdem er im geweihten Bade
Sich gereinigt, beiden Raghuiden
Seinen Segen. Den Anachoreten
Lud der Herrscher Mithila's, der eben
Die Vollbringung eines hohen Opfers
Rüstete, der Feier vorzustehen.
Und der Labung folgend, nahm der Büßer
An der Hand die beiden jungen Prinzen,
Sie zum Hof des Königs zu geleiten.
Von dem dort verwahrten großen Bogen
Hatten viel gehört die zwei und waren
Voller Neubegierde ihn zu schauen.
Da der Abend einbrach, kamen Alle
Zu den Bäumen einer Sieblerklause;
Und sie machten Halt dort, um zur Nachtrast
Sich zu strecken. Dann am nächsten Tage,
Als die Nachricht ihm erscholl, der Alte
Nahe mit den beiden Raghuiden,
Schritt der König Dschanaka in Ehrfurcht
Ihm entgegen. Voll Erwartung schauten
Die Bewohner von des Reiches Hauptstadt
Auf die Prinzen; und als ihre Blicke
Sie erreichten, glaubten sie, des Himmels
Schönste Sterne sei'n herabgestiegen,

Sich in menschliche Gestalt zu hüllen,
Und geblendet senkten sie die Augen.

Als das Opfer dort vollbracht war, sagte
So zum König Mithila's der Büßer:
„Nicht erwarten kann der junge Rama,
Daß er deinen Bogen schaue." Aber
Da der König sah, wie zart des Prinzen
Glieder waren, wie er weiter dachte,
Eines Riesen Kraft allein vermöge,
Des gewalt'gen Bogens Seil zu spannen,
Fühlt' er Reue, daß er die Bedingung
Aufgestellt, die Hand der Tochter wolle
Dem er einzig geben, der den Bogen
Krümmen könne. Und zu Visvamitra
Sprach er drum: „Schwach wie ein junges Reh noch
Ist der Raghuide; darf ein Werk ich
Von ihm heischen, das des Allerstärksten
Kräfte zu vollbringen kaum vermöchten?
Manche Könige, mein Vater, haben,
Ob sie auch gewiegte Bogenschützen
Waren, solchen Thuns sich nicht vermessen."
Antwort gab der Siedler ihm: „Erproben
Laß ihn seine Kraft doch! Wie des Blitzes

Strahl den Berg zerschmettert, wird der Knabe
Seine Stärke zeigen und des Bogens
Sehne spannen."
      Als das Wort des Büßers
Mithila's Beherrscher hörte, glaubte
Er an Ramas Kraft; — so mag man glauben,
Daß die Macht zum Brennen und Zerstören,
Die dem Feuer eigen ist, dem kleinen
Glühwurm, dessen Schein die Nacht erleuchtet,
Auch gegeben sei. Den Dienern also
Gab Befehl der König, den gewalt'gen
Bogen herzubringen. Kaum daß Rama's
Augen auf das Riesenwerkzeug fielen,
Faßt' er es mit seiner Hand auch hastig,
Und vor Allen, die versammelt waren
Und erstaunt ihm zusah'n, wie im Spiele
Bog er leicht die ungeheure Rundung:
Also beugt der Gott der Liebe, Rama,
Seinen kleinen Blüthenbogen. Plötzlich,
Krachend durch die Spannung, brach die Waffe,
Daß ein Donnerhall die Luft durchhallte.
Der Verheißung treu, die er gegeben,
Bot in Gegenwart des Eremiten,
Als ob Agni selbst, der Gott des Feuers,

Zeuge wäre, Mithila's Beherrscher
Dem gewalt'gen Heldenknaben Rama
Seiner Tochter Hand. D'rauf durch Brahmanen
Ward an Dasaratha solche Botschaft
Von ihm abgesandt: „Empfang', o König,
Meine Tochter, daß sie deines Sohnes
Gattin sei." Wie nun der Abgesandte
An des Dasaratha Hof kam, suchte
Dieser eben eine Fürstentochter,
Die er seinem Sohn verbinden könnte.
Hochwillkommen war ihm d'rum die Kunde,
Die ihm die Brahmanen überbrachten,
Und mit einem Heer, vor dessen Tritten
Staub, das Sonnenlicht umwölkend, aufstieg,
Zog er aus. Als er der stolzen Hauptstadt
Mithila's sich nahte, schien's, belagern
Wollt' er sie; so groß war das Gedränge
Seiner Krieger. Aber nur in Liebe,
Wie der Bräutigam die Braut, umschlossen
Hielt das Heer die Stadt. Die mächt'gen Kön'ge
Feierten mit Herrscherpomp die Hochzeit
Ihrer Kinder dann. Der junge Rama
Ward des Königs erstgebor'ner Tochter
Anvermählt, und Lakschmana der zweiten.

Beide Paare, da sie so verbunden,
Strahlten auf in hellerm Glanz, und freudig
Brach in der geliebten Kinder Mitte
Nach Ajodja, seines Reiches Hauptstadt,
König Dasaratha auf. In Festpracht
Mit Palästen, Blüthenbogen, Lauben
Hatten die Bewohner alle Straßen,
Wo der Zug der Kehrenden sich nahte,
Ausgeschmückt und in Begierde spähten
Von Balkonen, Dächern und Terrassen,
Dichtgebrängt, Ajodjas schöne Frauen,
Um den Stolz des Reichs, den jungen Rama,
Und die Fürsten Mithila's zu schauen.

Achter Gesang.

———

Nun am Schlusse seiner Lebenslaufbahn
Stand der greise König Dasaratha,
Und er fühlte, wie der Tod ihm nahte;
So erlischt, wenn sie genug geleuchtet,
Bei des Frühroths Schein die nächt'ge Lampe.
Da er sah, daß fern nicht mehr sein Ende,
Flüsterte das Alter ihm den Rathschlag
In das Ohr: „Zu beines Diademes
Träger setze deinen Erstgebor'nen,
Rama, ein!" Ihn liebten die Bewohner
Von Ajodja, ihn das Reich vor Allen.
Und als seine nahe Thronerhebung
Kund dem Volke ward, erfüllte Frohsinn
Jedes Herz wie ein Kanal, der frisches
Wasser von den Bergeshöh'n herabführt,

In den sonnverbrannten Gärten Freude
Allumher verbreitet. Doch Keikeji,
Dasaratha's zweite Gattin, fühlte
Groll, als für des Rama Thronerhöhung
Sie die Vorbereitung sah, und Gift goß
Sie in Dasaratha's letzte Stunden,
Heiße Thränen seinem Aug' entlockend.
Fruchtlos ihren Ingrimm zu beschwicht'gen
Mühte sich der Greis. Vor Zeiten hatte
Dieser ihr gelobt, zwei Bitten wolle,
Welche sie auch sei'n, er ihr gewähren.
Nun denn! zwei Verlangen an den König
Stellte ruchlos sie: daß er den Rama
Auf der Jahre vierzehn in Verbannung
Sende; weiter: daß er ihrem Sohne
Bharata das Diadem verleihe.
Dasaratha, der nicht sein Gelübde
Brechen wollte, folgte schweren Herzens
Ihrem Willen. Kaum daß auf den Thron er
Noch gestiegen, mußte, ein Verstoß'ner,
Rama in die Wälder zieh'n. Doch willig,
Ja mit Freuden dem Gebot des Vaters
Gab er Folge. Staunend sah'n die Bürger,
Daß sein Antlitz keinen Wandel zeigte,

Mocht' er nun in seidene Gewande,
Mocht' er in der Blättertracht der Büßer
Eingehüllt sein. Nicht versuchte Rama
Dem, was er versprochen, seinen Vater
Ungetreu zu machen. Drum zum Walde
Danbaka mit seiner Gattin brach er
Und mit seinem Bruder auf; doch fester,
Da er fortzog, ward in aller Edlen
Herzen nur sein Wohnsitz.
              Während also
Durch die Trennung von dem theuren Sohne
Tiefgebeugt der König war, gedacht' er
An den Fluch, den einst der alte Siedler
Ueber ihn geschleudert, als den Sohn er
Ihm durch allzu rasche That getödtet.
Seinen Leib freiwillig zu verlassen
Und von frühern Sünden sich zu rein'gen
Faßt' er den Beschluß. Als drauf zu Grabe
Er gegangen und in der Verbannung
Rama lebte, ward sein Reich der Feinde
Beute. -
              Bharata, der Sohn Keikeji's, lebte
Unterdeß beim Vater seiner Mutter,
Und das Volk, das keinen Herrscher hatte,

Sandt' ihm Boten, um ihn zu bewegen,
Daß des Reiches Zügel er ergriffe.
Doch da er erfuhr, daß Gram um Rama's
Scheiden seinen Vater Dasaratha
In den Tod getrieben, wandt' er zürnend
Von der Mutter ab sich und vom Throne.
Krieger um sich her geschaart, den Pfaden
Rama's folgt' er, thränenvollen Auges
Hört' er im Vorüberziehn des Waldes
Siedler sagen: „Unter jenem Baume,
Neben jener Quelle weilte Rama
An der Gattin und des Bruders Seite." —
Als im tiefern Walde den Verbannten
Dann er traf und Kunde ihm gegeben,
Wie ihr Vater diese Welt verlassen,
Sucht' er aus der Einsamkeit der Wildniß
Zu den Menschen ihn zurückzuführen
Und ihn zu bereden, auf des Reiches
Thron zu steigen. Ihm, dem Jüngern, schien es
Frevel, wenn er vor dem ältern Bruder
Auf das Haupt das Diadem sich setzte.
Doch umsonst, daß Rama er bestürmte!
Seines zu den Sel'gen eingegang'nen
Vaters Willen sich zu unterwerfen

Blieb des Edlen Vorsatz. Als vergebens
Bharata ihn lang bestürmt, nahm dieser
Abschied, aber kehrte nach Ajobja
Nicht zurück; nein, zog nach Nanbigrama,
Ueber sich des Landes Sorge nehmend.
Unerschütterlich dem ältern Bruder,
Als dem Herrscher huld'genb, und die Lippen
Ferne haltend von dem Kelch der Ehrsucht,
Strebt' er so, der Mutter Schuld zu sühnen.

Rama unterdeß, die Sinne bänd'genb,
Lebte nur von Wurzeln und von Kräutern
In der Wälber Mitte, seine Gattin,
Sowie Lakschmana, sein jüng'rer Bruder,
Ihm zur Seite. Dort, obgleich so jung noch,
Uebt' er strenge Buße, wie die Kön'ge
Sonst sich ihr im Alter einzig weihen.
Weiter, fürchtend, daß ihm mit Versuchung
Nach der Herrschaft Bharata von neuem
Nahen könne, zog er dann des Weges,
Ferne vom Gebirge Tschitrakuta,
Wo der Kokilas verliebte Rufe
Durch die Wildniß hallen. Und im Süden
In den Hütten der Anachoreten

Nahm er seine Wohnung, gleich der Sonne,
Welche damals in dem Sternbild weilte,
Das zur Erde Regenfluth herabströmt.
Und zuletzt die Landschaft Pantschavati
Wählt' er sich zum Aufenthalt. Zu ihm trat
Dort die Schwester Ravana's, des Unholds,
Einer Schlange gleich, die von des Sommers
Gluth gepeinigt in den Schattenthälern
Des Himalaya nach kühler Labung
Trachtet. Selbst in Gegenwart der Sita
Bot sie sich dem königlichen Rama
Zur Gemahlin an. „Ich bin vermählt schon,"
Gab zur Antwort ihr der König. „Wähle
Meinen jüngern Bruder dir zum Gatten."
Aber als sodann sie von dem ältern
Sich zum zweiten wandte, fand bei ihm auch
Sie Erhörung nicht, und kehrte wieder
Um zu Rama — einem Strome glich sie,
Welcher bald an dieses seiner Ufer,
Bald an jenes mit den Wellen fluthet.
Sita, da sie das gewahrte, mußte
Lächeln, und die liebesücht'ge Schwester
Ravana's erzürnte sich darüber.
„Bald," rief sie ergrimmt, „für dieses Lachen

Wirst du den verdienten Lohn empfangen.
Sieh mich an! wenn du mich höhnst, so ist es,
Als ob die Gebirgsgazelle wagte,
Einen Tiger zu verhöhnen." — Während
Also sie zu Sita sprach, die schreckhaft
Hin zu Rama floh, verwandelt plötzlich
Stand in seiner Mißgestalt das grause
Waldgespenst vor Beider Augen. Wenn sonst,
Gleich dem Kokila, mit sanfter Stimme
Lockend es gerufen — wie des Schakals
Nun ertönten heiser seine Laute.
Lakschmana, da er es sah und hörte,
Dachte flugs: „Zum Ungethüm verwandelt
Hat sich so das arge Weib." Des Schwertes
Klinge zückend, in die Blätterhütte
Trat er ein und bohrte blut'ge Wunden
In den Leib der Mißgeschaff'nen. Wüthend
Durch die Luft sich auf= und niederschwingend,
Drohte sie den beiden Raghuiden
Mit dem Knochenfinger, welcher knotig
Wie das Bambusrohr war. Drauf von dannen
Stürmte sie zu den Rakschasas, daß sie
Rache für sie übten. Und die Wilden
Brachen schaarenweise vor zum Kampfe.

Rama, der bedroht sich und den Bruder
Schaute, griff zum Bogen, sich zu schützen
Und zu Lakschmana floh eilends Sita,
Zuflucht suchend. Raghu's Sprossen waren
Zwei nur. Und zu Tausenden entgegen
Schwollen ihnen der Rakschasas Heere.
Aber Rama, wie er sie bekämpfte,
Schien nicht Einer — nein, verhundertfältigt
Glaubten die Erschreckten ihn zu schauen.
Einer nach dem andern auf die Feinde
Flogen seine Pfeile; einem Schauer,
Der auf einmal sich ergösse, glichen
Dennoch sie. Vom ungeheuren Heere
Der Rakschasas, die mit den Geschossen
Er durchbohrt, sah bald man nur die Rumpfe,
Die verstümmelten, noch auf dem Boden.
In den Schlaf, aus welchem kein Erwachen,
Ueberschattet von der Geier Flügeln,
Sanken hin die wilden Ungeheuer.
Doch dem Tod entronnen flog die Schwester
Ravana's zum Bruder, ihm das Schicksal,
Das hinweggerafft die andern Riesen,
Zu verkünden. Grimmig stürzte dieser
Wider Sita vor; und ihm gelang es,

Da mit Zauber er der beiden Brüder
Sinn umspann, sie ihnen zu entreißen.

Aber der Geraubten stürmten Rama
Nach und Lakschmana. Schon von den Riesen
Aus des Ravana Geleit umgeben
War sie; doch sie zu befreien sandte
Rama Pfeil auf Pfeile nach den Argen,
Daß sie niederfielen gleich dem Kampfstaub,
Der auf ihre blut'gen Leiber hinsank.
Da bevor er noch sein Weib gerettet,
Eilte Ravana, das Ungeheuer,
Neu zum Streit; und seine Donnerstimme
Tönte: „Einen von uns Beiden heute
Treffen soll der Tod, mich oder Rama!"
Und Verderben Dasaratha's Sohne
Zu bereiten drang er vor. — Doch Indra,
Als er sah, wie er zu Fuße kämpfte,
Sendete dem Raghuiden freundlich
Seinen Wagen, welchen stolze Renner
Durch die Lüfte zogen. Auf des Lenkers
Arm, des Matali, sich stützend, schwang sich
Rama auf den Sitz, wo ihm zu Häupten
Hoch das Banner flatterte, das eben

Droben in der Himmelsganga Wellen
Sich gewiegt. Beflissen an die Glieder
Legte Matali des Gottes Rüstung
Ihm und sorgte, daß der Götterfeinde
Waffen größ're Macht als Lotosblätter,
Die im Winde stäuben, nicht besäßen,
Um ihn zu verwunden. Gegenüber
Standen Ravana und Raghu's Sprosse
Sich im Streite nun. Der grause Riese
Schien mit Untergang dem Feind zu drohen.
In der Luft den Berg Kailasa hatte
Mit den mächt'gen Armen er gehalten
Und besiegt die Weltenhüter. Wüthend
Suchte Ravana in Rama's Schulter
Ein Geschoß zu bohren. Dieser aber
Schleuderte so sicher in das Herz ihm
Seinen Pfeil, daß mitten er hindurchdrang
Und noch tief den Erdenboden aufriß,
Gleich als wollte brunten er des Unholds
Tod den Schlangen künden.

     Doch der Riese
Mit den vielen Gliedern, ob auch also
Tief getroffen, lebte fort. Und weiter
Tobte noch der Kampf der beiden Feinde.

Pfeil begegnete dem Pfeil; entgegen
Wetterte dem Kriegsruf aus des Einen
Mund des Andern donnergleiche Stimme.
Bald zu Diesem, bald zu Jenem neigte
Sich das Glück, so daß sich ihrer jeder
Sieger wähnte. Eine Eisenkeule,
Dichtbesetzt mit töbtlich spitzen Stacheln,
Warf nach seinem Feind der Riese jählings.
Doch der Raghuide, hoch in Lüften
Ein Geschoß in Halbmondform erhebend,
Brach mit starkem Wurf des Gegners Waffe,
Eh' sie seinen Wagen noch erreichte.
Und auf seinen Bogen spannte drauf er
Das Geschoß des Brahma, das unfehlbar
Trifft. Als es die Luft durchsauste, theilt' es
In zehn Pfeile sich, die blitzend ringshin
Zuckten, und von denen jeder eines
Von des Ungethümes Häuptern fällte.
Sowie in der Meereswellen Spiegel
Hin und her die Sonnenstrahlen hüpfen,
Sanken zuckend des Rakschasas Glieder
Auf den Boden. Doch auch als er todt war,
Zagten noch die Götter, daß von neuem
Des Verruchten Häupter auf den Rumpfen

Wachsen möchten. Hoch vom Himmel nieder
Regneten dann auf die Stirn des Siegers
Blumen über Blumen, und in Schwärmen
Summten um sie her des Himmels Bienen.

Indra's Wagenlenker nahm nun Abschied
Von dem Raghuiden, der den Bogen,
Den gewalt'gen, mit dem der Götter
Feinde er vertilgt, zur Erde senkte.
Hoch empor zum Himmel wieder spornte
Matali des Götterwagens Rosse.
Und das Banner wogte ihm zu Häupten,
Ganz durchbohrt von Pfeilen, drauf der Name
Ravana's, des nun gefällten, prangte.
Aber Rama's so befreite Gattin
Wollte eher in sein Reich nicht kehren,
Bis sie ihre unbefleckte Unschuld
Durch die Feuerprobe dem Geliebten
Dargethan. Als bies gescheh'n, schloß freudig
Dasaratha's Sohn sie in die Arme,
Und mit ihr heim nach Ajobja eilt' er.

Neunter Gesang.

Im Geleit der Bürger seiner Hauptstadt
Zog mit seinem Heergefolge Rama
In Ajobja ein. Auf allen Straßen
Prangten Siegesbogen, Harfen, Cymbeln,
Pauken tönten, und von den Terrassen,
Den Balkonen flogen Blumenkränze
Auf ihn nieder. Neben ihm im Wagen
Standen seine Brüder und bewegten
Ueber seinem Haupt, die Luft zu kühlen,
Einen Riesenfächer. Ringsum stiegen
Aus den Häusern Flammen, welche Weihrauch
Und der Myrrhen Duft zum Himmel trugen.
Als des großen Raghuiden Gattin,
Sita, b'rauf, gehüllt in Prachtgewande,
Hoch in einer Sänfte hingetragen,
Durch Ajobja's Straßen glitt, verneigten

Händefaltend sich an allen Fenstern
Schöne Frauen. Wie von einer Glorie
Strahlenhellen Lichts umflossen glänzte
Rama's Gattin, gleich als ob sie nochmals
Ihre Reinheit in der Feuerprobe
Darthun wollte.
　　　　Freundlich nach der Ankunft
Wies der Raghuide seinen Freunden
Prächtige Paläste an zur Wohnung.
Dann in Dasaratha's, seines Vaters,
Des dahingeschied'nen, Prachtschloß nahm er
Seinen Sitz. Den Häuptern seines Landes
Gab er herrliche Geschenke — Werke
Edler Künstler, welche Geist und Sinne
Ihnen mit Entzücken füllten. Spenden
Reicher Art den heil'gen Eremiten
Bot er auch, die wegen seines Sieg's ihm
Ihren Glückwunsch brachten, und berichten
Ließ er sich aus ihrem Mund die Kunden
Von den Feinden, die er hingeschmettert.

Als aus der Verbannung in den Wäldern,
Die er vierzehn Jahre lang getragen,
So der Raghuide heimgekehrt war

Und die Zügel von Ajodja's Reiche
In die Hand genommen, voll von Liebe
Immer gegen seine jüngern Brüder
War er, und von stets sich gleicher Rücksicht
Für die Gattinnen des vielgeliebten,
Nun zum Himmel aufgestieg'nen Vaters.
Liebe allen Lebenden bewies er,
Daß die Erde ihn als ihren Vater
Ehrte. Doch als ob ihr Sohn er wäre,
Auch zugleich durch seinen Anblick macht' er
Heiterer ihr Antlitz. Wenn ihm Muße
Wurde, und er seiner Herrschaft Pflichten
Obgelegen, fand in der Umarmung
Seiner Sita Rama hohe Wonne.
Jetzt, wo er, umstrickt von ihren Armen,
In Palästen, reich geschmückt mit Bildern,
Ruhen durfte, machte die Erinn'rung
An die Leiden all, die er im Walde
Dandaka ertragen, das vergang'ne
Weh für sie zur Freude. Matte Blässe
In der Gattin Antlitz und die Feuchte
Ihres Blickes that ihm kund: sie würde
Bald ihm einen Sprossen ihrer Liebe,
Einen Erben seinem Throne schenken.

Wie er zärtlich auf sein Knie sie setzend,
An die Brust sie drückte, wurde klar ihm
Aus den Worten, die sie schamhaft hauchte:
Daß zurück sie in den Büßerwald sich
An der Bhagirathi Ufern sehnte,
Wo die Töchter der Anachoreten,
Durch der Freundschaft Band umschlungen, weilen.

Die Erfüllung ihres Wunsches hatte.
Rama der Geliebten zugestanden.
Da, von der Terrasse seines Schlosses,
Blickt er einst auf seine Hauptstadt nieder,
Und vor Freude schlug das Herz ihm höher.
Als das Schiffsgewimmel in Ajodja's
Hafen er gewahrte, als die Bazars
Er gefüllt sah mit der Waaren Reichthum,
Und die Bürger, wie sie in den Gärten,
Um die Stadt lustwandelnd sich ergingen,
Füllte Frohsinn seinen Geist. Er fragte
Bhabra, seinen treuen Rater: „Wissen
Möcht' ich, was im Volk man von mir redet;
Kannst du's kund mir thun?" Darauf zur Antwort
Gab ihm dieser: „All dein Handeln, König,
Wird gelobt; nur nicht: daß deine Gattin

Wieder im Palast du aufgenommen,
Die im Schloß des Ravana so lange
Doch geweilt." So wie das heiße Eisen
Von den Schmiedehämmern, fühlte Rama
Von den Worten sich das Herz getroffen.
Tief gekränkt war er, daß solchen Argwohn
Er auf seiner Sita ruhen mußte.
„Soll ich die Verleumdungen verachten,
Welche Bosheit nach mir speit?" so dacht' er.
„Oder soll die Gattin ich verlassen,
Die ich schuldlos weiß?" Indeß er sinnend
Dies erwog, ward ihm gleich einer Schaukel
Hin und her der Geist geworfen. Endlich
Kam er zum Entschlusse, sich von Sita,
Wie er sie auch liebte, loszusagen;
Keinen Ausweg fand er sonst, den Makel,
Der auf seinem Ruhme lag, zu tilgen.
Denn der unbefleckte Ruf gilt höher,
Als das Leben und als alle Freuden.
Seine jüngern Brüder ließ er rufen,
Und wie sie erschienen, sah'n erschreckt sie,
Daß auf seinem Antlitz Blässe ruhte.
Ihnen that er kund, was für ein Argwohn
Ihm zum Ohr gedrungen. „Welcher Flecken

Das Geschlecht der Sonnenkinder schändet,
Seht ihr nun, und wie den Glanz der Ahnen
Ich getrübt, dem Wind gleich, der aus Wolken
Vorbricht und des Spiegels klare Fläche
Düster überhaucht. Ertragen kann ich
Nicht den schmählichen Verdacht, der heimlich
Durch die Seele aller Bürger hinschleicht.
Um der Schande zu entrinnen, die mich
Endlich treffen muß, will von der Gattin
Ich mich scheiden, so wie nach des Vaters
Willen ich von der bewohnten Erde
Einst mich losgesagt, um in der Wälder
Dickicht mich zu flüchten. Rein zwar ist sie;
Aber selbst des wolkenlosen Mondes
Schatten gilt der Welt für einen Flecken,
Und nicht trotzen kann ich ihrem Argwohn.
Also widersetzt euch dem Entschluß nicht,
Den ich faßte; wenn ihr wollt, daß ferner
Ich das Leben noch auf Erden trage,
Hindert nicht, daß des Verdachtes Pfeile,
Die mich trafen, aus der Brust ich reiße!"

Als der König so gesprochen hatte,
Sah'n verwirrt zu Boden seine Brüder.

Weiter nahm Ajodja's hoher Herrscher
So das Wort, zu Lakschmana gewendet:
„Sita hat, mein Weib, als sie mir kundgab,
Daß ein Kind in ihrem Schooß sich rege,
Mich gebeten, daß ich ihr verstatte,
In den Büßerwald zurückzukehren.
Führ' auf einem Wagen denn die Theure
In Valmiki's Hain und laß' alldort sie!"
Unterwürfig fügte Lakschmana sich
Seines ältern Bruders Willen. Schleunig
Hob er auf ein Fuhrwerk Rama's Gattin,
Welcher so ihr Herzenswunsch erfüllt ward.
Und Sumantra trieb, der Wagenlenker,
Vorwärts auf dem Pfad die wilden Rosse.
Froh, wie grüne Thäler, schöne Berge
Sie an sich vorüberflieh'n sah, sagte
Sita: „Welche Freuden mir mein Rama
Doch bereitet!" — Noch war von dem Unglück,
Welches sie betroffen, keine Ahnung
Ihr gekommen. Als sie auf dem Antlitz
Lakschmana's es las, aus seinen Reden
Es errieth, ward ihres Angesichtes
Lotosblüthenglanz durch die Bewegung
Tief getrübt, die ihr das Herz erfüllte.

Lakschmana, der auf Geheiß des Bruders
Die erlauchte tugendhafte Fürstin
An des Waldes Saum verlassen sollte,
Konnte das Gebot doch kaum vollbringen,
So bewegt ward er von Sita's Anblick.
Als er an des Stromes Rand gelangte,
Ließ er sie herab vom Wagen steigen,
Während mit der Hand der feur'gen Rosse
Lauf der Fuhrmann hemmte. Einen Nachen
D'rauf mit ihr besteigend an des Ganges
Jenseitsufer führt' er sie. Die Thränen
Mühsam nur zurück in's Auge drängend,
That er den Befehl ihr kund, den Rama
Ihn, der Erbherr, zu vollzieh'n geheißen.
Als der Unglücksel'gen klar nun wurde,
Daß auf sie, die Unschuldsvolle, Reine,
Solcher schmähliche Verdacht gefallen,
Sank zu Boden sie gleich einer Blume
Ihres Hauptschmucks, wenn aus einem Kranze
Sie der Wind entführt. Die Sinne schwanden
Plötzlich ihr, mit ihnen das Bewußtsein
Ihres Schmerzes. Doch von neuem kehrte
Ihr zurück das Leben, und zerrissen
Ward von Weh das Herz ihr. Das Erwachen

Aus der Ohnmacht, draus des Rama Bruder
Sie erweckte, brachte größ'res Leiden
Ihr, als wenn der Tod ereilt sie hätte.
Keinen Tadel über ihren Gatten
Sprach die Edle aus. Doch in dem Schmerze,
Welcher sie durchbohrt, verklagte bitter
Sie sich selbst, als ob sie schuldig wäre.
Lakschmana versuchte sie zu trösten,
Wies ben Weg ihr zu Valmiki's Wohnung
Und sprach also, sich vor ihr verneigend:
„Königin, vergieb mir! Doch Gehorsam
Schuld' ich dem Geheiße beines Gatten,
Mag's auch grausam sein!" Und Sita sagte,
Ihn erhebend: „Keinen Vorwurf mach' ich
Dir, mein Freund! Denn beines Bruders Willen
Hast bu zu vollzieh'n. Kehr' heim und also
Sprich in meinem Namen zu Ajobja's
Mir vermähltem Herrscher: ‚Meine Reinheit
Hab' ich bargethan vor beinen Augen,
Da die Feuerprobe ich bestanden,
Und auf Argwohn, dir von falschen Zungen
Zugeraunt, boch hast bu mich verstoßen.
Ist das des erhabenen Geschlechtes,
Welchem bu entstammt bist, würdig, Rama?

Dir, der sonst ein Mann von hohem Geist du
Bist, verwirrt wohl waren dir die Sinne,
Da du dergestalt an mir gehandelt! —
Dieser Donnerschlag, der mich zerschmettert,
Ist die Strafe wohl für ein Vergehen,
Glaub' ich, das in meinem frühern Dasein
Ich begangen. Ehemals verschmähtest
Du den Königsthron, der dir vom Vater
Zufiel, und erkorst an meiner Seite
Dir den Aufenthalt im Büßerwalde.
Aber nun, da du den Thron bestiegen,
Stöß'st du mich zurück und willst nicht dulden,
Daß ich neben dir im Schlosse wohne.
Während deine Stirn der Herrscherkrone
Gold umflicht, sollt' ich, die Königin ich
Eh'mals war, vor andern Frau'n mich beugend,
Ihren Schutz ersleh'n? Dies Leben, wahrlich,
Würd' ich von mir werfen, wenn den Tod mir
Nicht die eine ernste Pflicht verböte,
Dir die Frucht, die ich im Schooße trage,
Zu bewahren. Aber wenn den Sprossen
Deiner Liebe ich geboren, will ich,
Meinen Blick zur hohen Sonne richtend,
Solche schwere Buße auf mich nehmen,

Daß ich werth mich mache, einst auf ewig
In der andern Welt da drüben, Rama,
Dir vereint zu sein als deine Gattin!'"

„Diese Botschaft auszuführen eil' ich,"
Sagte Lakschmana, sich von ihr wendend;
Ihren Blicken war er bald entschwunden.
Und in ihrer Seelenqual von neuem
Gab die Unglückfel'ge ihren Klagen
Freien Lauf. Die Bäume ringsum streuten
Trauernd ihre Blüthen auf den Boden;
Ihre frohen Tänze auf den Zweigen
Stellten ein die Pfauen; die Gazellen
Hörten auf zu weiden: tiefe Trauer,
Wie im Herzen der verstoß'nen Sita,
Herrscht im ganzen Wald. Da schritt der Dichter,
Welcher einst den Klag'ruf eines Vogels
Ueber die Gefährtin, die der Jäger
Ihm geraubt, das Maß des Verses Sloka
Abgelauscht — Valmiki schritt, der Siedler,
Durch das Dickicht, um sich Holz zu lesen.
Er vernahm des armen Weibes Wehruf
Und, gelockt von seinem Klange, schritt er
Nach dem Platz, woher die Stimme tönte.

Sita trocknete, wie sie ihn schaute,
Ihre Thränen, hemmte ihre Seufzer
Und begrüßt' ihn hold. Der Dichter gab ihr
Seinen Segen und sprach so: „Als Seher
Weiß ich, daß die Furcht vor bösem Leumund,
Den der Menschen arge Lästerzungen
Auf ihn werfen könnten, deinen Gatten
Angetrieben hat, dich zu verstoßen.
Doch sei ruhig, Königin! Ein Freund ist's,
Ein Verwandter, welcher hier dich aufnimmt.
Rama's Grausamkeit, erfahr' es, reizt mich
Wider ihn zum Zorn. Sein ruhmgekrönter
Vater war vertraut mir, und den deinen
Ehr' ich hoch; denn fromm ist er, und bietet
Anderen ein Beispiel, wie durch Buße
Neuer Irrfahrt durch die Welt der Körper
Sie entrinnen und zum Frieden eingeh'n.
Furchtlos wohn' in diesem Büßerwalde,
Wo die Leuen selbst, die grimmen Tiger
Durch die Nähe der Anachoreten
Zahm wie Lämmer werden! Wenn die Stunde
Dann gekommen, wo die Frucht der Liebe,
Die dein Schooß von Rama hat empfangen,
Du zur Welt gebracht, vollzogen sollen

Alle Bräuche, die bei Neugebor'nen
Vorgeschrieben sind, bei deinem Kinde
Werden.   In dem Bade der Tamasa,
Dort, wo an den Ufern Eremiten
Ihre Klausen haben, untertauchend
Und von jeder Schuld durch ihre klaren,
Alle Sünden tilgenden Gewässer
Dich befreiend, wirst du Ruh' und Frieden
In dein Herz von neuem einzieh'n fühlen.
Wenn du auf des Stromes Inseln heil'ge
Opferspenden auf den Boden gießest,
Werden der Anachoreten Töchter
Dienstbar dir die Blüthen und die Früchte
Jeder Jahr'szeit bringen, mit des Waldes
Wurzeln, die du brauchst, so daß die Götter
Huldvoll auf dein Opfer niederschauen.
Trost durch ihre holden Reden werden
Jene Mädchen dir in deinem Kummer
Spenden, und indem die jungen Bäume
Du mit frischem Naß aus deinem Kruge
Netzest, daß sie hoch und höher sprießen,
Magst du, schon noch eh' du ihn geboren,
Glauben, daß dein Sohn an deinem Busen
Leben trinke!"

Dem Anachoreten
Dankte Sita brünstig für sein Mitleid,
Und Valmiki führte sie am Abend
In die Siedelei, die er bewohnte,
Wo Gazellen sich um die Altäre
Traulich drängten. Die vom Leid gebeugte
Königin gab er in frommer Büßer
Obhut, die sich ihrer Ankunft freuten.
Als bei Sonnensinken die Gebete
Rings im Wald verstummten, führten Frauen
Sie in eine Blätterhütte, wo sie
Eine Lampe, ihr bei Nacht zu leuchten,
Zündeten, und einer Antilope
Fell, um drauf zu ruh'n, hin auf den Boden
Breiteten. In dieser stillen Klause,
Wo der Eremiten Töchter huld'gend
Sie umgaben, hüllte ihre Glieder
Sie in ein Gewand von Baumesrinde,
Und des Waldes wilde Früchte pflückte
Sie zur Nahrung sich, daß ihres Gatten
Herrliches Geschlecht durch einen Sprößling
Vor dem Untergange sie bewahre.

Lakschmana, der nach Ajodja kehrte,
Trat vor Rama hin, um ihm zu melden,

Daß er sein Gebot vollzogen habe.
Auch die Klage, die aus Sita's Munde
Er vernommen, gab er kund ihm. Rama's
Auge wurde feucht bei seinen Worten
Wie der Mond des Winters, wenn vom Himmel,
Er den ersten Schnee herniederschauert.
Denn wenn er aus Furcht vor bösen Zungen
Auch aus dem Palast sein Weib verstoßen:
Aus dem Herzen konnt' er sie nicht bannen.

Zehnter Gesang.

Als im Vollbesitz der Macht und Herrschaft
Sich der ozeanumgeb'nen Erde
König, der erhab'ne Raghuide,
Fand, erschienen an des Thrones Stufen
Eremiten von des Stroms Yamuna
Ufern. Hülfe vor Lavana wollten,
Vor dem finstern Nachtgeist sie erbitten,
Welcher ihrer Opfer Feier störte.
Rama gab den Frommen das Versprechen,
Ihnen beizusteh'n in ihrer Drangsal.
Sie drauf thaten kund ihm, unbezwingbar
Sei der Unhold wegen seiner Lanze;
Ueberwinden laß' er drum sich einzig,
Wenn er keinen Speer in Händen halte.
Dem Satrughna, seinem Bruder, gab dann

Rama den Befehl, die Eremiten
Unter seinen sichern Schutz zu nehmen.
Von des Königs Segnungen geleitet,
Furchtlos, hoch auf einem Wagen stehend,
Zog des Dasaratha jüng'rer Sprößling
In die Weite dann. Sein Auge ruhte
Auf beblümten düstereichen Hainen.
Nach des Rama Willen gab Geleit ihm
Eine Schaar von Kriegern, um im Kampfe
Beistand ihm zu leisten. Auf dem Pfade,
Wo ihm die Anachoreten folgten,
Strahlte sonnengleich der Held, und um ihn
Tummelten auf ihren Räderwagen
Sich die Krieger. Wie er weiter fortzog,
Kam zur Nachtrast er in eines Waldes
Dickicht, wo Valmiki sich der Buße
Weihte, und wo bei der Wagen Rollen
Die Gazellen voll von Neubegierde
Ihre Häupter hoben. Von dem Büßer
Ward der Prinz, wie es der Raghuide
Werth war, hoch geehrt. Auch seinen Rennern,
Die vom langen Weg ermüdet waren,
Ließ er sorglich Pflege angedeihen.

In derselben Nacht gebar nun Sita,
Seines Bruders Gattin, Zwillingskinder.
Und als dem Satrughna von des Rama
Glück die Kunde ward: dem Eremiten
Bot er seinen Abschiedsgruß am Morgen.
Dann in's Land von Madhupaghna kam er
Auf bespanntem Wagen. Den Lavana
Traf er dort, das Ungethüm, wie eben,
Eine Schaar von Thieren vor sich treibend,
Aus dem Wald er kam. Mit dunkelschwarzem
Antlitz wie der Rauch, und rothen Haaren,
Welche flammengleich sein Haupt umwogten,
Drang er vor wie eine Feuersäule,
Und ein Heer von wüthenden Rakschasas
Zog ihm nach. Er hatte seine Lanze
In der Hand nicht, als dem Raghuiden
Er begegnete. Satrughna aber
Nahm des Augenblickes wahr, um rings ihn
Mit den Kriegerschaaren zu umzingeln.
Mordbegierig riß der wüth'ge Unhold,
Leicht als ob es nur ein Grashalm wäre,
Einen Riesenbaum aus seinen Wurzeln.
Aber wie der wucht'ge durch die Luft flog,
Schoß der Raghuide so viel Pfeile

Nach ihm ab, daß er im Flug zerschnitten
Ward und ihn kein Theil von ihm erreichte,
Der so schwer wie Blüthenstaub der Pflanzen
Nur gewesen wäre. Einen Felsen
Des Gebirgs ergriff darauf der Riese
Mit der Faust, und warf, als ob den Tod er
Auf ihn schleuderte, ihn nach dem Gegner.
Doch Satrughna faßte Indra's Bolze,
Und vor ihm zerbarst in tausend Stücke,
Kleiner noch als Körnchen Sand, der Felsen.
Auf ihn zu da stürzt das Ungeheuer,
Gleich als ob ein Berg von einem Windstoß
Fortgewirbelt würde, doch sein Gegner
Spaltete mit Krischna's Pfeil das Herz ihm.
Und der Sturz des schrecklichen Rakschasa,
Dem der Boden weithin widerdröhnte,
Gab den Eremiten, welche zitternd
Solchen Kampf geschaut, die Ruhe wieder.
Dichte Wolken von Gevögel sanken
Auf das Ungethüm, das sterbend dalag,
Während Himmelsblumen auf die Stirne
Seines Feindes regneten. Indessen
Die Anachoreten hoch den tapfern
Sohn des Dasaratha priesen, strahlte

Diesem hell das Haupt im Glanz des Sieges.
„Dem Valmiki wird der Arge ferner
Nicht mehr seine Opferfeier stören!"
Rief er aus, als auf der Heimkehr wieder
In des Frommen Siedelei er eintrat,
Wo schon um der Sita Zwillingskinder
Die Gazellen traut im Kreise spielten.

In die Hauptstadt zog zurück der Prinz nun,
Den die Wohner wegen des Triumphes
Ueber den Rakschasa festlich ehrten.
Hin durch Blumenkranz=geschmückte Straßen
Kam er zum Palaste seines Bruders.
Und im Thronsaal in der Hofbeamten
Mitte fand er diesen, nun vereinsamt,
Da ihm Sita fehlte. Vor dem Throne
Beugt' er sich und auf sein Haupt hernieder
Flehte Rama aller Götter Segen
Für die hohe That, daß des Rakschasa
Haupt sein Arm gefällt. Auf seine Fragen
Gab Satrughna Antwort, daß im Reiche
Alles trefflich stehe. Doch verschwieg er
Nach Valmiki's Willen, daß der König
Vater eines Zwillingspaars geworden;

Denn der Büßer wollte Sita's Kinder
Später erst nach Rama's Schlosse führen.
Er, der alte Freund des Dasaratha,
Der vertraute Rath von Sita's Vater,
Hatt' im Bad geweiht die beiden Kinder.
Und nachdem vollbracht die heil'gen Bräuche
Und des Stromes Wasser von den Kleinen
Abgetrocknet waren, gab der Dichter
Ihnen Namen. Kusa hieß den einen
Er, den andern Lava. Eben waren
Sie der früh'sten Kindheit erst entwachsen,
Als Balmiki sie bereits die Vedas
Lesen lehrte und sie seine Dichtung
Herzusagen schon vermochten. Wenn sie
Die Geschichte Rama's vor der Mutter
Mit den zarten Stimmchen sangen, wurde
Ihr des Herzens Kümmerniß gemildert,
Und die Trennung von dem Gatten war ihr
Minder bitter. Auch die andern Brüder,
Raghu's Söhne, strahlend gleich des Himmels
Heil'gen drei Gestirnen, hatten jeder
Von den Gattinnen zwei blüh'nde Söhne.
Am Gestade der Yamuna baute

Eine Stadt, die Matura er nannte,
Der erlauchte Held Satrughna, welcher
Stark und mild zugleich war. Herrlich glänzte
Diese Stadt; es schien, des Paradieses
Strom durchflösse sie. Von dem Palaste,
Den er dort erhob, sah er hernieder
Auf den Fluß Damuna, der von Flügeln
Der Flamingos blitzte und vergleichbar
Einer goldgesprenkelten Schabracke,
Auf der Erde Rücken hingebreitet,
Schimmerte. An seine beiden Söhne,
Die durch Wissenschaft der Vedas glänzten,
Gab Satrughna zum Besitz Matura
Und Vidissa, die zwei prächt'gen Städte.

Weiter nun begab es sich, daß Rama
Eines großen Opferfestes wegen,
Das er feiern wollte, seines Schlosses
Königshallen, seiner Hauptstadt Straßen
Glanzvoll schmücken ließ. Aus allen Landen,
Ja selbst aus des Himmels hohem Lichtreich,
Strömten zu ihm die Anachoreten.
Und Ajodja strahlte durch der Frommen
Gegenwart, gleich wie der höchste Brahma,

Als die Welt aus seinen Schöpferhänden
Eben erst in's Sein getreten. Festlich
Leuchtete die Halle des Palastes
Und darin geformt aus lauterm Golde
Sita's Bild; da Rama selbst die Theure
Fern im Büßerwalde wußte, wollt' er
Dennoch sich an ihrem Abbild laben.
So vollzogen ward das heil'ge Opfer. —
Da, auf das Geheiß Valmiki's, nahten
Kusa sich und Lava, Sita's Söhne,
Die das Lied von Ramayana sangen,
Jenes Lied, das von des Rama Thaten
Kunde giebt. Durch ihre holden Stimmen
Wurden hingerissen alle Hörer.
Rama in der jüngern Brüder Mitte
Lauschte dem Gesange voll Entzücken.
Allen, die zugegen, hing die Seele
Und das Ohr an dem Gesang und Thränen
Netzten ihre Wangen, daß ihr Antlitz
Einem Wipfel glich, wenn von des Morgens
Reif erleuchtet, der im Sonnenglanze
Nach und nach zerrinnt. Das Volk stand staunend,
Sich nicht regend, wie es in den Beiden
Rama's Ebenbild erkannte, nur daß

Jünger sie und in der Tracht verschieden
Von Ajobja's hohem Herrscher waren.
Doch noch mehr verwundert war die Menge,
Als sie schaute, wie die zarten Knaben
Kaum ein Auge nach den Prachtgeschenken
Wandten, die der Vater ihnen darbot.
Auf die Frage: „Welchem Lehrer dankt ihr
Solche Kunst des Singens? Welcher Dichter
Hat dies Lied verfaßt?" ertheilten Antwort
Sie: „Valmiki ist's!"

       Dann mit dem jüngern
Bruder in den Bußwald eilte Rama
Zu dem Siedler. Den Entschluß ihm that er
Kund, daß er die Herrschaft lassen wollte,
Und an seiner Statt des Reichs zu walten
Bat er den Valmiki. Dieser gab ihm
Auskunft, daß die beiden Kinder Sita's
Seine Söhne wären. Für des Weibes
Unglück voll von Mitleid, sprach den Wunsch er
Vor dem König aus, daß er der Gattin
Wieder im Palaste sich geselle.
„Hehrer Greis!" gab Rama ihm zur Antwort,
„Zeugniß hat für meiner Gattin Reinheit
Wohl das Feuer abgelegt. Die Menschen

Aber zweifeln b'ran; der Flammenprobe
Selbst nicht glauben sie, weil des Rakschasa
Bosheit schwere Schatten des Verdachtes
Auf sie wirft. Wenn Sita das Vertrauen
In den Seelen weckt, daß unbefleckt sie
Blieb, als sie geraubt von jenem Unhold
Worden — wohl: in meinem Schloß dann nehm' ich
Gern sie wieder auf!"
                                    Als dies Versprechen
Rama ihm geleistet, traf der Büßer
Vorbereitung, die verbannte Sita
Aus der Siedelei zum Königshofe
Neu zu führen. Bald darauf im Kreise
Ließ der Herrscher seiner Hauptstadt Wohner
Sich versammeln und entsandte Botschaft
An Valmiki, daß er zu ihm käme.
So denn trat mit Rama's beiden Söhnen
Und mit Sita vor ihn hin der Fromme,
Gleich als ob er sich der Sonne selber,
Das Rig=Veda in der Rechten, nahte.

Als das Volk des Königs Weib gewahrte,
Wie gehüllt in flammenrote Kleider
Sie zu Boden schaute, sagten Alle:

„Schuldlos ist sie!" Ihre Häupter senkten
Sie vor ihr, gleich Aehren, die zur Erde,
Von der Körner Last gebeugt, sich neigen.
Auf erhöhtem Sitz sich niederlassend,
Sprach zu ihr Valmiki: „Meine Tochter,
Nun vor aller Welt verscheuch' die Zweifel
Ueber dein vergang'nes Leben, daß nicht
Einer mehr dich einer Schuld verdächt'ge!"
Und mit einer Quelle reinem Wasser
Ihren Mund benetzend, sprach des Rama
Gattin diese Worte: „Wie es wahr ist,
Daß ich niemals, nicht in That noch Worten,
Ja selbst in Gedanken, nur des kleinsten
Fehls mich gegen Rama schuldig machte,
So verschmähe nicht, o Göttin Erde,
Mich in deinem Schooße aufzunehmen!"

Kaum noch daß die tugendhafte Sita
Dieses Wort gesprochen — sieh! so that sich
Unter ihr der Boden auf, und leuchtend
Hob sich, gleich der Flamme eines Blitzes,
Aus der Kluft weithin die Luft erhellend,
Eine Strahlenkugel. Da vor Aller
Blick erschien die Göttin Erde selber,

Um die Hüften einen feuchten Gürtel,
Gleich dem Meer, geschlungen. Und gebietend,
Auf erhob'nem Throne sitzend, welcher
Auf dem Haupt der Schlange Naja ruhte,
Nieder zog auf ihren Schooß sie Sita,
Deren Augen nach dem Gatten blickten.
D'rauf mit ihr, troß Rama's Rufen: „Bleib doch,
Theure!" sank sie in des Abgrunds Tiefen.

Sich vor der Gewalt des Schicksals beugend,
Sänftigte der gottergeb'ne Büßer
Des erzürnten Raghuiden Ingrimm,
Welcher mit der Hand den Bogen spannend,
Seine Gattin aus der räuberischen
Erde Armen wieder ringen wollte.
Rama d'rauf entließ, nachdem das Opfer
Er vollbracht, den Siedler, wie die Andern.
Auf die Söhne Sita's übertrug er
All die Liebe, die er für die Gattin
Sonst gehegt. Froh, daß sie solche Kinder
Ihm geschenkt, erhob er dann den Bruder
Bharata zum Herrscher aller Länder,
Die des Indus mächt'ger Strom durchfluthet.
Dieser ließ d'rauf seine beiden Söhne

Als Gebieter zweier stolzer Städte
Krönen. Lakschmana, nach Rama's Willen,
Schenkte auch, gleich jenem, seiner Söhne
Jedem einen Thron. — Nachdem die hohen
Herrscher das vollzogen, wohnten beide,
Wie die Pflicht es heischte, der Bestattung
Ihrer Mütter bei, die ihren Gatten
In die Gruft gefolgt.

     Einst da zu Rama
Trat der Tod, in eines Büßers Kleidung
Eingehüllt und sprach: „Das höchste Wesen
Giebt Befehl dir, daß die Erdenwohnung
Mit dem Himmel du vertauschest.“ — „Sei es!“
Gab der Raghuide ihm zur Antwort.
Doch vor dem Verlassen dieser Erde
Trug er Sorge, wohl sein Reich zu ordnen.
Kuſa, seinen erstgebor'nen Sprossen,
Den gewalt'gen Feindebänd'ger, ließ er
Als Kuſawati's Beherrscher krönen.
Und der jüng're, Lava, dessen Weisheit
Allberühmt war, so daß sich die Hörer,
Seinen Reden lauschend, um ihn drängten
Und bei seinen Worten oft sich Thränen
Ihrem Aug' entstahlen, ward vom Vater

Mit der Stadt Sarawati beliehen.
Dann, da lang gelernt er, in der Gottheit
Tiefen sich in sinnender Betrachtung
Zu versenken, nahm der eble König
Im Gebiet der beiden jüngern Brüder
Aus der niedern Welt den Weg zum Himmel.
Auf dem Pfade, den er hinschritt, strömten
Thränen, groß wie Knospen der Kabambas,
Aus den Augen Aller, die beim Abschied
Sehnsuchtsvoll, daß sie ihm folgen dürften,
Ihn begleiteten. Der Raghuide
War gerührt von seines Volkes Liebe,
Und auf seinem Götterwagen stehend
Schuf er, ihre Wünsche zu erfüllen,
Aus dem Strome Sarayu, dem heil'gen,
Eine Leiter, d'rauf empor zum Himmel
Sie gelangten. So viel Fromme stürzten
Sich in ihre selig=klaren Wellen,
Daß fortan geheiligt diese Fluthen
Und gefeiert sind in allen Landen.
So denn in der Mitte vieler Treuen
Ging aus diesem niedern Sein Ajobja's
König ein zum Schooß des höchsten Gottes,
Der die Heimath ist für alle Wesen.

Elfter Gesang.

Von den andern sieben Heldensöhnen
Rama's ward der Herrschaft Sitz, des Reiches
Perle, ihrem ältern Bruder Kusa
Zuerkannt. Zufrieden war ein Jeder
Mit dem Reiche, das an ihn gefallen;
Und in brüderlicher Eintracht stritten
Mit einander sie, wer mehr der Brücken
Baute, die von Strand zu Strand der Flüsse
Führten, mehr des Ackerbaues Blüthe
Förderte. Nie ihrer Länder Grenzen
Ueberschritten sie, sowie die Meere
Nimmer ihre Ufer überfluthen.

Ferne von des Reiches alter Hauptstadt,
Von Ajodja, hatte König Kusa
Nach dem Tod des Vaters einen neuen

Sitz der Herrschaft sich erwählt. Im Schlosse,
Das nach seinem Willen dort erbaut war,
Lag der jugendliche Fürst zur Nachtzeit
Einst entschlummert auf dem Ruhebette;
Stille war ringsum; kein Lufthauch spielte
Mit der Flamme, die zu seinen Häupten
In der Lampe brannte — da auf einmal
Fuhr der Schläfer, einen Ton vernehmend,
Von dem Pfühl empor und sah mit Staunen,
Wie ein nie erblicktes Weib, die Schwelle
Ueberschreitend, seinem Lager nahte.
Gleich der Gattin bei des Gatten Fernsein,
War sie tief gehüllt in Trauerkleider
Und erhob mit Flehen ihre Hände.
Mit Verwund'rung, halb empor sich richtend,
Sprach alsbald zu ihr, die leicht wie Schatten
Durch verschloffne Thüren eingedrungen,
So der König: „Wer und wessen Gattin
Bist du selt'nes Wesen? Was begehrst du?
Trauer liegt auf deinem schönen Antlitz,
Wie der Schnee auf einer Lotosblüthe!“

D'rauf zu ihm das Weib: „Die Göttin bin ich,
Welche jene Stadt beschirmt und hütet,

Die dein hehrer Vater einst bewohnte.
Nun, von meinem Herrn geschieden, traur' ich,
Denn durch dich, den Sonnenstamm=Entsprossnen,
Sank ich in des Elends tiefste Tiefen.
Ach, die Stadt, die ehedem, in Festschmuck
Prangend, fort und fort von Siegesliedern
Wiberhallte, ist nun stumm, veröbet
Und umbüstert, wie der Abendhimmel,
Wenn im Herbst der Sturm zerrißne Wolken
Um des Westens Sonne hin und her treibt.
Da ihr König sie verlassen, stürzen
Ihre Häuser ein; in Trümmer sinken
Ihre Hallen, ihre Prachtgebäude.
Wo sonst üpp'ge, Liebessehnsucht=glühnde
Mädchen Nachts im heitern Spiele schwärmten
Und mit klingenden Schellen an den Füßen
Dem Geliebten froh entgegenhüpften,
Heulen Beute suchend nun die Hunde;
An den Brunnen, d'raus mit golbbespangten
Armen schöne Frauen Wasser schöpften,
Trinken jetzt allein die wilden Stiere.
In die Wälder floh'n die zahmen Pfauen,
Da der Pauke Ton, bei deren Klängen
Sie sich auf der Gärten Bäumen wiegten,

Nun verstummt ist. Auf die Tempelstufen,
Nie sonst leer von dichtgedrängten Betern,
Setzen Tiger, satt vom Mord der Heerden,
Ihre blut'gen Füße. Schlangen kriechen
Um gebroch'ne Säulen; nicht mehr zünden
So wie ehedem, des Mondes Strahlen
Silberglanz auf den nun graubemoos'ten,
Grasbewachs'nen Dächern der Paläste.
In den Fenstern, welche Nachts den Schimmer
Heller Lampen in das Dunkel warfen
Und bei Tag von schöner Frauen Augen
Glänzten, hängen wirre Spinngewebe;
Nicht mehr senden sie aus Weihrauchbecken
Duft'ge Wolken in die Morgenlüfte.
Trauernd blick' ich vom Sarayu=Ufer
Auf des Stromes Wellen, denen nicht mehr
Sich der Badenden Salbendüfte mischen;
Auf die öden Inseln, wo kein Opfer
Mehr gefeiert wird, auf die zerfall'nen
Rohrgebauten Hütten des Gestades.
D'rum, o König, höre du mein Flehen!
Kehre, diese neue Stadt verlassend,
Nach dem alten Sitze beines Stammes,
Nach Ajobja heim, sowie dein Vater,

Sich vom Körper trennend, zu dem ersten,
Zu dem heil'gen Urgrund aller Wesen
Heimgekehrt ist! Heil und Segen sei dir,
Wenn du meiner Mahnung folgst!" Die Göttin
Sprach's; „Was du gebietest, soll geschehen!"
Rief emporgerichtet König Kusa,
Und ihm im Verschwinden Gnade winkend,
Schwebte fort die nächt'ge Traumerscheinung.

Morgens kündete der Weltgebieter
Allen Priestern das bei Nacht Erlebte,
Und sie sprachen, ob der Glückverheißung
Froh erstaunend, heiße Segenswünsche
Ueber ihn. Alsbald die neue Hauptstadt
Der Brahmanen Obhut übergebend,
Brach der König nach dem langverwais'ten
Sitz der Herrschaft auf. Mit weh'nden Fahnen,
Elephanten und geschmückten Wagen
Folgten ihm die Krieger, festlich glänzend
Gleich dem Meere, wenn bei Mondesaufgang
Uferwärts die Wogen schimmernd wallen.
Durch des Vindhyagebirges Schluchten
Ging der Zug, dem Dröhnen der Drommeten
Und der Hörner, dem Geroll der Räder

Widerhallten dumpf die Felsenhöhlen,
Wie dem Wassersturz der Newa, die sich
Schäumend dort von Klippe fort zu Klippe
Wälzt. Des Berges Gipfel dann erreichend,
Schaute Kusa froh zu seinen Füßen
Die mit Kähnen, Schiffen, weißen Schwänen
Ueberdeckte Gangafluth, aus deren
Silberklaren Wogen seine Ahnherrn,
Sich von jedem Erdenmakel läuternd,
Zu dem Sitz der Sel'gen aufgestiegen.
An das Strombett schritt der König nieder,
Kniete, von dem heil'gen Wasser schöpfend,
Huld'gend hin und setzte, eine Brücke
Aus gekoppelten Elephanten bildend,
Mit der Heerschaar an das Jenseitufer.

Also zog der Weltbeherrscher vorwärts,
Bis er die Gestade der Sarayu
Vor sich liegen sah und auf den Hügeln
Rings die Feuerstätten und Altäre,
D'rauf die Raghuiden einst geopfert.
Aus den Hainen, die mit grünen Wipfeln
Dort die alte Königsstadt umschatten,
Wehten ihm und seinen müden Kriegern

Frische, Blütenduft=belab'ne Lüfte
Labend um die Schläfe. Ohne Säumen
Schlug er auf den Höhen um Ajobja
Sein Gezelt und um ihn her im Kreise
Lagen unter aufgepflanzten Fahnen,
Deren Wimpel sanft der Wind bewegte,
Seine Krieger. Auf Geheiß des Königs
Nahten, Schaar an Schaar sich drängend, ringsher
Handwerksleute, unter deren Händen
Die verfall'ne Hauptstadt bald von neuem,
Wie die Erde nach des Regens Labung,
Aufzublüh'n begann. Paläste, Tempel,
Häuser stiegen wieder aus dem Schutte;
Von der Rosse, von der Elephanten
Stampfen dröhnten wiederum die Straßen,
Neu von Opfern dampften die Altäre,
Und mit Waaren füllten sich die Märkte.

Als verjüngt mit den gethürmten Zinnen
Seiner Prachtgebäude nun Ajobja
Wie die Braut im Hochzeitsschmucke prangte,
Hielt der Erbgebieter in die Wohnstadt
Seiner Ahnen, fröhlich wie der Gatte,
Der zur Gattin heimkehrt, seinen Einzug.

In dem alten Schloß der Raghuiden,
Das zu neuer Herrlichkeit erstanden,
Durft' er selbst dem Himmelsherrscher Indra
Seine Götterwohnung nicht beneiden.
Also unter Freuden schwand der Frühling
Ihm dahin. Der Sommer kam, und sengend
Schoß die Sonne glüh'nde Pfeile nieder;
Von des Nordgebirges eis'gen Gipfeln
Wogte der gelös'te Schnee, die Ströme
Schwellend, thalwärts; aber aus den Seen
Hoben, da die Wasser niedersanken,
Hoch und höher sich die Lotosstengel.
Um der Schönen zarte Glieder schwebte
Keine Hülle, als so leicht gewobne,
Daß ein Seufzer sie entführen konnte;
Vor der Gluth des Tages boten kühle
Sandelduft'ge Marmorbäder Zuflucht,
Bis der Abend, seinen milden Schatten
Auf die Erde streu'nd, in's Freie lockte.

Diese von des Jahres Wechselzeiten
War's, als König Kusa einst zur Stunde,
Wenn der Sonne Strahlenglanz verdämmernd
In das Zwielicht hinstirbt, aus den Thoren

Seines Schlosses schritt. Durch grüne Beete,
Wo um Blüthen der Mallika-Staude
Bienen summten, stieg er an das Ufer
Der Sarayu nieder, sich des Bades
Zu erfreuen. Aus dem reichgeschmückten,
Am Gestad erhob'nen Zelte sah er
Auf des Stromes Abendwind-bewegten
Wogen bunt beflaggte Kähne gleiten,
Sah der badenden Mädchen Armgespänge
In dem Mondlicht flimmernd blitzen, während
Aufgeschreckt von ihrem Spiel die Schwäne
Hin und wieder flogen und die Wellen
Ihren Locken die Sirischa-Knospen
Raubten. Einen Nachen dann besteigend,
Warf, das Haupt geschmückt mit blüh'ndem Kranze,
Sich der Herrscher in die klaren Fluthen;
Um ihn her erschollen Liederchöre,
Und der süße Sang der Nachtigallen
Aus der Uferbäume laub'gen Wipfeln
Stimmte lieblich in der Wogen leises
Plätschern ein. Indeß nun König Kusa
Zwischen schwanken Lotosstengeln heiter
Mit den Mädchen in den Wassern scherzte,
Glitt ihm unbemerkt die gold'ne Spange,

Die er als Vermächtniß seines Vaters
Heilig hielt, vom rechten Arm. Zum Zelte
Heimgekehrt und den Verlust bemerkend,
Gab er ungesäumt den Fischern Auftrag,
Dem vermißten Armband in dem Flusse
Nachzusuchen, denn vor Allem theuer
Als ein Zeichen, heil= und siegverkündend,
War ihm dieses Amulet. Die Fischer
Stürzten eilends in das Wasser nieder,
Tauchten spähend auf den Grund, doch kehrten
Mit getrübtem Blick zurück. „O König" —
Sprachen sie — „umsonst war unser Forschen
Und dein Kleinod blieb uns unauffindbar;
Sicher hat der Schlangenfürst Kumuba,
Der in diesem Strome seinen Sitz hat,
Es geraubt." Als Kusa solches hörte,
Griff er zornentflammten Blicks zur Stelle
Nach der Armbrust, zog das Seil und legte
Den gefeiten, dem Garuba heil'gen,
Pfeil auf ihren Lauf, um nach dem Räuber
Ihn zu schleudern; da mit einem Male
Schlich ein Zittern hin durch die Gewässer,
Wie durch eines Angsterfüllten Glieder,
Und ein dumpfer Ton scholl aus der Tiefe,

Jenem ähnlich, wenn in eine Grube
Elephanten stürzen. Krokobile
Hoben ihren Rachen, und Kumuba
Stieg, der Schlangenkönig, aus dem Strome,
Eine holbe Jungfrau an der Rechten
Führenb. Da der Weltherr ihn erblickte,
Ihn, der wie ein Fleh'nder vor ihm bastanb
Unb ihm das verlor'ne Armbanb barbot,
Nahm er von bem Bogenlauf bie Bolze
Unb sein Zorn verschwanb. Kumuba aber
Sprach, mit Ehrfurcht ihn begrüßenb, also:
„Sohn bes hehren Rama! kannst bu glauben,
Daß ich bir zu widerstreben wagte?
Dieses Mädchen, meine jüng're Schwester,
Fing, als sie beim Ballspiel sich ergötzte
Unb bem Ball hoch in ben Lüften nachsah,
Deine golbne, einer Sternenschnuppe
Gleiche Spange hurtig mit ber Hanb auf.
Füg' bies Kleinob benn, bas Sieg verkünbet,
Wieber an ben nerv'gen, narbenreichen
Arm, ben Feinbvertilger, unb verschmähe,
Mächt'ger Fürst, nicht biese meine Schwester,
Die Kumabvati! Als Gattin laß sie
Dir gefallen. Treu bir bienenb, wirb sie

Jede Schuld, die ich in blinder Feindschaft
Wider dich beging, zu fühnen wiffen."

  So Kumuda; die verlor'ne Spange
Legt' er in des Königs Hand und dieſer
Rief erfreut: „Es ſei, wie du geſprochen!
Gern als Schwäher heiß' ich dich willkommen."
Zu dem Mädchen, das noch ſchüchtern daſtand,
Trat er hin und ſprach: „Sei meine Gattin,
Meines Hauſes Glück und Zier, o Holde!"
Ein Altar ward an des Fluſſes Borden
Schnell errichtet; vor dem heil'gen Feuer,
Dem rotglüh'nden, tauſchten d'rauf die Beiden,
Wie es Brauch, die glückverheißenden Ringe,
Und ein Chor von Himmelsſängern ſtimmte
In der Luft ein Brautlied an, indeſſen
Aus der Wolken Schooß ein Regen duft'ger
Blumen niederſtrömte.
                    Der Verheißung
Jenes nächt'gen Traumgeſichts, daß hohes
Glück bei ſeiner Heimkehr in die Hauptſtadt
Ihn erwarte, dachte König Kuſa
Da und fühlte, ſeine junge Gattin
In die Arme ſchließend, daß ihm Höh'res,
Als er je gehofft, zu theil geworden.

Zwölfter Gesang.

Mit der Gattin Kumudvati zeugte
König Kuſa einen Sohn Atithi,
Wie das Frühroth, wenn die düſtern Schatten
Sich im Licht verlieren, in der Seele
Frohſinn zeugt. Geliebt von ſeinem Vater
Und in wunderbarer Schönheit leuchtend,
Breitete der junge Prinz Verklärung
Ueber Raghu's Herrſcherſtamm, der Sonne
Aehnlich, die nach ringshin Klarheit ausſtrömt.
Seit Beginn ließ ihn in allem Wiſſen,
Das für ſeine Kaſte frommt, der König
Unterrichten und, als er zum Jüngling
Aufgeblüht, mit jungen Fürſtentöchtern,
Schön, ſo wie er ſelber, ſich vermählen.
Kuſa glaubte, daß ſein eig'nes Ich ſich
In dem Sohn verdoppelt habe, als er

Neugeboren sich in ihm erblickte.
Einen Bund, der seines Stammes würdig,
Schloß er mit dem Könige der Götter.
Aber von dem bösen Geist Durdschaja,
Den im Kampf er zu bestehen hatte,
Fand er seinen Tod. Und Kumudvati
Folgte, seine Gattin, ihm im Sterben,
Wie der Mondesschein dem bleichen Monde
Nachfolgt, wenn der Freund der Lotosblume
Untergeht. Die Räthe seines Reiches
Sorgten, daß des Königs letzten Willen,
Eh' zum Kampf er auszog, sie erfüllten,
Und erhoben seinen Sohn Atithi
Auf den Thron. Dann gaben sie Befehle,
Daß zur Krönungsfeier für den jungen
Herrscher ein Palast errichtet würde,
Dessen Dach auf hohen Säulen ruhte,
Und in dessen Halle ein Altar sich
Für die Weihe höbe. Als Atithi
In dem neuen Schloß auf seinem Sessel
Platz genommen, traten dort des Reiches
Große vor ihn hin mit gold'nen Urnen,
D'rin sie Wasser aus des Landes heil'gen
Quellen trugen. Bei der Trommeln Wirbeln,

Bei der Flöte und der Harfe Klängen
Stieg ihm sel'ge Ahnung auf, daß herrlich
Noch durch ihn der Stamm der Raghuiden
Immer frische Sprossen treiben werde.
Die Brahmanen, feierlichen Zuges,
Traten vor ihn hin, mit Hymnenschalle
Ihn zu weih'n. Auf's Haupt floß aus den Urnen
Ihm herab der Strom des lautern Wassers,
Gleich der Ganga Fluth, da wo hochrauschend
Ihre Wogen von des Himmels Höhen
Niederstürzen. Wie des Hofes Dichter
Ihn im Feier-Liederchor besangen,
Glich er einer Frühlings-Regenwolke,
Die der Schwarm der Tschatakas *), nach kühler
Labung dürstend, freudig grüßt. Wie heller
Auf die Blitze flammen, wenn die Tropfen
Aus der Wetterwolke fallen, also
Leuchtete, geweiht durch der Brahmanen
Segensspruch, das Wasser in den Urnen,
Das des Herrschers Scheitel netzen sollte.

---

*) Der Vogel Tschataka soll den aufsteigenden Regenwolken
entgegenfliegen, um die ersten Tropfen zu erhaschen.

Als das Fest zu Ende, überschwänglich
Reiche Spenden an der obern Kaſten
Häupter theilt' er aus. Die Freiheit ſchenkt' er
Allen den Gefang'nen, die in Eiſen
Schmachteten; wer ſchon zum Tod verdammt war,
Ward begnadigt. Und daß leicht're Bürde
Nur fortan das Laſtthier tragen ſolle,
Gab er den Befehl. Den Papagei'n und andern
Vögeln, die in der Paläſte Hallen
Zu der Wohner Kurzweil hinter Gittern
Eingefangen waren, ließ des Käfigs
Thür er öffnen, daß ſie in des Himmels
Freie Luft entfloh'n. Auf einem Throne,
Ganz aus Elfenbein gefügt, d'rauf nahm er
Seinen Platz. Dann nahten junge Diener,
Ihn in königliche Pracht zu kleiden,
Flochten Blüthenranken in das Haar ihm,
Schlangen Perlenreih'n um ſeine Schläfe.
Und mit einem prächtigen Rubine,
Welcher Strahlen allumher verſandte,
Schmückten ſie die Stirn ihm. Als Atithi
Nun geſalbt noch war mit moſchusduft'gem
Sandel und mit köſtlicher Gewandung
Angethan, erglänzt' er wie am Morgen

In des Sonnenaufgangs Licht der hehre
Götterberg, der Meru, dessen Scheitel
In den Himmel aufragt. Im Geleite
Seiner Diener, die des Reichs Kleinodien
Vor ihm trugen, nahm in die Versammlung
Seiner Räthe er den Weg. Dann ließ er
Unter prächt'gem Purpurbaldachine
Sich auf seiner Väter Throne nieder,
Wo die Mächtigen der Erde knieend
An den Stufen seines Herrschersitzes
Ihrer Diademe Edelsteine
Rieben. Ueber des Palastes Schwelle
Setzt' er kaum den Fuß, als hell die Halle
Leuchtete, dem Götterfaal vergleichbar.
Voll Vertrauen schauten alle Diener
Seines Reiches auf den jungen Fürsten,
Dessen Mund ein Lächeln stets umschwebte,
Der in seinen Zügen Huld und Milde
Gegen Jeden kundthat. Aller Götter
Segen war mit ihm. Wenn majestätisch
Er auf seinem Elephanten herzog
Und des Reiches Fahnen ihn umwehten,
Schien durch ihn zum Himmel sein Ajodja
Umgewandelt. Nach dem Rauche steigen

Erst die Flammen auf; erst wenn die Sonne
Aufgegangen, breiten ihre Strahlen
Durch die Welt sich hin; allein Atithi,
Sonnenglanz und Flammen übertreffend,
Zeigte sich sogleich in seiner ganzen
Herrschertugend. Voll von Wohlgefallen
Folgten ihm, wohin er schritt, der Frauen
Augen, wie des Herbstes klare Nächte
Mit den Sternenaugen nach des Himmels
Pole schauen. Um dem jungen König
Nah zu sein und ihn zu ehren, bargen
Sich die Götter selber in der Tempel
Heil'gen Bildern. Auf den Hochaltären
War das Naß der Weihe, das beim Feste
Sie benetzt, noch nicht getrocknet, als sich
Fern bereits bis an der Erde Grenzen
Seiner Thaten Ruhm verbreitet hatte.
Seinen Völkern, die schon durch den Vater
Reich geworden, mehrte nun die Schätze
Noch der Sohn. So bei des Sommers Ende,
Angeschwellt durch Regen, wachsen höher
Noch im Herbst die Ströme. Was er sagte,
War kein leeres Wort. In Einem einzig
Brach er sein Gelübb': den Thron des Feindes,

Den im Kampf er umgestürzt, erbaute
Er auf's Neue. Jugend, Macht und Schönheit,
Jede dieser drei kann schon der Menschen
Herz mit Stolz erfüllen; doch das seine,
Ob er alle auch in sich vereinte,
Wurde nicht davon berauscht, so mehrte
Täglich sich zu ihm des Volkes Liebe;
Und gleich einem Baum, der feste Wurzeln
In der Erde schlug, auf seinem Throne
Saß er unerschütterlich. So wie der Sonne,
Wenn sie kein Gewölk umhüllt, im Raume
Nichts entgeht, so blieb ihm auf der Erde
Nichts verborgen; denn allhin wie Strahlen
Sandt' er seine Späher, zu erkunden,
Ob auch Unthat irgendwo geschehe.
In den selt'nen Stunden, die dem Schlaf er
Gönnte, war für seine Unterthanen
Doch er rastlos wach, indem Vollstrecker
Seines Willens rings das Reich durchstreiften.
Seine größten Thaten reiften immer
In der Stille, wie die Körner Reises
In der Aehre stillverborgen reifen.
Gegen Wollust wie mit Stahl gepanzert,
War er der Verführung unzugänglich.

Einzig um den Leidenden zu helfen,
Häuft' er Reichthum auf in seinem Schatzhaus;
Darum auch umschwärmten ihn die Armen,
Wie die Tschatakas die regenvolle
Wetterwolke. Sicher auf den Strömen,
In den Wäldern, durch der Berge Wildniß
Zogen Tags wie Nachts die Karawanen.
Freudig boten ihm des Landes Aecker
Ihre Erndten, freudig ihm der Erde
Minen ihre schönsten Diamanten.
Zog zum Kampf er aus, gleich einem Freunde
Schritt zur Seite ihm der Sieg; doch selten
Einen Feind noch hat er zu bewält'gen,
Da er alle sie in Staub geworfen.
Wenn der Mond zur Fülle sich gerundet,
Wenn das Meer zur höchsten Fluth geschwollen,
Nehmen beide ab; er aber kannte
Keinen Niedergang. Des Lobes würdig
War, was er nur that; allein wenn Einer
Ihn zu loben wagte, hocherröthend
Wies er ihn zurück, und höh'rer Preis noch
Ward zu theil ihm, weil der Schmeichelei er
Todfeind war. Durch seinen bloßen Anblick
Warf zu Boden er den Frevel. Schleunig

Wich die Finsterniß, wo er sich nahte.
Und gleich einer Sonne, welche nimmer
Untergeht, hielt er die nächt'gen Geister
Fern von seinem Volk. So auf dem Pfade
Schreitend, wo die ewigen Gesetze
Seine Leiter waren, schwang Atithi
Sich empor zum Herrscher aller Herrscher,
Gleichwie Wischnu als der Gott der Götter
Allgeehrt wird. Wenn ein großes Opfer
In der Tempel Heiligthum vollbracht war,
Häuft' er solche Schätze auf die Priester,
Daß er für des Reichthums Gott Kuvera
Selbst gehalten ward. Zur rechten Jahr'szeit
Strömt' in seinem Reiche stets den Regen
Indra nieder; Yama that den Seuchen
Einhalt, und der Meere König
Sänftigte der Wogen Wuth für Jene,
Die den weiten Ozean durchschifften.
Und sogar die Weltenhüter beugten
Sich in Demuth vor des Königs Scepter.

Dreizehnter Gesang.

———

Weiter im Geschlecht der Raghuiden
Folgte Agnivarna. Durch den Vater
Fand er alle Feinde überwunden,
Und das Reich so blühend, daß der Mühe,
Seines Volks zu walten, überhoben
Er sich glaubte. Einzig zum Genießen
Für die Herrschaft meint' er sich berufen.
Seinen Räthen ließ er die Verwaltung.
Und im Reichspalast, der von der Flöten,
Von der Lauten und der Cymbeln Klängen
Fort und fort ertönte, folgten Feste
Ueber Feste sich, das eine pracht'ger,
Als das and're. Nicht ertragen konnt' er,
Daß nur eine einzige Minute
Ihm verrönne, wo in üpp'gen Freuden
Er Ergötzung nicht in schöner Frauen

Mitte hätte. Drum in seinem Saale
Weilt er Tag und Nacht, nicht an die Pflichten
Denkend, die er seinen Unterthanen
Schuldig war. Voll klarer Lotosteiche
Waren seine Gärten, und die Wellen,
D'rin zum Bad sich junge Frauen tauchten,
Zitterten von ihrer Busen Schwellung;
Und dort in die kühle Flut hinunter,
Zwischen schwanke Blüthen, stürzte Mittags
Sich der König, seine Gluth zu kühlen.
Doch mit ihren Augen, ihren Lippen
Höher noch entflammten seines Herzens
Brand die schönen Frau'n. An ihrer Seite
Nahm er dann den Weg zu duft'gen Lauben,
Wo an köstlichem Getränk mit ihnen
Er sich labte. Gern von ihrer Rechten
Ließ er sich den vollen Becher reichen.
Eine Leyer, deren süße Klänge
Ihn erquickten, sowie eine Schöne,
Die an seinem Busen ruhte, durften
Nie ihm fehlen. Auf die Kunst der Töne
Selbst verstand er sich. Wenn mit der Rechten
Er das Tamburin schlug und am Arme
Ihm die Spangen bebten, wenn die Stimme

Dann er zum Gesang erhob, entzückte
Er der schönen Tänzerinnen Seelen,
Daß sie regungslos, ihn zu betrachten,
Ihn zu hören standen. War beendet
Dann sein Tanz, ausruht' er in der Schönen
Armen und gelabt von ihren Küssen.
Wenn, nachdem erschöpft die eine Freude,
Er nach einer neuen suchte, folgte
Lachend ihm der Schwarm der jungen Frauen,
Und wenn, um mit anderen zu kosen,
Ihnen er entfliehen wollte, banden
Sie mit ihren Gürteln ihn und drohten
Ihm mit Fingern, schön wie Blüthenknospen.
Wenn er nach durchschwärmter Nacht am Morgen
In den Saal trat, sah des Zornes Röthe
Er auf seiner andern Frauen Antlitz,
Weil er ihnen Nebenbuhlerinnen
Vorgezogen. Wenn im holden Traume
Er auf seinem Lager eines Mädchens
Namen schmachtend nannte, strömten Thränen
Neides aus der Andern Augen. Wenn er,
Um sich zu ergötzen, in den Gärten
Hinschritt, führten die Begleiterinnen
Ihn zu Lauben von Lianenranken,

Und geheim in einer schönen Sklavin
Armen, Hingestreckt auf Blumenlagern,
Dort genoß er süße Liebesfreuden,
Ob er zitternd auch an seiner Weiber
Eifersucht nur denken konnte. Wollt' er
Heimlich Nachts zu einer Schönen schleichen:
Schon durch ihre Späherinnen hatten
Seine Gattinnen davon erfahren
Und versuchten, ihn zurückzuhalten:
„Nicht entrinnst du also uns, Verräther!"
Wenn er milde war, sich mit den Frauen
Zu ergötzen, bracht' er nach des Lotos
Weise wachend zu die Sommernächte,
Aber schlief am Tage, doch nicht lange:
Denn mit ihrer Harfen, ihrer Lauten
Klängen stachelten zu neuen Freuden
Ihn die Mädchen auf. Auch durch ein Schauspiel
Suchten sie ihn manchmal zu erfreuen,
Und er selbst, in solcher Kunst erfahren,
Lehrte sie Bewegungen und Worte,
Wie das Stück sie aufzuführen hätten.
In der Regenzeit sich zu erlaben,
Schweift er zwischen liebestrunk'nen Pfauen,
Die sich um ihn auf den Zweigen wiegten,

Durch die Hügel hin. Des Herbstes Nächte
Bracht' er zu auf hängenden Terrassen
Seiner Schlösser, und Ergötzen schuf's ihm,
In Gesellschaft schöner Frau'n die Kühle
Einzuathmen, die beim wolkenlosen
Schein des Mondes auf ihn niederträufte.
Wenn er unten im Palaste weilte,
Ließ er durch die Fenster seine Blicke
Auf des Flusses Sarayu krystall'ne
Wogen gleiten, wo sich auf und nieder
Schwäne wiegten, und der Inseln Ufer
Wie mit einem Gürtelband umschlossen.
Seine Frauen unterdessen schufen
Ihm Ergötzen, mit Gesang und Tänzen
Ihn umschwebend, während der Agaven
Und der Weihrauchstauden süße Düfte
Aus den Gärten durch die Fensterbogen
Fluthend, ihn umwogten. — Im geheimsten
Schooße eines Schlosses, wo das Dunkel
Von der Lampen Flammen nur erhellt war,
Ward der winterlichen Nächte Stille
Zeuge seiner tiefgeheimsten Wonnen.
Wenn des Südens Wind den Mangobäumen
Ihre zarten Knospen wiederbrachte,

Suchten jene seiner Frau'n auch, welche
In der Winterszeit, mit ihnen schmollend,
Er von sich entfernt gehalten, wieder
Seine Liebesgunst sich zu erschmeicheln.
Wenn er dann behaglich auf und nieder
Sich in einer Schaukel wiegte, ließ er
Neben sich die holden, nun versöhnten
Sitzen; jene aber, die sich stellten,
Als ob sie zu fallen zagten, schlangen
Leidenschaftlich um den Hals des Königs
Ihre Arme. Kehrte dann der Sommer
Neu mit seiner Gluth zurück, so brängten
Sich in leichter Tracht um ihn die Schönen,
Reichen Perlenschmuck in ihren Locken,
Um die Hüften edelsteingeschmückte
Gürtel, und die Brust von Sandel duftend.
Kaum den Saft der jungen Mangofrüchte
Hatt' er noch genossen, als die Liebe,
Wenn auch kurz erloschen, höher wieder
In ihm flammte. Im Genuß der Sinne
Einzig schwelgend und von allem andern
Abgewendet, brachte so der König,
An der Liebe Wagen festgeschmiedet,
Jede Jahr'szeit zu; ob für sein Reich auch

Er nicht Sorge trug, war festgegründet
Seine Macht, so daß der fremden Kön'ge
Ihn nicht einer anzugreifen wagte,
Doch erschöpft, weil er dem steten Schwelgen
In der Liebe Freuden nicht entsagte,
Schwankend und erbleichend, seine Kräfte
Sah er schwinden; und indeß er hinschied,
Glich sein königlicher Stamm dem Himmel,
Wenn des Mondes letzte bleiche Sichel
Einzig ihn erleuchtet, einer Lampe,
Die mit bleichem Schimmer sterbend flattert.
Von der Furcht befallen ward Ajobja's
Volk, er könne zu den Todten eingeh'n,
Ohne daß dem Thron er einen Erben
Hinterließe. Zu der Bürger Troste
Ließen seines Reiches Räthe künden:
„Bald ein Opfer wird der König feiern,
Um die Götter gnädig sich zu stimmen,
Daß sie einen Sohn ihm schenken möchten."
Noch kein Sprößling war von seinen Weibern
Ihm geboren worden, daß die Pflicht er,
Die ihm gegen seine Ahnen oblag,
Vor dem Tod erfülle. Doch der Krankheit,
Die dahin ihn raffte, rang vergebens

Er zu widersteh'n, so wie dem Winde
Eine Lampe, wenn sie sterbend flackert.
Als den letzten Odem Agnivarna
Ausgehaucht, dann traten seine Räthe
In des Schlosses Gartenhain zusammen,
Und des todten Königs Reste legten
Sie auf einen Scheiterhaufen nieder,
Und des Tempels oberster Brahmane
Ordnete die Bräuche der Bestattung.
Zur Berathung rief man dann Ajobja's
Bürger, und beschlossen ward von ihnen,
Eine Gattin des dahingeschied'nen
Agnivarna solle nun des Reiches   ·
Scepter tragen, bis aus ihrem Schooße
Einen Erben sie dem Land geboren.
Als die Thränen um den Heimgegang'nen
Dann getrocknet, kam zur Welt ein Sprößling
Seines Stammes, und aus gold'nen Urnen
Strömt' in reicher Fülle heil'ges Wasser,
Um zur Königswürde ihn zu weihen.
Aber bis zu Jahren kam der Knabe,
Waltete, umringt von greisen Räthen,
Seine Mutter auf dem gold'nen Throne
Ueber ihres Gatten Reich mit Weisheit.